Thomas Rühle
Gegenseitige Verträge nach Aufhebung des Insolvenzverfahrens

Schriften zum deutschen, europäischen und internationalen Insolvenzrecht

S-INSO Band 2

Schriften zum deutschen, europäischen und internationalen Insolvenzrecht

Herausgegeben von

Professor Dr. Stefan Smid, Kiel
Rechtsanwalt Dr. Mark Zeuner, Hamburg
Rechtsanwalt Michael Schmidt, Berlin

S-INSO Band 2

De Gruyter Recht · Berlin

Thomas Rühle

Gegenseitige Verträge nach Aufhebung des Insolvenzverfahrens

Ansprüche aus gegenseitigen „schwebenden" Verträgen
gem. § 103 InsO nach vollzogener Schlussverteilung
(§ 200 Abs. 1 InsO) und rechtskräftig bestätigtem Insolvenzplan
(§ 258 Abs. 1 InsO)

W DE G RECHT

De Gruyter Recht · Berlin

Dr. *Thomas Rühle*, Wissenschaftlicher Mitarbeiter am Lehrstuhl für Bürgerliches Recht und Zivilprozessrecht an der Christian-Albrechts-Universität zu Kiel

∞ Gedruckt auf säurefreiem Papier,
das die US-ANSI-Norm über Haltbarkeit erfüllt.

ISBN-13: 978-3-89949-303-0
ISBN-10: 3-89949-303-6

Bibliografische Information Der Deutschen Bibliothek

Die Deutsche Bibliothek verzeichnet diese Publikation in der Deutschen Nationalbibliografie; detaillierte bibliografische Daten sind im Internet über http://dnb.ddb.de abrufbar.

Printed in Germany
Umschlaggestaltung: Christopher Schneider, Berlin
Datenkonvertierung/Satz: WERKSATZ Schmidt & Schulz GmbH, Gräfenhainichen
Druck und Bindung: Hubert & Co., Göttingen

Geleitwort der Herausgeber

Das Insolvenzrecht gehört zu dem Kernbestand der Regelwerke, die das Vertrauen der Rechtsgenossen in eine Rechtsordnung sichern. Es regelt die Bedingungen allseitiger Haftung eines Schuldners und steckt damit zugleich den Rahmen ab, innerhalb dessen die Gläubiger erwarten können, dass ihre Rechte in einer und durch eine Reorganisation und Sanierung des schuldnerischen Unternehmens gewahrt werden.

Die faktische Wirkung des Insolvenzrechts endet nicht an nationalstaatlichen Grenzen. Das Insolvenzverfahren ist nach seinem Anspruch auf universelle Geltung angelegt. In fast allen Mitgliedstaaten der Europäischen Union gilt heute als innerstaatliches Recht ein gemeinsames Recht grenzüberschreitender Insolvenzverfahren. Dieses gemeinsame europäische Recht strahlt auf die innerstaatlichen Reformbemühungen aus – es hat Einfluss auf die Insolvenzgesetzgebung. Die innerstaatlichen Gesetzgebungen werden zudem von UNCITRAL-Modellgesetzgebungen beeinflusst. Die wissenschaftliche Diskussion geht zusehends auf die damit ausgelösten Konvergenzbewegungen ein; die Praxis bedarf rechtsdogmatischer Aufklärung über die komplexer werdenden Regelungen des Insolvenzrechts und der Unterrichtung über die Strukturen und Problemstellungen ausländischer europäischer und außereuropäischer Insolvenzrechte, auch und gerade in ihrer Wechselwirkung mit dem deutschen Recht.

Die Schriftenreihe der DZWIR ist ein Forum dieser Diskussionen. Sie wird in loser Folge monographische Untersuchungen zu Grundsatzfragen des deutschen, europäischen und internationalen Insolvenzrechts veröffentlichen. Damit leistet diese Schriftenreihe einen Beitrag ebenso zur rechtsdogmatischen Klärung von Streitfragen wie nicht minder zur Unterstützung der europäischen Integration der nationalstaatlichen Insolvenzrechte.

Kiel, Hamburg und Berlin im November 2005

Stefan Smid/Mark Zeuner/Michael Schmidt

Vorwort

Die vorliegende Arbeit wurde im Sommersemester 2005 von der Juristischen Fakultät der Christian-Albrechts-Universität zu Kiel als Dissertation angenommen.

Mein Dank gilt an erster Stelle meinem verehrten Doktorvater und akademischen Lehrer Prof. Dr. Stefan Smid, dessen Lehrstuhl ich seit meiner Studentenzeit verbunden bin und der mein Interesse für das Insolvenzrecht geweckt hat. Prof. Smid hat das Thema dieser Arbeit angeregt, mir stets wertvolle Anregungen gegeben und mir die wissenschaftlichen und zeitlichen Freiräume ermöglicht, um dieses Vorhaben während meiner Zeit als wissenschaftlicher Mitarbeiter zu verwirklichen. Zu Dank verpflichtet bin ich auch Prof. Dr. Werner Schubert für die zügige Erstellung des Zweitgutachtens.

Mein Bruder Peter und meine Freundin Jean Amy Dembowski haben mich bei der Korrektur der Arbeit tatkräftig unterstützt. Für diese zeitaufwendige Tätigkeit danke ich ihnen herzlich.

Dieses Werk widme ich meinen Eltern, die mir Studium und Promotion ermöglicht haben.

Kiel, im Januar 2006 *Thomas Joachim Rühle*

Inhaltsverzeichnis

A. Gegenstand der Arbeit

I. Einführung in das Thema

§ 103 InsO ist als zentrale Vorschrift des materiellen Insolvenzrechts von hoher praktischer Bedeutung[1]. Bei Eröffnung eines Insolvenzverfahrens hat der Insolvenzverwalter häufig über die Art der Abwicklung – Erfüllung oder (insolvenzbedingte) Nichterfüllung – einer Vielzahl von gegenseitigen „schwebenden“, d.h. von keiner Partei vollständig erfüllten Verträgen zu entscheiden. Dies gilt insbesondere für Unternehmensinsolvenzen[2]. Ausdrückliche Rechtsfolgen knüpft das Gesetz an die Wahlrechtsausübung nur hinsichtlich der verfahrensrechtlichen Stellung des Vertragspartners[3]. Verlangt der Insolvenzverwalter nach § 103 Abs. 1 InsO die Erfüllung des Vertrages, so wird der Vertragspartner mit seinem noch offenen Erfüllungsanspruch gem. § 55 Abs. 1 Nr. 2 Var. 1 InsO zum Massegläubiger. Ansonsten bleibt er mit seiner „Forderung wegen der Nichterfüllung“ nach § 103 Abs. 2 S. 1 InsO Insolvenzgläubiger. Gleiches gilt bei einer teilbaren Vorleistung des Vertragspartners vor Verfahrenseröffnung für den entsprechenden Teil des Anspruchs auf die Gegenleistung, auch wenn der Insolvenzverwalter wegen der noch ausstehenden Leistung Erfüllung verlangt, § 105 S. 1 InsO[4]. Darüber hinaus schweigt das Gesetz allerdings über die Rechtsfolgen, die sich aus der Ausübung bzw. Nichtsausübung des Wahlrechts nach § 103 InsO ergeben. Insbesondere fehlt es an einer gesetzlichen Regelung bezüglich der Zulässigkeit der Aufrechnung gegen das Erfüllungsverlangen des Insolvenzverwalters und der Beständigkeit von Vorausverfügungen des Schuldners über seinen Erfüllungsanspruch im Falle der positiven Wahlrechtsausübung. Ferner ist der Einfluss der Verfahrenseröffnung und des Verwalterwahlrechts auf das zweiseitige Schuldverhältnis zwischen dem Schuldner und seinem Vertragspartner problematisch. Insoweit stellt sich die grundlegende Frage, unter welchen Voraussetzungen insolvenzbedingte Ereignisse und Handlungen „nachhaltig“ auf das materielle (Schuld-)Recht einwirken. Vor diesem Befund wird verständlich, dass die Regelung des § 103 InsO einen fruchtbaren Nährboden für Rechtsfragen sowohl dogmatischer als auch pragmatischer Art bietet. Das im Spannungsverhältnis zwischen dem insolvenzrechtlichen Grundsatz „par conditio

1 Nach *Musielak* (AcP 179 (1979), 189, 189) zählt § 103 InsO zu den „wichtigsten und am häufigsten angewendeten Vorschriften der Insolvenzordnung“; vgl. auch *Pape/Uhlenbruck*, RdNr. 640.

2 *Kepplinger*, S. 1.

3 Das in § 103 Abs. 1 InsO genannte Recht des Insolvenzverwalters, im Fall der positiven Wahlrechtsausübung die Erfüllung vom anderen Teil verlangen zu können, ergibt sich schon aus seiner in § 80 Abs. 1 InsO normierten Rechtstellung und der Zugehörigkeit des Erfüllungsanspruchs des Schuldners zur Aktivmasse (§ 35 Var. 1 InsO) und hat daher nur klarstellende Bedeutung.

4 Ausführlich *Wiegmann*, S. 17 ff.

creditorum“ und dem vertragsrechtlichen Grundsatz „pacta sunt servanda“[5] stehende Wahlrecht des Insolvenzverwalters ist dementsprechend in der Vergangenheit schon häufig Gegenstand wissenschaftlicher Arbeiten gewesen[6]. Im Mittelpunkt dieser Untersuchungen hat indes nur die Rechtslage innerhalb des Insolvenzverfahrens gestanden und nicht die Rechtslage für die Zeit nach Aufhebung des Insolvenzverfahrens. Ziel der vorliegenden Arbeit ist deshalb die Untersuchung der zwischen den Parteien eines Vertrages i.S.d. § 103 InsO bestehenden Rechtslage, nachdem das Insolvenzverfahren entweder nach vollzogener Schlussverteilung (§ 200 Abs. 1 InsO) oder nach Inkrafttreten eines Insolvenzplans (§ 258 Abs. 1 InsO) aufgehoben worden ist:

Können die Vertragsparteien, d.h. der Schuldner und sein Vertragspartner die gegenseitigen zur Zeit der Verfahrenseröffnung noch offenen Erfüllungsansprüche nach der Aufhebung des Insolvenzverfahrens wieder in ihrer ursprünglichen Gestalt geltend machen?

II. Relevante Vorfragen

Das Schicksal der Erfüllungsansprüche eines gegenseitigen „schwebenden“ Vertrages nach Verfahrensaufhebung hängt von einer Reihe von insolvenzbedingten Ereignissen ab. Diese sind im Wesentlichen die Aus- bzw. Nichtausübung des Wahlrechts nach § 103 InsO durch den Insolvenzverwalter sowie die Art der Einwirkungen der Verfahrenseröffnung und der Wahlrechtsausübung bzw. -nichtausübung auf die noch offenen Erfüllungsansprüche aus dem gegenseitigen Vertrag[7]. Außerdem wird die Rechtsnatur der „Forderung wegen der Nichterfüllung“[8] für die Frage relevant, ob es zu einer materiellrechtlichen Umgestaltung des Schuldverhältnisses im Insolvenzverfahren kommt, wenn der Vertragspartner durch Anmeldung dieser Forderung am Verfahren teilnimmt.

1. Einfluss der Wahlrechtsausübung durch den Insolvenzverwalter

Die Beantwortung der zu untersuchenden Frage hängt zunächst davon ab, ob – und wenn ja – wie der Insolvenzverwalter im Insolvenzverfahren von seinem ihm nach § 103 InsO zustehenden Wahlrecht Gebrauch gemacht hat. Vier verschiedene Möglichkeiten sind denkbar:

---

5 Vgl. Smid-*Smid*, InsO, 2. Aufl., § 103 RdNr. 2 f. und sogleich unter III.

6 Die ersten Arbeiten über die Behandlung gegenseitiger Verträge im Konkurs stammen aus dem 19. Jahrhundert (z.B. *Grünwald*, Ueber den Einfluß des Konkurses eines der Contrahenten auf Kauf- und Miethsverträge derselben, 1889). Anfang des 20. Jahrhunderts erschien dann eine ganze Reihe von Dissertationen zu diesem Thema. Das bedeutendste Werk über gegenseitige Verträge in der Insolvenz ist die Habilitationsschrift „Gegenseitige Verträge in Konkurs und Vergleich“ von *Wolfgang Marotzke* aus dem Jahr 1984, die 2001 in der 3. Auflage unter dem Titel „Gegenseitige Verträge im neuen Insolvenzrecht“ erschienen ist.

7 Hierzu unter C).

8 Hierzu unter B)V.3.a).

- Der Insolvenzverwalter hat gem. § 103 Abs. 1 InsO die Erfüllung des gegenseitigen Vertrages (ausdrücklich oder konkludent) gewählt (im Folgenden: „Erfüllungswahl")
- Der Insolvenzverwalter hat die Erfüllung des gegenseitigen Vertrages (ausdrücklich oder konkludent) abgelehnt, vgl. § 103 Abs. 2 S. 1 InsO (im Folgenden: „Erfüllungsablehnung")
- Der Insolvenzverwalter hat die Ausübung seines ihm nach § 103 InsO zustehenden Wahlrechts unterlassen, obwohl der andere Teil ihn hierzu nach § 103 Abs. 2 S. 2 InsO aufgefordert hat (im Folgenden: „verwirktes Wahlrecht")
- Der Insolvenzverwalter hat die Ausübung seines ihm nach § 103 zustehenden Wahlrechts und der andere Teil hat die Ausübung seines ihm nach § 103 Abs. 2 S. 2 InsO zustehenden Aufforderungsrechts unterlassen (im Folgenden: „unterlassenes Wahlrecht")

Am einfachsten ist die Beurteilung der Rechtslage in der ersten Konstellation, also bei einer Erfüllungswahl durch den Insolvenzverwalter. Hier wird der Vertragspartner des Schuldners nämlich nach § 55 Abs. 1 Nr. 2 Var. 1 InsO zum Massegläubiger, der gem. § 53 InsO vorweg zu befriedigen ist. Regelmäßig wird sich dann die Frage nach der Rechtslage nach Aufhebung des Insolvenzverfahrens gar nicht stellen, da die gegenseitigen Primäransprüche zumeist zu diesem Zeitpunkt schon durch Erfüllung untergegangen sind. Sollte dies ausnahmsweise, etwa aufgrund einer versehentlichen Nichtberücksichtigung der Masseforderung im Insolvenzverfahren, nicht der Fall sein, so ist nach der Art der Verfahrensaufhebung zu unterscheiden:

Bei einer Verfahrensaufhebung nach § 200 Abs. 1 InsO gilt nach § 201 Abs. 1 InsO der „Grundsatz der freien Nachforderung"[9]. Hiernach kann der Schuldner – vorbehaltlich einer Restschuldbefreiung nach einem Insolvenzverfahren über das Vermögen einer natürlichen Person (§§ 201 Abs. 3, 286 ff. InsO) bzw. einer Liquidation des Rechtsträgers nach einem Insolvenzverfahren über das Vermögen einer juristischen Person – wieder unbeschränkt in Anspruch genommen werden. Allerdings beschränkt der Wortlaut des § 201 Abs. 1 InsO dieses Recht auf „die Insolvenzgläubiger". Zu klären ist deshalb, ob der Vertragspartner eines Vertrages nach § 103 InsO, dessen Erfüllungsanspruch aufgrund der Erfüllungswahl des Insolvenzverwalters zur Masseforderung gem. § 55 Abs. 1 Nr. 2 1. Var. InsO geworden ist, ein Recht zur „freien Nachforderung" hat. Dann könnte er nämlich nach Verfahrensaufhebung gem. § 200 Abs. 1 InsO noch die Erfüllung seines ursprünglichen Primäranspruchs vom Schuldner verlangen[10].

Gänzlich unkompliziert ist die Rechtslage im Falle einer Verfahrensaufhebung nach § 258 Abs. 1 InsO bei einer vorangegangenen Erfüllungswahl durch den Insolvenzverwalter nach § 103 Abs. 1 InsO. Durch einen Insolvenzplan kann nämlich nur in die

9 Kritisch hierzu *Smid*, Grundzüge, 4. Aufl., § 22 RdNr. 8: „Dies ist jedenfalls dann unsozial, wenn der Konkurs – wie nicht selten – auf Vorgänge zurückzuführen ist, die für den Gemeinschuldner unvorhersehbar und nicht steuerbar waren."

10 Hierzu ausführlich unter D)I.

> Rechte der Insolvenzgläubiger und der absonderungsberechtigten Gläubiger eingegriffen werden, nicht hingegen in die Rechte der Massegläubiger[11]. Deshalb können sowohl der Schuldner als auch sein Vertragspartner nach einer Verfahrensaufhebung gem. § 258 Abs. 1 InsO noch die Erfüllung ihrer noch offenen Primäransprüche verlangen[12]. Diese Ansprüche bleiben vom Insolvenzplan unberührt.

Komplizierter ist indessen die Rechtslage nach Verfahrensaufhebung, wenn der Insolvenzverwalter die Erfüllung des gegenseitigen Vertrages abgelehnt hat, bzw. ein Fall des verwirkten oder unterlassenen Wahlrechts vorliegt. In diesen Fällen müssen zwecks Ermittlung der Rechtslage nach Verfahrensaufhebung zunächst die zeitlich davor liegenden (insolvenzbedingten) Ereignisse einer rechtlichen Untersuchung unterzogen werden[13]. Dies sind die Eröffnung des Insolvenzverfahrens, die Erfüllungsablehnung durch den Insolvenzverwalter oder der Ablauf der Erklärungsfrist gem. § 103 Abs. 2 S. 2 InsO, die Anmeldung einer „Forderung wegen der Nichterfüllung" sowie die (rechtskräftige) Feststellung derselben zur Tabelle. Sollte eines dieser Ereignisse das ursprünglich aus gegenseitigen Erfüllungsansprüchen bestehende Schuldverhältnis materiellrechtlich in eine einseitige Differenzforderung umwandeln bzw. aus prozessualen Gründen den Einwand präkludieren, es werde eigentlich nicht die „Forderung wegen der Nichterfüllung", sondern eine Naturalleistung geschuldet, so fällt die Frage nach der Rechtslage nach Verfahrensaufhebung wieder denkbar leicht aus:

> Keine der Parteien könnte dann nach Aufhebung des Insolvenzverfahrens wieder auf ihre ursprünglichen Erfüllungsansprüche zurückgreifen. Diese existierten entweder gar nicht mehr, da sie in der „Forderung wegen der Nichterfüllung" aufgegangen wären, oder sie könnten jedenfalls nicht mehr gerichtlich geltend gemacht werden. Bei einer Verfahrensaufhebung nach § 200 Abs. 1 InsO könnte der Vertragspartner in der Nachhaftung eine etwaige „Forderung wegen der Nichterfüllung" gem. § 103 Abs. 1 S. 1 InsO insoweit gegen den Schuldner persönlich durchsetzen, als er keine (nominale) Befriedigung im Insolvenzverfahren erfahren hat. Demgegenüber könnte der Vertragspartner bei einer Verfahrensaufhebung nach § 258 Abs. 1 InsO nur den entsprechend den Festsetzungen des gestaltenden Teils des Insolvenzplans quotal auf die „Forderung wegen der Nichterfüllung" entfallenden Betrag einfordern (§§ 254 Abs. 1 S. 1, 221 InsO)[14].

---

11 Allg.M., vgl. statt vieler MünchKomm-*Eidenmüller*, InsO, § 217 RdNr. 77 m.w.N.; vgl. für den Zwangsvergleich RGZ 85, 221, 222; 98, 136, 137; *Petersen-Kleinfeller*, KO, 4. Aufl., §§ 193, 94 Anm. 6.

12 Siehe unter E)II.1.

13 Siehe unter D)II.3.

14 Insolvenzpläne sehen in aller Regel im gestaltenden Teil den teilweisen Erlass der Forderungen der Insolvenzgläubiger, also eine Teilschuldbefreiung des Schuldners vor. Vgl. *Smid*, Grundzüge, 4. Aufl., § 25 RdNr. 15.

2. Auswirkungen der Verfahrenseröffnung und der Erfüllungsablehnung bzw. der Verwirkung des Wahlrechts

Der Streit um die Wirkungen der Verfahreneröffnung und der Erfüllungsablehnung durch den Insolvenzverwalter bzw. der Verwirkung des Wahlrechts auf die noch offenen gegenseitigen Erfüllungsansprüche ist nicht nur ein „Klassiker" in der insolvenzrechtlichen Diskussion, sondern von entscheidender Bedeutung für die zu untersuchende Rechtslage nach Aufhebung des Insolvenzverfahrens [15].

a) *Konsequenzen aus der „Erlöschenstheorie"*

Nimmt man ein Erlöschen (im materiellrechtlichen Sinne) der gegenseitigen noch offenen Erfüllungsansprüche schon infolge der Eröffnung des Insolvenzverfahrens an [16], so muss die Antwort auf die gestellte Frage konsequenterweise unabhängig davon gleich ausfallen, ob der Insolvenzverwalter die Erfüllung des gegenseitigen Vertrages abgelehnt hat oder er sein Wahlrecht verwirkt bzw. unterlassen hat. Die Parteien könnten dann mangels einer Rechtsgrundlage für ein „Wiederaufleben" [17] der ursprünglichen Erfüllungsansprüche nicht auf diese (nicht mehr existierenden) Ansprüche zurückgreifen. Bei einer Verfahrensaufhebung nach § 200 Abs. 1 InsO könnte daher der Vertragspartner eine etwaige „Forderung wegen der Nichterfüllung" voll, bei einer Aufhebung nach § 258 Abs. 1 InsO nur quotal, d.h. entsprechend den Festsetzungen im Insolvenzplan durchsetzen. Diese Konsequenzen der „Erlöschenstheorie" werden allerdings von einigen ihrer Vertreter – dogmatisch widersprüchlich – bestritten [18].

b) *Konsequenzen aus der „Gestaltungstheorie"*

Geht man indes davon aus, dass die gegenseitigen noch offenen Erfüllungsansprüche nicht schon durch die Verfahrenseröffnung, sondern erst durch die Erfüllungsablehnung des Insolvenzverwalters bzw. durch die Verwirkung des Wahlrechts durch diesen erlöschen [19], so ergibt sich in der Regel das gleiche Bild: Der Vertragspartner könnte nach Verfahrensaufhebung nur noch eine etwaige „Forderung wegen der Nichterfüllung" entweder nominal (Aufhebung nach § 200 Abs. 1 InsO) oder quotal (Aufhebung nach § 258 Abs. 1 InsO) durchsetzen. Nur im Falle der unterlassenen Wahlrechtsausübung bliebe, anders als nach der „Erlöschenstheorie", ein Rückgriff der Parteien auf den ursprünglichen Schuldinhalt nach Verfahrensaufhebung denkbar. Problematisch und daher im Rahmen der gesetzten Aufgabe gründlich abzuhandeln ist insoweit der Fall der Verfahrensaufhebung nach Inkrafttreten eines Insolvenzplans. Hier gilt es, den Vertragspartner davor zu schützen, seinerseits voll an den Schuldner leisten zu müssen und im Gegenzug nur die

---

15 Vgl. satt vieler nur Jaeger-*Henckel*, KO, 9. Aufl., § 17 RdNr. 159.
16 So die „Erlöschenstheorie", siehe hierzu unter C)III.
17 Vgl. e contrario §§ 144 Abs. 1, 255 InsO.
18 Vgl. MünchKomm-*Kreft*, InsO, § 103 RdNr. 18 m.w.N.
19 So die „Gestaltungstheorie", siehe hierzu unter C)II.

im Insolvenzplan vorgesehene Quote auf seinen Gegenleistungsanspruch zu erhalten[20].

c) *Konsequenzen aus der „Durchsetzbarkeitstheorie" bzw. der „haftungsrechtlichen Theorie"*

Folgt man hingegen dem – dogmatisch unterschiedlich begründbaren – Ansatz, der eine materiellrechtliche Auswirkung sowohl der Verfahrenseröffnung als auch der Erfüllungsablehnung bzw. der Verwirkung des Wahlrechts auf die noch offenen gegenseitigen Erfüllungsansprüche verneint[21], so gestaltet sich die Rechtslage nach Verfahrensaufhebung komplizierter als nach den zuvor genannten Theorien.

Jedenfalls wenn der Vertragspartner sich weder am Insolvenzverfahren durch Anmeldung einer „Forderung wegen der Nichterfüllung" beteiligt, noch in sonstiger Weise von seiner vertraglichen Leistungspflicht, insbesondere durch Rücktritt gem. § 323 Abs. 1 BGB gelöst hat, könnten die Parteien nach Verfahrensaufhebung gem. § 200 Abs. 1 InsO wieder auf die ursprünglichen Erfüllungsansprüche zurückgreifen[22]. Schwieriger ist wieder die Rechtslage nach Inkrafttreten eines Insolvenzplans[23]:

Wird der Vertragspartner bei unterlassener Verfahrensteilnahme überhaupt vom Insolvenzplan betroffen? Wird das „schwebende" Vertragsverhältnis auch ohne eine diesbezügliche Erklärung der Parteien (nicht des Insolvenzverwalters!) in eine einseitige „Forderung wegen der Nichterfüllung" umgestaltet? Was gilt, wenn der Vertragspartner mangels eines positiven Saldos zu seinen Gunsten nicht in der Lage gewesen ist, eine (berechtigte) Differenzforderung als „Forderung wegen der Nichterfüllung" zur Tabelle anzumelden? Wie ist dieser dann vor der Unbilligkeit zu schützen, seine Leistung voll erbringen zu müssen und im Gegenzug nur die auf seine Forderung entfallende Quote zu erhalten? Diese Problematik wird Gegenstand einer ausführlichen Untersuchung sein[24].

3. Bedeutung der rechtsdogmatischen Einordnung der „Forderung wegen der Nichterfüllung"

Eine weitere für die zu untersuchende Rechtslage nach Verfahrensaufhebung relevante Vorfrage betrifft die rechtsdogmatische Einordnung der „Forderung wegen der Nichterfüllung"[25]. Diesbezüglich wurden in der Vergangenheit meist zwei ver-

---

20 Vgl. *Marotzke*, 3. Aufl., RdNr. 12.13 ff.
21 So die „Durchsetzbarkeitstheorie", siehe hierzu unter C)IV. und die „haftungsrechtliche Theorie", siehe hierzu unter C)V.
22 Siehe hierzu unter D)II.3.
23 Auf diese Problematik weisen *Smid* und *Lieder* in DZWIR 2005, S. 1, 6 zu Recht hin; vgl. auch *Henckel*, ZZP 99 [1986] 419, 439: „Die schwierigen Probleme, die sich bei der Behandlung des gegenseitigen Vertrages im Zwangsvergleich stellen, lassen sich vielleicht überhaupt nicht ohne Bruch lösen.". Siehe hierzu ausführlich unter E)II.
24 Siehe unter E)II.2.c)bb).
25 Siehe unter B)V.3.a).

schiedene Ansätze vertreten: Entweder man erblickte die Rechtsgrundlage der „Forderung wegen der Nichterfüllung" in einer bürgerlichrechtlichen Schadensersatznorm, oder man sah sie als im Insolvenzrecht selbst angelegt an [26].

Neuerdings wird zunehmend eine vermittelnde Sichtweise vertreten, nach der es sich bei der „Forderung wegen der Nichterfüllung" zwar um einen bürgerlichrechtlichen Schadensersatzanspruch handeln kann, aber nicht handeln muss [27]. Abzustellen ist nach dieser progressiven Ansicht auf die Umstände des Einzelfalls, nämlich darauf, ob und – wenn ja – zu welchem Zeitpunkt die tatbestandlichen Voraussetzungen der bürgerlichrechtlichen Schadensersatznorm eingetreten sind.

Handelt es sich bei der „Forderung wegen der Nichterfüllung" um einen bürgerlichrechtlichen Schadensersatzanspruch, so lässt sich eine materiellrechtliche Umgestaltung der gegenseitigen noch offenen Erfüllungsansprüche in ebendiesen einseitigen Differenzanspruch auf die entsprechenden BGB-Normen (z. B. § 281 Abs. 4 BGB) stützen [28]. Komplizierter ist hingegen die Konstruktion einer derartigen materiellrechtlichen Umgestaltung des Vertrages, wenn man die „Forderung wegen der Nichterfüllung" aus dem Insolvenzrecht selbst herleitet [29]. In diesem Zusammenhang ist zu prüfen, ob dann eine BGB-Umwandlungsnorm entsprechende Anwendung findet oder ob den Parteien der Rückgriff auf die ursprünglichen Erfüllungsansprüche nach Verfahrensaufhebung aufgrund von Präklusion verschlossen ist. Insoweit gilt es zu untersuchen, durch welches insolvenzbedingte Ereignis die materiellrechtliche Umgestaltung bzw. die Präklusion der ursprünglichen Erfüllungsansprüche eintritt. In Betracht kommen folgende Ereignisse [30]:

- Die Anmeldung der „Forderung wegen der Nichterfüllung" zur Tabelle
- Die Feststellung der „Forderung wegen der Nichterfüllung" zur Tabelle
- Der Eintritt der Voraussetzungen des § 201 Abs. 2 InsO
- Die Empfangnahme einer ersten Abschlagszahlung auf die „Forderung wegen der Nichterfüllung"

Ist ein Rückgriff auf den ursprünglichen Erfüllungsanspruch ausgeschlossen, so kann selbstredend auch nur die „Forderung wegen der Nichterfüllung" nach Aufhebung des Insolvenzverfahrens durchgesetzt werden. Bei einer Aufhebung nach vollzogener Schlussverteilung kann diese Forderung nominal, hingegen bei einer Aufhebung nach rechtskräftiger Bestätigung eines Insolvenzplans nur entsprechend dessen gestaltenden Festsetzungen durchgesetzt werden.

---

26 Siehe unter B)V.3.a)aa).

27 Vgl. *Häsemeyer,* InsR, 3. Aufl., RdNr. 20.24; K/P-*Tintelnot,* InsO, § 103 RdNr. 99 nach denen voller Schadensersatz nur dann berücksichtigungsfähig ist, wenn die Voraussetzungen hierfür schon vor Verfahrenseröffnung eingetreten sind.

28 Siehe unter D)II.3.c)aa)(1),(2).

29 Siehe unter D)II.3.c)aa)(3).

30 Siehe unter D)II.3.a)aa).

III. Spannungsverhältnis zwischen allgemeinem vertraglichen Schuldrecht und materiellem Insolvenzrecht

Wie die vorangestellte Einführung zeigt, steht der Gegenstand der Untersuchung im Spannungsverhältnis zwischen allgemeinem vertraglichen Schuldrecht und materiellem Insolvenzrecht[31]. Während für das im BGB geregelte allgemeine vertragliche Schuldrecht der Gedanke der Privatautonomie und der Grundsatz „pacta sunt servanda" prägend sind, wird das Insolvenzrecht vom Grundsatz „par conditio creditorum" beherrscht (vgl. § 1 S. 1 InsO)[32]. Aus der Willkürlichkeit und Sozialstaatswidrigkeit der Durchsetzung subjektiver Rechte nach dem in der Einzelzwangsvollstreckung geltenden Prioritätsgrundsatz leitet sich die Notwendigkeit einer Insolvenzordnung als Haftungsrecht[33] zwischen den konkurrierenden Gläubigern bei Vermögensinsuffizienz des Schuldners[34] ab. Eine „Ordnung" der Rechte der Gläubiger des insolventen Schuldners untereinander i.S. einer eine gleichmäßige Rechtsdurchsetzung vorsehenden Ausgleichshaftung erfordert notwendigerweise Einwirkungen auf die Rechtsbeziehungen des Schuldners zu jedem einzelnen Gläubiger[35]. Deshalb enthält die Insolvenzordnung nicht nur Verfahrensrecht, sondern auch materielles Recht[36]. Das materielle Insolvenzrecht führt zu einer temporären Suspendierung bzw. Modifikation des allgemeinen Schuld- und Zwangsvollstreckungsrechts. Das materielle Insolvenzrecht „überlagert" also die Rechtsnormen, die „normalerweise" – d.h. außerhalb der Insolvenz – für die zweiseitigen Schuldverhältnisse zwischen dem Schuldner und seinen Gläubigern gelten. Durch das Insolvenzrecht wird mithin nicht nur in grundrechtlich geschützte Positionen des Schuldners eingegriffen, sondern auch in solche der Insolvenzgläubiger[37]. Eine Rechtfertigung hierfür ist im Gleichbehandlungsgrundsatz des Insolvenzrechts zu suchen, der nicht nur dem einzelnen Gläubiger gleiche Rechte zuweisen, sondern überdies auch den sozialen Frieden bewahren soll[38]. Die Legitimität von insolvenzbedingten Eingriffen in die Rechtspositionen von Schuldner und Gläubigern erfordert allerdings, dass diese im Einzelfall verhältnismäßig sind[39]. Die Eingriffe sind

---

31 Ausführlich hierzu *Häsemeyer,* FS 50 Jahre BGH, S. 725 ff.; *ders.,* InsR, 3. Aufl., RdNr. 20.02 ff.

32 Vgl. hierzu *Häsemeyer,* FS 50 Jahre BGH, S. 725 ff.; *Pletzsch,* S. 35 ff.; Smid-*Smid,* InsO, 2. Aufl., § 103 RdNr. 2; *ders.,* Grundzüge, 4. Aufl., § 17 RdNr. 8; *Tischbein,* S. 15 ff.; *Windel,* JURA 2002, 230 mit Hinweis auf D. 42, 8, 6, 7 (Ulp.): Par conditio omnium creditorum facta esset (S. 231 Fn. 5).

33 *Pape/Uhlenbruck,* RdNr. 98 f.; *Häsemeyer,* FS 50 Jahre BGH, S. 725; Smid-*Smid,* InsO, 2. Aufl., § 1 RdNr. 34; § 103 RdNr. 3; *ders.,* Grundzüge, 4. Aufl., § 1 RdNr. 1 ff.

34 *Baur/Stürner,* RdNr. 6.2; Smid-*Smid,* InsO, 2. Aufl. § 1 RdNr. 33; *ders.,* Grundzüge, 4. Aufl., § 1 RdNr. 18.

35 *Henckel,* KTS 1989, 477, 486f.; *Pape,* Kölner Schrift, 2. Aufl., S. 531, 542; *Smid,* Grundzüge, 4. Aufl., § 1 RdNr. 22.

36 Vgl. *Pape/Uhlenbruck,* RdNr. 95 m.w.N; *Henckel,* KTS 1989, 477, 487; vgl. auch schon *Oetker,* ZZP 14 (1890) 1, 2 ff.

37 Vgl. hierzu später unter C)VI.4.a).

38 *Häsemeyer,* InsR, 3. Aufl., RdNr. 2.01 ff.; *Henckel,* KTS 1989, 477, 478; *Smid,* Grundzüge, 4. Aufl., § 1 RdNr. 20; vgl. auch schon *Kohler,* Lehrbuch, S. 370.

39 Vgl. zur Geltung des Verhältnismäßigkeitsgrundsatzes im Insolvenzrecht BGHZ 151, 353, 364; *Lepa,* S. 102 ff.

daher grundsätzlich nur soweit (dingliche Beschränkung auf die Insolvenzmasse) und solange (zeitliche Beschränkung auf die Dauer des Insolvenzverfahrens) gerechtfertigt, wie dies im Hinblick auf den Insolvenzzweck erforderlich[40] und geboten ist. Bei Auslegung der Vorschriften des materiellen Insolvenzrechts sind daher stets die Wechselwirkungen zum allgemeinen materiellen Privatrecht und insbesondere zum Schuldrecht, das dem Schuldner und seinen Gläubigern subjektive Rechte zuweist, zu beachten. Für den Gegenstand der vorliegenden Untersuchung sind im besonderen Maße die zeitlichen Schranken der Rechtfertigung eines Eingriffs in die schuldrechtlichen Beziehungen zwischen Schuldner und Gläubiger zu beachten. Die Suspendierung bzw. Modifikation schuldrechtlicher Rechtsbeziehungen muss grundsätzlich entfallen, sobald sich diese Eingriffe nicht mehr durch den Insolvenzzweck rechtfertigen lassen[41]. Hieraus folgt, dass die „Überlagerung" des allgemeinen Schuld- und Zwangsvollstreckungsrechts durch das materielle Insolvenzrecht grundsätzlich endet, sobald das Insolvenzverfahren beendet ist. Insolvenzbedingte Einwirkungen auf die schuldrechtlichen Beziehungen zwischen dem Schuldner und seinen Gläubigern, wie sie im hier zu untersuchenden Zusammenhang infolge der Verfahrenseröffnung und der Ausübung bzw. Nichtausübung des Verwalterwahlrechts nach § 103 InsO eintreten, müssen daher grundsätzlich auf die Dauer des Verfahrens beschränkt sein[42]. Die Insolvenzordnung als Haftungsrecht dient nämlich der Verwirklichung materieller subjektiver Rechte[43] und nicht der Abänderung derselben[44]. Unter Berücksichtigung dieser allgemeinen Erkenntnisse über das Verhältnis vom materiellen Insolvenzrecht zum vertraglichen Schuldrecht sollen im Folgenden im Wege der Deduktion die relevanten Einzelfragen für das „Synallagma nach der Insolvenz" beantwortet werden.

---

40 Vgl. schon *Mehl*, S. 15: „Und da ist m.E. durchschlagend der Gesichtspunkt, daß durch den Konkurs die vertraglichen Beziehungen der Parteien nur insoweit beeinflusst werden können, als es zur Erreichung des Konkurszweckes, nämlich der gleichmäßigen Befriedigung aller Konkursgläubiger aus der Konkursmasse, erforderlich ist.

41 Vgl. in diesem Zusammenhang das (umstrittene) Konkurrenzverhältnis zwischen dem Leistungsstörungsrechts der InsO und dem BGB, *Marotzke*, KTS 2002, 1 ff.

42 Vgl. *Feldhaus*, JZ 1956, 313, 315.

43 *Häsemeyer*, InsR, 3. Aufl., RdNr. 1.05; 3.02; *Henckel*, KTS 1989, 477, 483; Smid-*Smid*, InsO, 2. Aufl., § 1 RdNr. 33; *ders.*, Grundzüge, 4. Aufl., § 1 RdNr. 1.

44 Es sei denn diese Abänderung lässt sich aus den in § 1 InsO genannten Insolvenzzwecken rechtfertigen.

B. Behandlung gegenseitiger Austauschverträge in der Insolvenz nach § 103 InsO

Eine Gesamtvollstreckungsordnung dient der gemeinschaftlichen Befriedigung mehrerer Gläubiger eines Schuldners, also einer gerechten Haftungsverwirklichung[45]. Deshalb muss das in der Einzelzwangsvollstreckung geltende Prioritätsprinzip dem Grundsatz der Gläubigergleichbehandlung weichen[46]. Dieses Credo verbindet die Insolvenzordnung mit ihren historischen Vorgängern. Allerdings darf der Gleichbehandlungsgrundsatz nicht über die Tatsache hinwegtäuschen, dass nicht alle Gläubiger des gemeinschaftlichen Schuldners gleich sind[47]. Vielmehr unterscheiden sich die einzelnen Gläubiger in vielerlei Hinsicht[48]: Es gibt gesicherte (vgl. insb. §§ 49 ff., 165 ff. InsO) und ungesicherte Gläubiger, es gibt Gläubiger, die über Gegenforderungen verfügen (vgl. §§ 94 ff., 103 ff. InsO) und solche, die nicht über Gegenforderungen verfügen, es gibt Gläubiger, die Forderungen aus Dauerschuldverhältnissen haben (vgl. §§ 108 ff. InsO) und solche, die Forderungen aus (synallagmatischen) Austauschverträgen haben (vgl. §§ 103 ff. InsO), etc. Die Gleichbehandlung aller dieser Gläubiger würde daher eine Gleichbehandlung von im Wesentlichen Ungleichem bedeuten und wäre daher nach heutigem Recht verfassungswidrig. Der Problematik, eine sachgerechte Differenzierung von Gläubigern eines Schuldners nach allgemein bestimmten Merkmalen Gesetz werden zu lassen, waren sich bereits die Gesetzgeber der Vorläufer der InsO bewusst[49]. Zur Erreichung einer nach Gläubigergruppen differenzierenden Gleichbehandlung war nicht nur die Anerkennung von Aus- und Absonderungsrechten in der Insolvenz erforderlich, sondern auch die Schaffung eines komplexen Regelungssystems über die Erfüllung der Rechtsgeschäfte im Verfahren als materielles Insolvenzrecht.

I. Geschichtliche Entwicklung der Behandlung gegenseitiger Austauschverträge in der Gesamtvollstreckung

Vor diesem Hintergrund ist es verständlich, dass die Behandlung gegenseitiger bzw. nach überholter Terminologie „zweiseitiger" zur Zeit der Verfahrenseröffnung beiderseitig noch nicht oder nicht vollständig erfüllter Verträge seit der Preußischen Konkursordnung Ge-

---

45 Vgl. Smid-*Smid*, InsO, 2. Aufl., § 1 RdNr. 33; *Kippenberg*, S. 11 ff.

46 *Häsemeyer*, InsR, 3. Aufl., RdNr. 2.02 ; MünchKomm-*Stürner*, InsO, Einl., RdNr. 62; Smid-*Smid*, InsO, 2. Aufl., § 1 RdNr. 34; *ders.*, Grundzüge, 4. Aufl., § 1 RdNr. 18 ff.; *Windel*, JURA 2002, 230, 231.

47 Vgl. *Häsemeyer*, InsR, 3. Aufl., RdNr. 2.21 ff.; *Smid*, Grundzüge, 4. Aufl., § 2 RdNr. 1; *Windel*, JURA 2002, 230, 231.

48 Vgl. *Baur/Stürner*, RdNr. 5.37; *Pape/Uhlenbruck*, RdNr. 126.

49 Vgl. Motive zur Konkursordnung, S. 90; *Hahn*, Band IV, S. 105.

genstand einer besonderen gesetzlicher Regelung war[50]. Derjenige Gläubiger, der sich nur zu einer Leistung verpflichtet hatte, um im Gegenzug eine Gegenleistung des Schuldners zu erhalten und der auch noch nicht bzw. nicht vollständig vorgeleistet hatte, erschien den historischen Gesetzgebern offensichtlich schutzwürdiger als ein Gläubiger, der lediglich einseitig etwas zu fordern hatte. Das funktionelle Synallagma war also auch in den überkommenen Konkursordnungen anerkannt.

1. Gegenseitige Austauschverträge im überkommenen Konkursrecht

Als historische Vorgänger des § 103 InsO sind im Folgenden die Regelung der § 15 f. der Preußischen Konkursordnung vom 8.5.1855 sowie die Regelung der §§ 17, 26 der Konkursordnung des Deutschen Reiches vom 10.2.1877 zu betrachten[51].

a) *Regelung der §§ 15 f. der Preußischen Konkursordnung vom 8.5.1855*

Eine wesentliche Grundlage für die Konkursordnung des Deutschen Reichs von 1877, die über 120 Jahre Geltung beanspruchte, war die Preußische Konkursordnung vom 8. 5. 1855[52]. Die Regelungen der §§ 15f. Preuß. KO[53] sind aus der Verarbeitung des gemeinen deutschen Rechts und des französischen Rechts – insbesondere des code de commerce sowie des Fallimentsgesetzes von 1838 hervorgegangen[54].

§ 15 Preuß. KO betraf den Fall der bereits erfolgten einseitigen Erfüllung eines gegenseitigen Vertrages im Konkurs, während § 16 Preuß. KO den Fall regelte, in dem beiderseits noch nicht erfüllt war[55]. Die Reglungen in § 15 Preuß. KO gelten sinngemäß als allgemeine Grundsätze auch für das heutige Insolvenzrecht. So ordnete Abs. 1 für den Fall der vorkonkurslichen Erfüllung durch den Gemeinschuldner an, dass die Gläubigerschaft die rückständige Gegenleistung einfordern darf. Die Forderung des Gemeinschuldners ist in dieser Konstellation – wie auch heute unter der Geltung der InsO – eine Forderung der Aktivmasse[56]. Der umgekehrte Fall, nämlich die vorkonkursliche Erfüllung durch den Kontrahenten des Gemeinschuldners, war in Abs. 2 des § 15 Preuß. KO geregelt, der vorsah, dass der Mitkontrahent seinen Anspruch auf die rückständige Gegenleistung nur als Konkursgläubiger geltend machen kann. Der Gesetzgeber der Preuß. KO sah also das Synallagma im Konkurs dann nicht als schutzwürdig an, wenn der Kontrahent des Gemeinschuldners schon vor der Eröffnung des Konkursverfahrens seine Leistung erbracht hatte und er nicht durch ein Pfandrecht oder Hypothekenrecht gesichert war. Dies

50 Hierzu sogleich unter 1.a).

51 Auf eine Darstellung der Regelung des § 9 Abs. 1 der Gesamtvollstreckungsordnung (GesO) wird hier aufgrund des Übergangscharakters der GesO verzichtet.

52 Vgl. Gottwald-*Gottwald*, 2. Aufl., § 1 RdNr. 5; *Hellmann*, Lehrbuch des deutschen Konkursrechts, S. 107 f.; *Rendtorff*, S. 16 ff.; *Thieme*, FS 100 Jahre KO, S. 35 ff.

53 Überblick zur Entstehungsgeschichte der Preußischen Konkursordnung bei *Rendtorff*, S. 16 ff. m.w.N.

54 *Tischbein*, S. 22; vgl. auch Gottwald-*Gottwald*, 2. Aufl., § 1 RdNr. 5; *Hellmann*, S. 106 ff. (S. 107: „... die Preußische Konkursordnung vom 8. Mai 1855, die vielfach die Vorschriften des code commerce geradezu übersetzt."); *Kleinfeller*, S. 9; *Uhlenbruck*, FS 100 Jahre KO, 3, 12; *Seuffert*, S. 21 f.

55 *Tischbein*, S. 21 f.; abgedruckt bei *Rendtorff*, S. 20.

56 Siehe hierzu später unter IV.2.

entspricht dem geltenden Insolvenzrecht, nach dem nur der Gläubiger eines „schwebenden", d.h. beiderseitig noch nicht vollständig erfüllten gegenseitigen Vertrages eine herausgehobene Stellung genießt[57]. Abs. 3 des § 15 Preuß. KO schließlich ordnete an, dass der Mitkontrahent des Gemeinschuldners für seinen Anspruch auf die rückständige Gegenleistung nur eine Geldzahlung verlangen konnte und nicht etwa Erfüllung in natura. Dies entspricht dem Grundsatz der Geldliquidation, der sich im geltenden Insolvenzrecht aus den §§ 38, 41 Abs. 2, 45, 46 InsO ergibt[58].

Die dem § 103 InsO entsprechende Regelung war in § 16 Preuß. KO normiert. § 16 Preuß. KO lautete wie folgt:

> „Wenn ein Rechtsgeschäft, welches auf gegenseitige Leistungen gerichtet ist, zur Zeit der Konkurseröffnung von beiden Theilen noch überhaupt nicht, oder nicht vollständig erfüllt ist, so hat die Gläubigerschaft das Recht, nicht aber die Verpflichtung, an Stelle des Gemeinschuldners das Geschäft zu übernehmen.
>
> Will die Gläubigerschaft das Geschäft übernehmen, so muß dasselbe von beiden Theilen vollständig erfüllt werden, sofern nicht etwa der Mitkontrahent des Gemeinschuldners wegen der durch die Konkurseröffnung eingetretene Veränderung befugt ist, aufgrund der allgemeinen gesetzlichen Bestimmungen das Geschäft aufzuheben.
>
> Tritt die Gläubigerschaft in das Geschäft nicht ein, so muß dem Mitkontrahenten des Gemeinschuldners das von ihm Geleistete, soweit es in der Konkursmasse ist, zurückgegeben werden, im übrigen steht ihm ein Anspruch auf Entschädigung zu. Das Konkursgericht hat auf Aufrufen des Mitkontrahenten die Frist zu bestimmen, innerhalb welcher der Verwalter der Masse die Erklärung über den Eintritt in das Geschäft abzugeben hat. Erfolgt die Erklärung innerhalb der bestimmten Frist nicht, so wird angenommen, dass die Gläubigerschaft in das Geschäft nicht eintreten will."

Der erste Absatz der vorstehenden Norm weist eine große Ähnlichkeit zu den Regelungen des § 17 Abs. 1 KO und des § 103 Abs. 1 InsO auf. Allerdings enthielt § 16 Abs. 1 Preuß. KO andere Formulierungen als die Nachfolgevorschriften in den späteren Gesamtvollstreckungsordnungen. Auffällig ist zudem, dass nicht ausdrücklich der Konkursverwalter zur Entscheidung über die Behandlung des gegenseitigen beiderseits noch nicht vollständig erfüllten Rechtsgeschäftes bemächtigt wird, sondern „die Gläubigerschaft". Diese Abweichung wird allerdings vor dem Hintergrund verständlich, dass der Konkursverwalter einst als das „exekutive Organ"[59] der Gläubigerschaft angesehen wurde. Die Gläubigerschaft handelte nach dieser Sichtweise also durch den Konkursverwalter. Die Rechtsfolge der Erfüllungswahl wird in Abs. 2 normiert: Beide Vertragspartner müssen vollständig erfüllen, d.h. die Gläubigerschaft muss nominal und nicht bloß quotal leisten, um in den Genuss der vollen Gegenleistung des Mitkontrahenten zu kommen. Die Insolvenzfestigkeit des funktionellen Synallagmas wurde mithin schon durch die Preuß. KO sichergestellt. Unbenommen blieb es dem Vertragspartner, aufgrund der allgemeinen gesetz-

---

57 Siehe hierzu unter III.
58 MünchKomm-*Stürner*, InsO, Einl., RdNr. 65.
59 *Kohler*, Lehrbuch, S. 401.

lichen Bestimmungen das Geschäft aufzuheben, also insbesondere zurückzutreten. Die Schöpfer der Preuß. KO gingen mithin von der parallelen Geltung von konkursrechtlichem und allgemeinem Leistungsstörungsrecht nach bürgerlichem Recht aus[60].

Für den Fall der Erfüllungsablehnung durch die Gläubigerschaft enthielt die Preuß. KO in § 16 Abs. 3 S. 1 eine denkbar günstige Regelung für den Vertragspartner des Gemeinschuldners. Demnach war der Vertragspartner grundsätzlich berechtigt, die Rückgabe einer vor Konkurseröffnung erbrachten Teilleistung von der Gläubigerschaft zu verlangen[61]. Diese Regelung wurde mit folgender Begründung von *Kohler*[62] als nicht interessengerecht und widersprüchlich abgelehnt: „Der Gläubiger hat keine Masseforderung, wenn er seinerseits Totalleistung gemacht hat, daher hat er sie auch nicht, wenn seine Leistung eine teilweise war. Die Teilleistung ist nicht der Gläubigerschaft gemacht, sondern dem Kridar." Insoweit bestand also ein eklatanter Wertungswiderspruch zwischen der Regelung des § 15 Abs. 2 Preuß. KO und der des § 16 Abs. 3 S. 1 Preuß. KO. Die Regelung in § 16 Abs. 3 S. 2, 3 Preuß. KO betreffend die Verwirkung des Wahlrechts wurde sowohl in § 17 Abs. 2 KO als auch in § 103 Abs. 2 S. 2, 3 InsO mit dem Unterschied übernommen, dass nicht erst das zuständige Gericht eine Erklärungsfrist zu bestimmen hat.

Weder aus den Regelungen der § 15 f. Preuß. KO selbst noch aus den Gesetzesmaterialien geht hervor, ob die Verfahrenseröffnung Auswirkungen auf den materiellrechtlichen Bestand der Erfüllungsansprüche hat[63]. Auch eine derartige Wirkung der Erfüllungsablehnung über das Verfahrensende haben die Schöpfer der Preuß. KO – soweit ersichtlich – nicht erörtert.

b) Regelung der §§ 17, 26 der Konkursordnung des Deutschen Reiches vom 10.2.1877

Die Konkursordnung des Deutschen Reiches vom 10. Februar 1877[64] trat als eines der vier Reichsjustizgesetze mit Wirkung zum 1. Oktober 1879 in Kraft. Die Regelung über das Wahlrecht des Verwalters bei zweiseitigen Verträgen war zunächst in § 15 KO enthalten[65]. Am 17. Mai 1898 wurde sie durch eine Novelle zur Konkursordnung wortgleich in § 17 KO übertragen[66]. Diese Regelung stimmte in ihren Grundzügen nicht nur mit der Preuß. KO und der österreichischen KO von 1869, sondern auch mit der Praxis des französischen und gemeinen Rechts überein[67].

---

60 Dies war auch unter der Geltung der KO h.M.; vgl. Seuffert, S. 190. Ob dies unter der Geltung der InsO und dem „neuen" Schuldrecht immer noch so ist, wird zunehmend in Frage gestellt, vgl. zu dieser Problematik *Huber*, NZI 2004, 57 ff.; *Marotzke*, KTS 2002, 1, 20 ff.; *Mossler*, ZIP 2002, 1831 ff.; MünchKomm-*Ernst*, BGB, 4. Aufl., § 323 RdNr. 140, 185; Uhlenbruck-*Berscheid*, InsO, 12. Aufl., Vor § 103 RdNr. 10 ff.

61 Dieses Recht wurde bzw. wird durch § 26 S. 1 KO bzw. durch § 105 S. 2 InsO ausdrücklich ausgeschlossen.

62 *Kohler*, S. 137.

63 *Rendtorff*, S. 20.

64 RGBl. Nr. 10, S. 351–394; RGBl. S. 351 ff.; Motive S. 62–68; vgl. *Marotzke*, 3. Aufl., RdNr. 1.4 ff., Gottwald-*Huber*, 2. Aufl., § 34 RdNr. 12; *Bork*, FS Zeuner, S. 297 ff.; *Kreft*, ZIP 1997, 865 ff.; *Musielak*, AcP 179 (1979), 189 ff.; *Pape*, Kölner Schrift, 2. Aufl., S. 531 ff.; *Gerhardt*, FS Merz 1992, S. 117; *Häsemeyer*, KTS 1973, 2; *Heilmann*, KTS 1985, 639; *Henckel*, ZZP 99 (1986), 419; *Marotzke*, ZIP 1987, 1293; *Pflug*, AG 1986, 305; *Plander*, JZ 1973, 45.

65 *Tischbein*, S. 22 f.

66 Vgl. RGZ 79, 209, 211; *Kaatz*, S. 6; *Kleinfeller*, ZZP 25 (1899), 80, 96; *Tischbein*, S. 23.

67 *Tischbein*, S. 23.

B. Behandlung gegenseitiger Austauschverträge in der Insolvenz

§ 17 (15 a. F.) der Konkursordnung des Deutschen Reiches lautete:

> „Wenn ein zweiseitiger Vertrag zur Zeit der Eröffnung des Konkursverfahrens von dem Gemeinschuldner und dem anderen Teile nicht oder nicht vollständig erfüllt ist, so kann der Konkursverwalter an Stelle des Gemeinschuldners den Vertrag erfüllen und die Erfüllung von dem anderen Teile verlangen.
>
> Der Verwalter muß auf Erfordern des anderen Teils, auch wenn die Erfüllungszeit noch nicht eingetreten ist, demselben ohne Verzug erklären, ob er die Erfüllung verlangen will. Unterläßt er dies, so kann er auf die Erfüllung nicht bestehen."

Für den Fall der Nichterfüllung des Vertrages traf § 26 KO folgende Regelung:

> „Wenn infolge der Eröffnung des Konkursverfahrens die Nichterfüllung einer Verbindlichkeit oder die Aufhebung eines Rechtsverhältnisses des Gemeinschuldners eintritt, so ist der andere Teil nicht berechtigt, die Rückgabe seiner in das Eigentum des Gemeinschuldners übergegangenen Leistung aus der Konkursmasse zu verlangen. Er kann eine Forderung wegen der Nichterfüllung oder der Aufhebung nur als Konkursgläubiger geltend machen, soweit ihm nicht ein Anspruch auf abgesonderte Befriedigung zusteht."

Der Gesetzgeber ging bei Schaffung des Zweiten Teils des ersten Buches der KO über die Erfüllung der Rechtsgeschäfte von dem grundsätzlichen Fortbestand der vom Gemeinschuldner vor Konkurseröffnung eingegangenen Rechtsgeschäfte aus[68]. Weder das Unvermögen des Gemeinschuldners, all seine Gläubiger zu befriedigen, noch der Entzug der Verfügungsbefugnis könne die Ungültigkeit oder die Aufhebung eines gültig entstandenen Rechtsverhältnisses bewirken[69]. Es komme vielmehr auf die Frage an, „ob und inwieweit ein solches Rechtsgeschäft, wenn es vor der Eröffnung des Verfahrens noch nicht erfüllt war, nach derselben in der vertragsmäßigen Weise noch erfüllt werden kann oder muß."[70]

Der Gesetzgeber begründete den Bedarf nach einer Regelung der zweiseitig nicht oder nicht vollständig erfüllten Verträge im Konkurs mit dem „unvermeidlichen Widerspruch mit nothwendig festzuhaltenden Grundsätzen des Konkursrechts", der sich bei einer Anwendung der allgemeinen Grundsätze des Bürgerlichen Rechts, wie etwa dem Rücktrittsrecht wegen Verzuges oder wegen Veränderung der Umstände ergebe[71]. Zudem wollte der Gesetzgeber durch die Regelung des § 17 KO der schwierigen Situation Herr werden, dass „die Frage der Erfüllung [...] gleichzeitig nach beiden Seiten hin beurtheilt werden muß".[72] Zwar berechtige die Gegenforderung des Gläubigers aus einem zweiseitigen beiderseits noch nicht oder nicht vollständig erfüllten Vertrag diesen nicht dazu, „auf der vollen, vertragsmäßigen Vollstreckung derselben zu beharren", vielmehr konkurriere er mit dieser mit allen

---

68 Mot., S. 62; *Grünwald*, S. 12; *Kippenberg*, S. 18, 55.
69 Mot., S. 62; RGZ 11, 49; 17, 80; *Tischbein*, S. 25 f.
70 Mot., S. 62.
71 Mot., S. 63.
72 Mot., S. 65.

übrigen persönlichen Gläubigern[73] und dürfe nicht zu Unrecht zu einem Massegläubiger erhoben werden.

Jedoch müsse andererseits der Verwalter kraft Gesetzes dazu berechtigt werden, die Forderungen des Vertragspartners zu erfüllen und dann auch Erfüllung zur Masse zu verlangen[74]. Nach der Vorstellung des Gesetzgebers folge also die „Nichterfüllung"[75] der noch offenen gegenseitigen Forderungen aus dem zweiseitigen Vertrag auch ohne gesetzliche Normierung unmittelbar aus der Konkurseröffnung[76], während sich das Recht des Verwalters, auf die beiderseitige Vertragserfüllung zu bestehen, erst aus § 17 KO als positivrechtlicher Regelung ergebe[77]. Die Möglichkeit, dem Verwalter das Recht zuzubilligen, einerseits vollständige Erfüllung zur Masse vom Vertragspartner verlangen zu können und andererseits nur den der Konkursquote entsprechenden Betrag auf die Gegenforderung leisten zu müssen, wurde als Alternative zur Regelung des § 17 KO noch nicht einmal erwogen[78]. Der Grund hierfür liegt vermutlich in den vom Gesetzgeber hervorgehobenen Besonderheiten des synallagmatischen Schuldverhältnisses, die zur Begründung der gegenüber einseitig verpflichtenden Verträgen abweichenden Behandlung herangezogen wurden[79].

---

73 Mot., S. 65.

74 Mot., S. 67.

75 Mit „Nichterfüllung" ist grundsätzlich die Umwandlung der ursprünglichen Forderung in eine Geldforderung und die nur anteilsmäßige Befriedigung gemeint, vgl. hierzu *Kippenberg*, S. 20 f., der insoweit zwischen der „Nichterfüllung" als „konkursmäßiger Erfüllung" und der „Nichterfüllung im engeren Sinne" als der „konkursrechtlichen Nichterfüllung" differenziert. Vgl. auch *Dathe*, S. 18, 29; *Markmann*, S. 7 f.; *Musielak*, AcP 179 (1979), 189, 194; *Sandrock*, S. 95; *Unger*, S. 27; *Wirtz*, S. 8 f.

76 So auch RGZ 84, 228, 233 f.; RG SeuffA 42, 246, 247; *Bork*, FS Zeuner, S. 297, 304; *Henckel*, ZZP 99 (1986), 419, 425; *Ringstmeier*, S. 37 Fn. 63; v. *Wilmowski/Kurlbaum/Kühne*, 6. Aufl., S. 97; vgl. RG, JW 1892, 15; RGZ 41, 133, 135; 56, 238, 239 f.; *Zelck*, S. 28, 38 f.; kritisch demgegenüber *Kaatz*, S. 7; *Pletzsch*, S. 47; a.A. *Jaeger*, KO, 7. Aufl., § 17 Anm. 40; Jaeger-*Lent*, KO, 8. Aufl., § 17 Anm. 40; *Kippenberg*, S. 56: „Erst durch die Ausübung dieses Wahlrechts nach der negativen Seite hin wird *mittelbar* die Abwicklung des zweiseitigen Vertrages durch die Konkurseröffnung beeinflusst."; so auch *Mehl*, S. 18; *Oetker*, ZZP 14 (1890) 1, 33 f.; *Sandrock*, S. 91 f.; *Tischbein*, S. 94 f.

77 Vgl. Mot., S. 67; *Henckel*, ZZP 99 (1986), 419 mwN.; *Lehmann*, S. 20 ff. führt dies auf den „Liquidationsgedanken" zurück, nach dem auch die „offenen Bilateralverträge grundsätzlich liquidiert werden sollen" (S. 21); a.A. *Kippenberg*, S. 57, *Jaeger*, KO, 7. Aufl., § 17 Anm. 40; Jaeger-*Lent*, KO, 8. Aufl., § 17 Anm. 40.

78 Vgl. hierzu BGHZ 58, 246, 248.

79 Vgl. Mot., S.64 f., wo es heißt: „Die zweiseitigen Verträge haben das Besondere, daß sie zwei verschiedene Leistungen bezwecken und jeden der vertragschließenden Theile zum Gläubiger der einen und zugleich zum Schuldner der anderen Leistung machen. Mag man nun zu ihrer Begründung sagen, die Leistung sei durch die Gegenleistung bedingt, oder: die Gegenleistung sei eine Minderung der Leistung, oder: sie sei ein Aequivalent für die Leistung, oder sogar: Leistung und Gegenleistung seien zwei von einander selbstständige Obligationen, – für die hier interessierende Frage der Erfüllung unterscheiden sie sich von den einseitigen Verträgen nur darin, daß während bei den letzteren die Frage nur nach der einen Richtung sich entscheidet, je nachdem der Gemeinschuldner der Berechtigte oder der Verpflichtete ist, die Frage der Erfüllung zweiseitiger Verträge gleichzeitig nach beiden Richtungen beurtheilt werden muß."

Der historische Gesetzgeber war überdies bestrebt, den Vertragspartner des Gemeinschuldners vor den aus der Verzögerung des Wahlrechts herrührenden Nachteilen zu schützen. Durch das Recht des Vertragspartners zur Aufforderung des Verwalters, sein Wahlrecht auszuüben, solle jener insbesondere in die Lage versetzt werden, seine Schadensersatzforderung rechtzeitig anzumelden[80]. Deshalb müsse der Vertragspartner auch schon vor Fälligkeit der gegenseitigen Forderungen den Verwalter zur Ausübung des Wahlrechts anzuhalten befähigt sein[81]. Von dem Erfordernis einer gerichtlichen Erklärungsfrist entsprechend der Regelung in § 16 Abs. 3 S. 2 der Preußischen Konkursordnung[82] hat der Gesetzgeber wegen der damit zwangsläufig verbundenen Verzögerung und den sich aus dem Anhalten der Schwebelage des Vertrages für den Gläubiger ergebenden Nachteilen bewusst Abstand genommen[83]. Der Verwalter müsse vielmehr „die schwebenden Verträge des Gemeinschuldners kennen oder sich diese Kenntnis verschaffen", so dass er die Verantwortung für die Rechtzeitigkeit seiner Erklärung zu tragen habe[84]. Anderenfalls habe ihm das Recht, die Erfüllung des Vertrages zu wählen, verlustig zu gehen.

Nach § 26 S. 1 KO könnte der Vertragspartner – anders als nach der sachwidrigen Reglung des § 16 Abs. 3 S. 1 Preuß. KO[85] – wegen der „Nichterfüllung" des zweiseitigen Vertrages keine Rückgabe der in das Eigentum des Gemeinschuldners übergegangenen Leistung aus der Konkursmasse verlangen. Mit seiner „Forderung wegen der Nichterfüllung" war er nach § 26 S. 2 KO, soweit ihm nicht ein Anspruch auf abgesonderte Befriedigung zustand, nur Konkursgläubiger.

2. Regelung des § 103 der Insolvenzordnung vom 5.10.1994

§ 103 InsO ist die inhaltsgleiche Umsetzung von § 117 RegE[86]. Die Norm steht am Anfang des Zweiten Abschnitts im Dritten Teil der InsO, welcher die Behandlung „schwebender Rechtsgeschäfte" nach Verfahrenseröffnung betrifft, vgl. §§ 103–128 InsO. § 103 InsO zählt zu den wichtigsten und am häufigsten angewendeten Vorschriften der Insolvenzordnung[87]. Die Regelung weicht nur unwesentlich von der in den §§ 17, 26 KO ab. Der Reformgesetzgeber hat es unterlassen, die im Anwendungsbereich dieser Normen befindlichen Streitfragen[88], die für die Beteiligten häufig von hoher – insbesondere wirtschaftlicher – Bedeutung sind, eindeutig zu entscheiden[89]. Mithin ist der sensible Schnittpunkt von Synallagma und Insolvenzverfahren weiterhin der Rechtsprechung und Rechtswissenschaft überantwortet.

---

80 Mot., S. 68; *Grünwald*, S. 16; *Zelck*, S. 28 f.
81 Vgl. Mot., S. 68.
82 Siehe hierzu oben unter a).
83 Vgl. Mot., S. 68; vgl. *Sandrock*, S. 97.
84 Mot., S. 68.
85 Vgl. oben unter 1.
86 Vgl. BT-Drucks., 12/7303, S. 42.
87 *Musielak*, AcP 179 (1979), 189, 189.
88 Insbesondere, ob die noch offenen Erfüllungsansprüche infolge der Eröffnung des Insolvenzverfahrens erlöschen, hierzu später unter C).
89 Vgl. *Pape*, Kölner Schrift, 2. Aufl., S. 531, 540 f.; *Schwörer*, S. 55 f.

II. Exkurs: Anwendung des § 103 InsO bei grenzüberschreitenden Insolvenzen

Problematisch kann die Anwendung des § 103 InsO und damit die Behandlung gegenseitiger Verträge in der Insolvenz sein, wenn das Insolvenzverfahren Auslandsberührung aufweist[90]. Für die Beurteilung der kollisionsrechtlichen Rechtslage ist zunächst zu prüfen, ob das Insolvenzverfahren, welches über das Vermögen einer Partei des gegenseitigen Vertrages eröffnet wurde, in den Anwendungsbereich der Verordnung (EG) Nr. 1346/2000 des Rates vom 29. Mai 2000 über Insolvenzverfahren (EuInsVO) fällt[91]. Die EuInsVO gilt nur in den Mitgliedsstaaten der EU (mit Ausnahme Dänemarks). Der Anwendungsbereich der Verordnung ergibt sich aus Art. 1 EuInsVO. Das Insolvenzstatut gem. Art. 4 EuInsVO, die lex fori concursus, folgt der internationalen Zuständigkeit zur Eröffnung des Hauptinsolvenzverfahrens. Diese wiederum richtet sich gem. Art. 3 Abs. 1 EuInsVO nach dem Mittelpunkt der hauptsächlichen Interessen des Schuldners. Von der lex fori concursus werden nach Art. 4 Abs. 2 e) EuInsVO auch die Regelungen über die Auswirkungen des Insolvenzverfahrens auf laufende Verträge des Schuldners – wie etwa die §§ 103 ff. InsO – erfasst. Da die lex fori concursus in ihrem Regelungsbereich andere kollisionsrechtliche Bestimmungen verdrängt[92], bleibt es regelmäßig bei der Geltung der Insolvenzordnung des Staates, in dessen Gebiet das Hauptinsolvenzverfahren eröffnet wurde. Allerdings gilt das Insolvenzstatut des Art. 4 EuInsVO nicht uneingeschränkt. Zum Schutze des Vertrauens nationaler Gläubiger bestimmen die Art. 7 Abs. 2, 8 und 10 EuInsVO abweichende Sachstatute.

Vergleichbar geregelt ist mittlerweile die Rechtslage bei grenzüberschreitenden Insolvenzverfahren mit Drittstaatenberührung, die nicht in den Anwendungsbereich der EuInsVO fallen[93]. Hier gilt das deutsche internationale Insolvenzrecht, geregelt in den §§ 335–358 InsO. Zentrale Kollisionsnorm ist § 335 InsO, die ebenso wie Art. 4 EuInsVO, die Anwendbarkeit des Insolvenzrechts des Staats der Verfahrenseröffnung begründet. Zwar fehlt es an einer ausdrücklichen Zuordnung der Regelungen über gegenseitige Verträge zur lex fori concursus. Dennoch bestimmen sich die Regelungen über die Behandlung gegenseitiger Verträge grundsätzlich nach der lex fori concursus[94]. Dies ergibt sich neben einem Rekurs auf Art. 4 Abs. 2 EuInsVO[95] aus einem Umkehrschluss zu den speziellen Sachstatuten in §§ 336, 337 InsO. Im Hinblick auf die spezifisch konkursrechtliche Behandlung eines gegenseitigen (beiderseits noch nicht vollständig erfüllten) Vertrages in der Insolvenz ist § 335 InsO eine gegenüber anderen Kollisionsnormen vorrangige Spezialregelung.

---

90 Ausführlich *Schollmeyer,* S. 1 ff.
91 Vgl. hierzu Knops/Bamberger/Maier-Reimer-*Smid/Rühle,* § 18 RdNr. 11 ff.
92 Duursma-Kepplinger/Duursma/Chalupsky-*Duursma-Kepplinger,* EuInsVO, Art. 4 RdNr. 18.
93 *Smid,* Deutsches und Europäisches Internationales Insolvenzrecht, § 335 RdNr. 2.
94 K/P-*Kemper,* InsO, § 335 RdNr. 42.
95 *Smid,* Deutsches und Europäisches Internationales Insolvenzrecht, § 335 RdNr. 2.

III. Interessenlage der Beteiligten

Nach Darstellung der geschichtlichen Entwicklung des gegenseitigen Austauschvertrages in der Gesamtvollstreckung und einem Exkurs über die Behandlung gegenseitiger Verträge im internationalen Insolvenzrecht ist nun das Augenmerk auf das geltende Recht, also auf § 103 InsO, zu richten. Vorweg soll allerdings die hinter dieser Vorschrift stehende Interessenlage der Beteiligten näher erläutert werden.

Die von § 103 InsO erfassten Verträge stehen im Spannungsverhältnis zwischen dem in der Haftungsordnung der InsO[96] geltenden Grundsatz der Gläubigergleichbehandlung und dem funktionellen Synallagma[97]. Wer sich aufgrund eines gegenseitigen Vertrages verpflichtet, kann nach § 320 Abs. 1 BGB grundsätzlich „[...] die ihm obliegende Leistung bis zur Bewirkung der Gegenleistung verweigern, [...]". Das Gesetz geht von einem Austausch von Vermögensgütern Zug um Zug aus, bei dem „Fordern" und „Leistenmüssen" eine Einheit darstellen. M.a.W. darf bei einer synallagmatischen Verknüpfung zweier Hauptleistungspflichten (grundsätzlich) nur fordern, wer gleichzeitig gibt oder zum Geben bereit ist[98]. Der Schutz dieses funktionellen Synallagmas wäre unvollkommen, würde er nur im materiellen Recht und nicht auch im Haftungsrecht gelten. In der Einzelzwangsvollstreckung konnte das funktionelle Synallagma unproblematisch durch die Verfahrensvorschriften der §§ 756, 765 ZPO umgesetzt werden, da hierbei nur der Schuldner und der einzelne Gläubiger betroffen sind[99]. Schwieriger gestaltet sich ein gerechter Ausgleich der Interessenlage bei Gesamtvollstreckungsverfahren, wie insbesondere der InsO, wenn also das Gesamtvermögen des Schuldners nicht mehr zur Befriedigung aller Gläubiger ausreicht.

„Das Insolvenzverfahren dient dazu, die Gläubiger eines Schuldners gemeinschaftlich zu befriedigen, [...]" (§ 1 S. 1 InsO). Anders als in der Einzelzwangsvollstreckung geht es also nicht um einen bipolaren Ausgleich zwischen Schuldner und Gläubiger, sondern um einen multipolaren Ausgleich der Gläubiger untereinander, dem ein Vorgehen der einzelnen Gläubiger im Wege der Einzelzwangsvollstreckung, in der das Prioritätsprinzip gilt, zuwider laufen würde[100]. *Häsemeyer* bezeichnet die Insolvenzordnung deshalb überzeugend als allseitige Haftungsordnung[101]. Folge der Konkurrenz der Gläubiger um die Befriedigung ihrer Forderungen aus dem insuffizienten Schuldnervermögen im Insolvenzverfahren ist die Ab-

---

96 Vgl. Amtl. Begr. zum RegEInsO, Allg. 4 a cc; BT-Drucks. 12/2443, S. 83; Smid-*Smid*, InsO, 2. Aufl., § 1 RdNr. 6 ff., 33.

97 *Häsemeyer*, KTS 1973, 2 ff.; *ders.*, InsR, 3. Aufl., RdNr. 20.08 f.; Jaeger-*Henckel*, KO, 9. Aufl., § 17 RdNr. 5 ff.; *Medicus*, BR, 20. Aufl., RdNr. 233; *Pflug*, AG 1986, 305; *Roth*, FS Rolland (1999), 305, 312 f.

98 RGZ 126, 280, 285; *Musielak*, AcP 179 (1979), 189, 198.

99 Vgl. MünchKomm-*Kreft*, InsO, § 103 RdNr. 55.

100 Vgl. Smid-*Smid*, InsO, 2. Aufl., § 1 RdNr. 34; *ders.*, Grundzüge, 4. Aufl., § 1 RdNr. 20.

101 *Häsemeyer*, InsR, 3. Aufl., RdNr. 1.13, 2.14, 12.02, 20.04; *Smid*, Grundzüge, 4. Aufl., § 1 RdNr. 22; vgl. auch schon *Oetker*, Grundbegriffe, S. 33.

wertung ihrer Forderungen zueinander in Bezug auf das derzeitige Schuldnervermögen[102]. Der einzelne Gläubiger kann also seine Forderung nicht mehr nominal – so wie es ihm im Verhältnis zum Schuldner zustünde – durchsetzen, sondern nur noch quotal, d.h. so wie es ihm im Verhältnis zu den anderen Gläubigern in Bezug auf eine Haftungsmasse zusteht, vgl. § 38 InsO. Die strikte Anwendung dieses insolvenzrechtlichen Dogmas würde das funktionelle Synallagma aufheben[103]. Unabhängig vom Schuldgrund konkurriert der einzelne Gläubiger nämlich mit den anderen Gläubigern um die Haftungsmasse, so dass es eigentlich keinen Unterschied machen dürfte, ob er aufgrund eines gegenseitigen Vertrages oder aus einem anderen Rechtsgrund zu fordern berechtigt ist. Dies hätte dann aber zur Folge, dass der Vertragspartner eines gegenseitigen beiderseits noch nicht vollständig erfüllten Vertrages nur den quotal auf seine Forderung entfallenden Betrag fordern dürfte, seinerseits aber die gegen ihn gerichtete Gegenforderung nominal befriedigen müsste[104], denn diese Forderung gehört zur Aktivmasse[105]. Derjenige, der sich nur zur Leistung verpflichtet hat, um dafür Zug um Zug die Gegenleistung zu erlangen, wäre dann in der Insolvenz schutzlos und dies, obwohl er – anders als andere Gläubiger – die Insolvenz nicht dadurch mitverursacht hat, dass er in Vorleistung getreten ist[106].

Es lässt sich leicht ausmalen, welche Folgen eine derartige Behandlung von gegenseitigen Verträgen in der Insolvenz hätte. Beide Parteien eines gegenseitigen Vertrages müssten sich durch insolvenzfeste dingliche oder werthaltige persönliche Kreditsicherheiten absichern, um nicht im Falle der Insolvenz des Kontrahenten voll leisten zu müssen und im Gegenzug nur die Quote zu erhalten. Der hieraus resultierende „Sicherungswahn“ würde Vertragsabschlüsse verzögern, wenn nicht gar verhindern und wäre somit geeignet, die Schnellig- und Leichtigkeit des Handelsverkehrs zu hemmen. Es kann deswegen nicht angehen, dass der Gläubiger eines gegenseitigen beiderseits noch nicht bzw. noch nicht vollständig erfüllten Vertrages in der Insolvenz des Vertragspartners voll leisten muss, um im Gegenzug nur quotal befriedigt zu werden[107]. Andererseits wäre es im Verhältnis zu den anderen Gläubigern ungerecht und würde deshalb dem Gesetzeszweck nach § 1 S. 1 InsO konterkarieren, wenn der gegenseitige beiderseitig noch nicht erfüllte Vertrag stets vom Insolvenzverwalter erfüllt werden müsste[108]. In vielen Fällen würde sich die Erfüllung des Vertrages nämlich masseschädigend auswirken (sog. „Verlustverträge“)[109]. Um dieses Dilemma – die Kollision

---

102 *Häsemeyer,* InsR, 3. Aufl., RdNr. 2.33 f.; Smid-*Smid,* InsO, 2. Aufl., § 1 RdNr. 34.
103 Dies betonte schon *Kippenberg,* S. 26. Deshalb müsse „entweder die Forderung des Gemeinschuldners dieselbe Behandlung erfahren wie die Verbindlichkeit oder umgekehrt, die Verbindlichkeit dieselbe wie die Forderung“; vgl. auch *Häsemeyer,* InsR, 3. Aufl., RdNr. 20.03.
104 Gottwald-*Huber,* 2. Aufl., § 34 RdNr. 8; *Kippenberg,* S. 26; *Zelck,* S. 26 f.
105 *Pletzsch,* S. 35.
106 Vgl. zur Bedeutung des sog. „Kreditrisikos“ in der Insolvenz *Kepplinger,* S. 228 ff.; *Marotzke,* 3. Aufl., RdNr. 5.67 ff.
107 *Grünwald,* S. 15; *Kippenberg,* S. 26; *Mehl,* S. 4 f.; *Smid,* Grundzüge, 4. Aufl., § 17 RdNr. 4; *Unger,* S. 13 f.; *Windel,* JURA 2002, 230, 232; *Wirtz,* S. 7 f.; zu der verfassungsrechtlichen Problematik einer Pflicht zur „vollen Leistung gegen Quote“ siehe unter C)VI.4.a).
108 *Kippenberg,* S. 27; *Mehl,* S. 5; Smid-*Smid,* InsO, 2. Aufl., § 103 RdNr. 2; *ders.,* Grundzüge, 4. Aufl., § 17 RdNr. 5.
109 *Offtermatt,* S. 4, führt als Beispiel den Fall an, dass der Vertragspartner eine Maschine verkauft hat, die auf Grund geplanter Liquidation nicht mehr benötigt wird und deren Erlös durch die insolvenzmäßige Verwertung unterhalb des gezahlten Kaufpreises liegen würde.

von funktionellem Synallagma und Gläubigergleichbehandlung – in der Ausgleichshaftung zu überwinden, geht § 103 Abs. 1 InsO einen „Mittelweg“ [110], indem er dem Insolvenzverwalter die Entscheidung überlässt, ob der gegenseitige Vertrag (nominal) abgewickelt oder nicht erfüllt werden soll [111], so dass der Gläubiger dann nur die Möglichkeit hat, eine „Forderung wegen der Nichterfüllung“ (§ 103 Abs. 2 S. 1 InsO) zur Tabelle anzumelden.

Indem § 103 InsO die Erfüllung bzw. Nichterfüllung des gegenseitigen beiderseits noch nicht vollständig erfüllten Vertrages dem Insolvenzverwalter überantwortet, kann dieser Vermögenswerte realisieren, so dass ihm die (vorübergehende) Unternehmensfortführung in der Insolvenz erleichtert wird [112]. Der Insolvenzverwalter, der den Interessen der Masse verpflichtet ist [113], wird sich bei seiner Wahl durch drei verschiedene Kriterien leiten lassen [114].

Zunächst einmal ist das Äquivalenzverhältnis zwischen Forderung und Gegenforderung bedeutsam. Ist die Forderung der Masse wertvoller als die Gegenforderung des Vertragspartners, so spricht dies (zunächst) für die Erfüllungswahl [115]. Des Weiteren hat der Insolvenzverwalter vor Ausübung seines Wahlrechts aber auch den Abwicklungsstand des gegenseitigen Vertrages zu berücksichtigen [116]. Je mehr der Schuldner vor Verfahrenseröffnung in Vorleistung getreten ist, desto eher wird der Insolvenzverwalter die Erfüllung des gegenseitigen Vertrages wählen, denn es bedarf dann nur relativ weniger Mittel, um die Gegenforderung als Vorteil für die Masse zu realisieren. Umgekehrt wird der Verwalter bei Vorleistungen des Vertragspartners eher geneigt sein, die Erfüllung des Vertrages abzulehnen, da der in der nominalen Erfüllung des Anspruchs des Vertragspartners liegende Nachteil dann häufig nicht durch die Einziehung der noch ausstehenden Leistung des Vertragspartners zur Masse kompensiert werden kann. Wenn der Insolvenzverwalter trotz Vorleistungen des Vertragspartners vor Verfahrenseröffnung die Erfüllung des gegenseitigen Vertrages wählt, wird dies vielfach an der Regelung des § 105 S. 1 InsO und der weiten Auslegung des Tatbestandsmerkmals der „Teilbarkeit“ der Leistung durch die Rechtsprechung [117] liegen. Die Masse muss dann die Forderung des Vertragspartners, obgleich der Insolvenzverwalter die Vertragserfüllung gewählt hat, nur soweit erfüllen, wie diese Forderung nicht den vor Verfahrenseröffnung erbrachten Teilleistungen des Vertragspartners entspricht. Hinsichtlich des Teils seiner Forderung, der das Äquivalent seiner vor Verfahrenseröffnung erbrachten Teilleistungen darstellt, bleibt der Vertragspartner ungeachtet der Erfüllungswahl durch den Verwalter Insolvenzgläubiger, § 105 S. 1 InsO. Schließlich hat der geplante Verfahrensgang Einfluss auf die Ausübung des Wahlrechts nach § 103 InsO [118]. Ist die Liquidation des

---

110 *Mehl*, S. 5.

111 Vgl. *Bork*, FS Zeuner, S. 297, 309; *Kippenberg*, S. 27 f.; *Kreft*, ZIP 1997, 865, 867; *Pletzsch*, S. 53 f.; *Pünder*, S. 2 f.; *Rendtorff*, S. 39; Smid-*Smid*, InsO, 2. Aufl., § 103 RdNr. 2 f.; *Tischbein*, S. 17 f.; vgl. schon *Oetker*, ZZP 14 (1890) 1, 10 ff.; *Unger*, S. 14.

112 Uhlenbruck-*Uhlenbruck*, InsO, 12. Aufl., Vor § 103 RdNr. 2.

113 *Pape/Uhlenbruck*, RdNr. 642.

114 *Windel*, JURA 2002, 230, 233; vgl. auch *Häsemeyer*, InsR, 3. Aufl., RdNr. 20.19; HK-*Marotzke*, InsO, 3. Aufl., § 103 RdNr. 2.

115 Vgl. *Adam*, S. 4; in diesem Zusammenhang interessiert auch, ob die Forderung der Masse vor Verfahrenseröffnung wirksam abgetreten wurde, vgl. *Brandes*, RWS-Forum 9, 1997, S. 1, 4; *Ringstmeier*, S. 2 f. und später unter C)I.

116 Vgl. *Pünder*, S. 3 f.; *Offtermatt*, S. 4 f.

117 Erforderlich ist lediglich, dass sich Teilleistungen feststellen und berechnen lassen; vgl. BGHZ 145, 245, 253; 147, 28, 33; *Fischer*, NZI 2002, 281, 283; *Kreft*, FS Uhlenbruck, S. 387 ff.

118 Vgl. *Adam*, S. 4; *Henckel*, ZIP 1980, 2; *ders.*, KTS 1989, 477, 487; *Pünder*, S. 4; *Kübler*, ZGR 1982, 498, 501 f.; *Mehl*, S. 5; *Ringstmeier*, S. 38 f.; *Schwörer*, S. 72 ff., 97 f.

schuldnerischen Unternehmens geplant, so wird der Insolvenzverwalter in der Regel davon Abstand nehmen, der Masse durch die Erfüllungswahl etwa von Kaufverträgen über Betriebsmittel Sachen einzuverleiben, deren Erlöse bei einer Zerschlagung des schuldnerischen Unternehmens meist deutlich unter den gezahlten Kaufpreisen liegen werden[119]. Demgegenüber kann es bei einer geplanten (übertragenden) Sanierung des schuldnerischen Unternehmens(-trägers) durchaus Sinn machen, durch die Erfüllungswahl von Verträgen mit Lieferanten eine ununterbrochene Betriebsfortführung in der Insolvenz sicherzustellen, die sich positiv bei Veräußerung des Unternehmens oder bei Abstimmung der Gläubiger über einen Insolvenzplan auswirken wird. Ob ein für die Masse günstiges Geschäft vorliegt, bei dem der Insolvenzverwalter die Erfüllung des Vertrages zu wählen hat, hängt somit häufig davon ab, ob der Verwalter beispielsweise bei nicht erfüllten Kaufverträgen Zerschlagungs- oder Fortführungswerte zugrunde legt. Schließlich steht der Nutzen der Erfüllungswahl, von dem sich der Insolvenzverwalter leiten lassen muss[120], in Abhängigkeit zu der Frage, ob bei Erfüllungswahl Aufrechnungsmöglichkeiten des Vertragspartners[121] gegeben sind oder Vorausverfügungen des Schuldners über seine Forderung Bestand haben[122].

Die Ausübung des Wahlrechts gem. § 103 InsO wird sich in vielen Fällen in der Kürze der Zeit als eine komplexe und risikobehaftete Prognoseentscheidung erweisen, bei welcher der Insolvenzverwalter leicht Gefahr läuft, infolge einer unvorteilhaften Entscheidung in die persönliche Haftung nach § 60 InsO genommen zu werden[123].

IV. Tatbestand des § 103 InsO

Nach dem Absatz 1 des mit „Wahlrecht des Insolvenzverwalters." amtlich überschriebenen § 103 InsO gilt Folgendes:

> „Ist ein gegenseitiger Vertrag zur Zeit der Eröffnung des Insolvenzverfahrens vom Schuldner und vom anderen Teil nicht oder nicht vollständig erfüllt, so kann der Insolvenzverwalter anstelle des Schuldners den Vertrag erfüllen und die Erfüllung vom anderen Teil verlangen."

In Absatz 2 heißt es weiter:

> „Lehnt der Verwalter die Erfüllung ab, so kann der andere Teil eine Forderung wegen der Nichterfüllung nur als Insolvenzgläubiger geltend machen. Fordert der andere Teil den Verwalter zur Ausübung seines Wahlrechts auf, so hat der Verwalter unverzüglich zu erklären, ob er die Erfüllung verlangen will. Unterläßt er dies, so kann er auf die Erfüllung nicht bestehen."

---

119 Vgl. *Offtermatt*, S. 4.
120 Statt vieler *Jaeger*, Lehrbuch, 8. Aufl., S. 36.
121 Vgl. hierzu ausführlich *Adam*, S. 4 ff.
122 Zu diesen außerordentlich wichtigen und umstrittenen Problemen, vgl. unten unter C) I.
123 Vgl. *Ringstmeier*, S. 5 f., der insoweit auf die Gefahr einer dem Insolvenzverwalter unbekannten Zession durch den Schuldner hinweist; vgl. ferner schon *Tischbein*, S. 129 f.

1. Gegenseitiger Vertrag

Der Tatbestand des § 103 InsO verlangt zunächst einen gegenseitigen Vertrag und bezieht sich somit auf einen technischen Rechtsbegriff des BGB (vgl. §§ 320 ff. BGB).

a) *Synallagma als Tatbestandsmerkmal*

Ein gegenseitiger Vertrag i.S.v. § 103 InsO ist ein Vertrag, bei dem die Verpflichtungen der Vertragsparteien im gegenseitigen Abhängigkeitsverhältnis stehen und die eine somit um der anderen willen erbracht wird [124]. Entscheidend ist, wie bei den §§ 320ff. BGB [125], das Synallagma [126], d.h. die wechselseitige Bedingtheit von Leistung und Gegenleistung; auf eine Gleichwertigkeit von Leistung und Gegenleistung kommt es nicht an [127]. Ob ein solches Gegenseitigkeitsverhältnis zwischen den Verpflichtungen besteht, bestimmt sich nach dem (durch Auslegung zu ermittelnden) Parteiwillen [128].

Gegenseitigkeit liegt insbesondere bei Kauf-, Tausch-, Werk-, Werklieferungsverträgen, Verträgen über entgeltliche Verwahrung [129] und solchen über verzinsliche Darlehensgewährung [130] vor, jedoch auch bei Wettbewerbsverboten, -abreden und Vergleichen [131]. Auch Vereinbarungen, die eine Vertragsübernahme zum Gegenstand haben, fallen unter § 103 InsO [132]. Nicht in den Anwendungsbereich der Norm fallen hingegen einseitig verpflichtende Verträge [133], wie insbesondere der Schenkungsvertrag. Ferner sind die sog. unvollkommen zweiseitig verpflichtenden Verträge („contractus bilaterales inaequales“ [134]), wie Leihe, Auftrag oder unentgeltliche Verwahrung ausgenommen, sowie Verträge, die wie Spiel, Wette [135] und Ehemaklervertrag lediglich unvollkommene Verbindlichkeiten begrün-

---

124 RGZ 147, 340, 342; § 17 KO meinte nach einhelliger Ansicht trotz der anderen Formulierung („zweiseitiger Vertrag“) das gleiche, gegenseitige Abhängigkeitsverhältnis von Leistung und Gegenleistung („contractus bilaterales aequales“), vgl. *Jaeger,* Lehrbuch, 8. Aufl., S. 35 („... Leistung um Gegenleistung“.); *Kippenberg,* S. 24 ff., 44, 46.

125 Gottwald-*Huber,* 2. Aufl., § 34 RdNr. 14; HK-*Marotzke,* InsO, 3. Aufl., § 103 RdNr. 5; *Dathe,* S. 20; *Offtermatt,* S. 10; *Kippenberg,* S. 25; *Kaatz,* S. 2; *Mehl,* S. 5; *Sperling,* S. 24 f.; *Unger,* S. 13; a.A. *Schad,* S. 123.

126 Zum Begriff des Synallagmas und der dogmatischen Einordnung ausführlich *Kepplinger,* S. 18 ff. m.w.N.

127 RGZ 81, 364, 365; FK-*Wegener,* InsO, 3. Aufl., § 103 RdNr. 5; Palandt-*Heinrichs,* BGB, 64. Aufl., Vor § 320 RdNr. 8; *Pape,* Kölner Schrift, 2. Aufl., S. 531, 544.

128 *Dathe,* S. 20 f.; *Kepplinger,* S. 21; *Meiner,* S. 10; Smid-*Smid,* InsO, 2. Aufl., § 103 RdNr.14; *Tischbein,* S. 32 f.; vgl. auch schon *Oetker,* ZZP 14 (1890) 1, 23.

129 *Tischbein,* S. 39; weitere Beispiele bei Gottwald-*Huber,* 2. Aufl., § 34 RdNr. 14 ff.; *Kepplinger,* S. 17 f.

130 Str., vgl. allerdings den RefE des BMJ vom 16.9.2004 eines „Gesetzes zur Änderung der Insolvenzordnung, des Kreditwesengesetzes und anderer Gesetze“, nach dem § 108 Abs. 2 InsO künftig wie folgt lauten soll: „Ein vom Schuldner eingegangenes Darlehensverhältnis besteht mit Wirkung für die Masse fort, soweit dem Darlehensnehmer der geschuldete Gegenstand zur Verfügung gestellt wurde.“ Kritik hierzu bei *Marotzke,* ZInsO 2004, 1273 ff.

131 Braun-*Kroth,* InsO, 2. Aufl., § 103 RdNr. 13; HK-*Marotzke,* InsO, 3. Aufl., § 103 RdNr. 5; ferner ausführlich FK-*Wegener,* InsO, 3. Aufl., § 103 RdNr. 5 ff.

132 *Fischer,* NZI 2002, 281, 283.

133 *Jaeger,* Lehrbuch, 8. Aufl., S. 35; *Pape,* Kölner Schrift, 2. Aufl., S. 531, 542; *Tischbein,* S. 31.

134 *Jaeger,* Lehrbuch, 8. Aufl., S. 35; *Oetker,* ZZP 14 (1890) 1, 23; *Tischbein,* S. 35 f.

135 *Tischbein,* S. 39 f.

den[136]. Überdies sind Dauerschuldverhältnisse, Auftrags- und Geschäftsbesorgungsverträge kraft leges speciales (§§ 108 ff. InsO) dem Anwendungsbereich des § 103 InsO entzogen.

b) Grenzfälle

Ferner ist die Vorschrift auch auf Rückgewährschuldverhältnisse i.S.v. §§ 346 ff. BGB bzw. auf Schuldverhältnisse aus ungerechtfertigter Bereicherung analog anzuwenden, kraft derer Leistungen Zug um Zug zurückzugewähren sind[137]. Dies wird vor dem Hintergrund verständlich, dass diese Rückabwicklungsschuldverhältnisse Nachwirkungen des vorausgegangenen (u.U. unwirksamen) gegenseitigen Vertrages darstellen und daher der § 103 InsO zugrunde liegenden Interessenlage entsprechen[138].

Die früher umstrittene rechtliche Klassifizierung von Energielieferungsverträgen als Sukzessivlieferungsverträge oder Wiederkehrschuldverhältnisse[139] ist obsolet geworden. Diese fallen nach heute h.M. unter § 103 InsO[140]; für die Gegenleistung des Vertragspartners für vor Verfahrenseröffnung erbrachte Leistungen gilt § 105 S. 1 InsO.

2. Keine oder keine vollständige Erfüllung auf Schuldner- und Gläubigerseite

§ 103 InsO setzt ferner tatbestandlich voraus, dass der gegenseitige Vertrag zur Zeit der Eröffnung des Insolvenzverfahrens weder vom Schuldner noch vom Vertragspartner vollständig erfüllt[141] ist. Ist dies nicht der Fall, verbleibt es bei den allgemeinen insolvenzrechtlichen Regeln[142].

---

136 Braun-*Kroth*, InsO, 2. Aufl., § 103 RdNr. 17; *Kippenberg*, S. 45.

137 RG, LZ 1915 Sp. 217 Nr. 17; BGH, WM 1961, 482, 485 f.; Gottwald-*Huber*, 2. Aufl., § 34 RdNr. 16; HK-*Marotzke*, InsO, 3. Aufl., § 103 RdNr. 11; Jaeger-*Henckel*, KO, 9. Aufl., § 17 RdNr. 28, 90 ff.; vgl. für das Vergleichsverfahren *Meiner*, S. 16.

138 Vgl. Gottwald-*Huber*, 2. Aufl., § 34 RdNr. 16; HK-*Marotzke*, InsO, 3. Aufl., § 103 RdNr. 11.

139 Vgl. hierzu Jaeger-*Lent*, KO, 8. Aufl., § 17 RdNr. 16 ff.

140 MünchKomm-*Huber*, InsO, § 103 RdNr. 70; Uhlenbruck-*Berscheid*, InsO, 12. Aufl., § 103 RdNr. 14 m.w.N.

141 Nach zutreffender h.M. ist auf den Eintritt des Leistungserfolges i.S.v. § 362 BGB abzustellen, vgl. *Jaeger*, Lehrbuch, 8. Aufl., S. 35; *Kippenberg*, S. 48; K/P-*Tintelnot*, InsO, § 103 RdNr. 32; *Luss*, S. 12 ff.; *Meiner*, S. 18 (für das Vergleichsverfahren); *Offtermatt*, S. 11 ff.; Uhlenbruck-*Berscheid*, InsO, 12. Aufl., § 103 RdNr. 58; nach a.A. genügt das Bewirken der Leistungshandlung, vgl. *Tischbein*, S. 68 f. Ausführliche Darstellung des Streits bei *Pletzsch*, S. 21 ff.

142 BGH, NJW 1980, 226, 227; *Bork*, FS Zeuner, S. 297, 298; *Brandes*, RWS-Forum 9, 1997, S. 1, 2; *Dathe*, S. 27; Gottwald-*Huber*, 2. Aufl., § 34 RdNr. 6 f.; *Graf/Wunsch*, ZIP 2002, 2117, 2118; HK-*Marotzke*, InsO, 3. Aufl., § 103 RdNr. 2; FK-*Wegener*, InsO, 3. Aufl., § 103 RdNr. 35; *Häsemeyer*, FS 50 Jahre BGH, S. 725, 726; *ders.*, InsR, 3. Aufl., RdNr. 20.13; *Lehmann*, S. 8; *Kepplinger*, S. 29; *Kippenberg*, S. 28; MünchKomm-*Kreft*, InsO, § 103 RdNr. 58; *Offtermatt*, S. 2f.; *Pletzsch*, S. 34; *Rendtorff*, S. 40 f.; *Windel*, JURA 2002, 230, 233; *Zelck*, S. 7 f.; vgl. zum Vergleichsverfahren *Meiner*, S. 12 ff.

Ist der Vertrag von beiden Seiten schon vollständig erfüllt, so gehört die dem Schuldner erbrachte Leistung in die Masse, soweit sie bei Verfahrenseröffnung noch vorhanden ist. Die vom Schuldner dem anderen Teil erbrachte Gegenleistung verbleibt vorbehaltlich einer Insolvenzanfechtung bei diesem[143]. Hat der Vertragspartner seinerseits schon vor Verfahrenseröffnung geleistet, so gehört die Leistung – soweit sie noch vorhanden ist – zur Insolvenzmasse. Der Anspruch auf die Gegenleistung ist dann nach § 38 InsO Insolvenzforderung[144]. Der Vertragspartner unterliegt dann dem Verbot der Einzelzwangsvollstreckung (§ 89 InsO) und wird von den Wirkungen eines Insolvenzplans betroffen (§ 254 InsO). Hat hingegen der Schuldner schon geleistet, so verbleibt dem Vertragspartner vorbehaltlich einer Insolvenzanfechtung dessen Leistung[145]. Die noch ausstehende Gegenleistung ist vom Insolvenzverwalter zur Masse einzuziehen[146].

Bei Lieferung einer mangelhaften Sache ist ein Kauf- bzw. ein Werkvertrag von Seiten des Verkäufers bzw. des Unternehmers nicht vollständig erfüllt[147]. Dieses Ergebnis ist nunmehr unstreitig, da die sog. „Nichterfüllungstheorie" durch das Schuldrechtsmodernisierungsgesetz vom 26.11.2001 in den §§ 433 Abs. 1 S. 2, 633 Abs. 1 BGB positivrechtlich bestätigt wurde[148].

V. Rechtsfolgen des § 103 InsO

Der erste Absatz des § 103 InsO regelt in Verbindung mit §§ 55 Abs. 1 Nr. 2 Var. 1, 53 InsO die Rechtsfolgen der Erfüllungswahl durch den Insolvenzverwalter. Die Rechtsfolgen der Erfüllungsablehnung bzw. des verwirkten Wahlrechts ergeben sich hingegen aus § 103 Abs. 2 InsO. Der Fall einer unterlassenen Wahlrechtsausübung durch den Insolvenzverwalter bei unterlassener Aufforderung durch den Vertragspartner zur Erklärung über die Ausübung des Wahlrechts ist nicht ausdrücklich geregelt[149].

1. Rechtliche Einordnung des Wahlrechts

Sowohl bei der Erfüllungswahl als auch bei der ausdrücklichen bzw. konkludenten Erfüllungsablehnung handelt es sich um eine einseitige empfangsbedürftige Willenserklärung gegenüber dem Vertragspartner des Schuldners[150]. Sie wird daher wirksam, wenn sie die-

---

143 Jaeger-*Henckel*, KO, 9. Aufl., § 17 RdNr. 2.
144 *Kepplinger*, S. 29 f.; MünchKomm-*Kreft*, InsO, § 103 RdNr. 60; *Pletzsch*, S. 34.
145 MünchKomm-*Kreft*, InsO, § 103 RdNr. 59.
146 Vgl. Mot. S. 67.
147 Vgl. Gottwald-*Huber*, 2. Aufl., § 34 RdNr. 28 f.; *Häsemeyer*, InsR, 3. Aufl., RdNr. 20.15; MünchKomm-*Huber*, InsO, § 103 RdNr. 141.
148 Vgl. B/R-*Faust*, BGB, § 433 RdNr. 12.
149 Hierzu später unter 5.
150 BGHZ 15, 333, 334 f.; OLG Stuttgart, ZIP 2005, 588, 589; *Häsemeyer*, InsR, 3. Aufl., RdNr. 20,17; *Kepplinger*, S. 55 f. m.w.N; *Pape*, Kölner Schrift, 2. Aufl., S. 531, 549; Smid-*Smid*, InsO, 2. Aufl., § 103 RdNr. 36; *ders.*, Grundzüge, 4. Aufl., § 17 RdNr. 8; so auch schon *Jaeger*, Lehrbuch, 8. Aufl., S. 36; *Seuffert*, S. 190.

sem nach den allgemeinen Vorschriften der §§ 130 ff. BGB zugegangen ist[151]. Die Ausübung des Wahlrechts unterliegt keiner Formvorschrift und ist deshalb insbesondere auch durch schlüssiges Verhalten möglich[152].

Zum Teil wird das Verwalterwahlrecht als Gestaltungsrecht angesehen[153]. Diese Ansicht ist jedenfalls insoweit richtig, als der Insolvenzverwalter durch die Ausübung seines Wahlrechts nach § 103 InsO darüber entscheidet, ob der Vertragspartner mit seiner Forderung zum Massegläubiger nach § 55 Abs. 1 Nr. 2 Var. 1 InsO wird oder ob er als Insolvenzgläubiger nach § 103 Abs. 2 S. 1 InsO lediglich eine „Forderung wegen der Nichterfüllung" zur Tabelle anmelden kann[154]. Ob das Verwalterwahlrecht über diese haftungsrechtliche, d.h. die Rechtsbeziehungen der Gläubiger untereinander betreffende Gestaltungswirkung auch eine materiellrechtliche, d.h. eine das Schuldverhältnis zwischen Vertragspartner und Schuldner nachhaltig umgestaltende Wirkung hat, wird später Gegenstand einer ausführlichen Untersuchung sein[155]. Aufgrund der (zumindest haftungsrechtlichen) Gestaltungswirkung sind sowohl die Erfüllungswahl als auch die Erfüllungsablehnung bedingungsfeindlich[156].

2. Rechtsfolgen der Erfüllungswahl

Hat sich der Insolvenzverwalter für die Erfüllung des Vertrages entschieden, muss dieser von beiden Vertragsparteien voll erfüllt werden[157]. Der Insolvenzverwalter tritt umfassend in die bei Verfahrenseröffnung vorgefundenen Rechte und Pflichten des Schuldners ein, muss also selbst die noch ausstehende Leistung als Masseverbindlichkeit nach § 55 Abs. 1 Nr. 2 Var. 1 InsO erbringen und kann dafür die Erfüllung der Gegenforderung zur Masse verlangen[158]. Die Rechtsfolgen der Erfüllungswahl werden allerdings insbesondere durch die Regelung des § 105 S. 1 InsO und die weite Auslegung des Tatbestandsmerkmals der „Teilbarkeit"[159] der Leistung modifiziert. Demnach ist der Vertragspartner, wenn er vor Verfahrenseröffnung Teilleistungen erbracht hat, nur soweit als Massegläubiger zu behandeln, wie seine Forderung nicht das Äquivalent dieser Teilleistungen darstellt[160]. Den Teil sei-

151 BGH, DZWIR 1998, 195 (mit Anmerkung *Smid*); vgl. für die Ablehnungserklärung im Vergleichsverfahren *Meiner*, S. 34.
152 OLG Stuttgart, ZIP 2005, 588, 589; Smid-*Smid*, InsO, 2. Aufl., § 103 RdNr. 36, 39 m.w.N.; Uhlenbruck-*Berscheid*, InsO, 12. Aufl., § 103 RdNr. 65; vgl. auch schon *Kohler*, Lehrbuch, S. 135; *Sperling*, S. 35 f.
153 Vgl. *Baur*, FS Weber, S. 41, 43; Jaeger-*Henckel*, KO, 9. Aufl., § 17 RdNr. 114.
154 Vgl. *Häsemeyer*, InsR, 3. Aufl., RdNr. 20.16.
155 Siehe unter C).
156 BGH, WM 1958, 430, 432.
157 FK-*Wegener*, InsO, 3. Aufl., § 103 RdNr. 65.
158 Braun-*Kroth*, InsO, 2. Aufl., § 103 RdNr. 59; *Häsemeyer*, InsR, 3. Aufl., RdNr. 20.21; Jaeger-*Lent*, KO, 8. Aufl., § 17 Anm. 33; *Kippenberg*, S. 60; *Sandrock*, S. 100; *Smid*, Grundzüge, 4. Aufl., § 17 RdNr. 13.
159 Vgl. *Fischer*, NZI 2000, 281, 283 m.w.N.
160 Gottwald-*Huber*, 2. Aufl., § 35 RdNr. 25.

ner Forderung, welcher der vor Verfahrenseröffnung erbrachten Teilleistung entspricht, kann er nur als Insolvenzforderung geltend machen[161]. Mit der Erfüllungswahl hat der Insolvenzverwalter freilich noch nicht die Rechtsgültigkeit des gegenseitigen Vertrages anerkannt[162]. Er kann daher grundsätzlich alle dem Schuldner vor der Eröffnung des Insolvenzverfahrens zustehenden Gestaltungsrechte (z.B. Anfechtung, Rücktritt), Einwendungen sowie Einreden gegenüber dem Vertragspartner geltend machen. Allerdings ist sowohl die Erfüllungswahl als auch die Erfüllungsablehnung grundsätzlich unwiderruflich[163]. Fraglich ist demgegenüber, unter welchen Voraussetzungen der Insolvenzverwalter die Erfüllungswahl bzw. -ablehnung anfechten kann[164].

3. Rechtsfolgen der Erfüllungsablehnung bzw. der Verwirkung des Verwalterwahlrechts

Lehnt der Insolvenzverwalter die Erfüllung des gegenseitigen Vertrages ab bzw. verwirkt er nach § 103 Abs. 2 S. 3 InsO sein Wahlrecht, so bleibt es bei der „Nichterfüllung" des Vertrages, die schon infolge der Eröffnung des Insolvenzverfahrens eingetreten ist[165]. „Nichterfüllung" bedeutet nach h.M. und hiesigem Verständnis „insolvenzmäßige Erfüllung"; d.h., dass die Forderung eines nicht bevorrechtigten Gläubigers im Insolvenzverfahren nur in Geld umgerechnet und anteilsmäßig (der Insolvenzquote entsprechend) durchgesetzt werden kann. Der Vertrag als solcher bleibt allerdings nach nahezu einhelliger Ansicht trotz der Verfahrenseröffnung bestehen[166]. Streitig ist hingegen, ob die noch offenen Erfüllungsansprüche durch die Erfüllungsablehnung des Insolvenzverwalters erlöschen[167].

a) „Forderung wegen der Nichterfüllung" gem. § 103 Abs. 2 S. 1 InsO

§ 103 Abs. 2 S. 1 InsO ordnet an, dass der Vertragspartner des Schuldners im Falle der Erfüllungsablehnung durch den Insolvenzverwalter eine „Forderung wegen der Nichterfüllung" als Insolvenzgläubiger geltend machen kann. Das Gleiche gilt, wenn der Verwalter die Ausübung seines Wahlrechts unterlassen hat, unabhängig davon, ob er vom Vertragspartner hierzu nach § 103 Abs. 2 S. 2 InsO aufgefordert wurde[168]. Die Frage nach der „Forderung wegen der Nichterfüllung" stellt sich also immer dann, wenn der Verwalter nicht die Erfüllung des gegenseitigen Vertrages gewählt hat[169]. Diese Forderung kann gem. § 105 S. 2 InsO jedenfalls nicht auf „Rückgabe einer vor Eröffnung des Verfahrens in das Vermögen des Schuldners

---

161 Vgl. *Graf/Wunsch*, ZIP 2002, 2117, 2121.
162 Vgl. *Kippenberg*, S. 60.
163 HK-*Marotzke*, InsO, 3. Aufl., § 103 RdNr. 61.
164 Vgl. K/P-*Tintelnot*, InsO, § 103 RdNr. 59; MünchKomm-*Huber*, InsO, § 103 RdNr. 206 ff.
165 Vgl. Motive, S. 67; a.A. *Kippenberg*, S. 57.
166 *Kreft*, ZIP 1997, 865, 867; *Kippenberg*, S. 65 kritisch allerdings *Henckel*, JZ 1988, 155, 157; *ders.*, FS Lüke, S. 237, 252; *ders.*, FS Kirchhof, S. 191, 197, der in Fn. 23 fragt: „Welche Funktion soll der Vertrag dann noch (scil.: wenn die Erfüllungsansprüche erloschen sind) haben?".
167 Hierzu später ausführlich unter C).
168 Zum Fall des unterlassenen Wahlrechts, vgl. unter 4.
169 *Oetker*, ZZP 14 (1890) 1, 32.

übergegangenen Teilleistung" gerichtet sein. Der Vertragspartner kann also keine Leistung in natura, sondern nur einen quotalen Ausgleich in Geld verlangen, was dem Grundsatz des § 45 InsO entspricht. An Stelle der Sachleistung tritt also die Interesseleistung[170].

aa) Rechtsgrundlage der Forderung

Kontrovers diskutiert wird die Frage nach der Rechtsgrundlage der „Forderung wegen der Nichterfüllung", die im Gesetz nicht näher erläutert ist[171]. Im Wesentlichen konkurrieren hier zwei Sichtweisen miteinander[172]:

Die einen halten die „Forderung wegen der Nichterfüllung" für eine spezifische Ausprägung insolvenzrechtlicher (bzw. konkursrechtlicher) Vorschriften[173]. Umstritten ist innerhalb dieser Ansicht, ob die Rechtsgrundlage in § 103 InsO (bzw. §§ 17, 26 S. 2 KO) selbst[174] oder in allgemeinen Grundsätzen des Insolvenz- bzw. Konkursrechts[175] zu erblicken ist, wobei sich trotz Unterschieden im Detail eine gemeinsame Linie abzeichnet. Nach dieser beruhe das „Aufgehen" der Erfüllungsansprüche in einem Schadensersatzanspruch des Gegners auf der eigenartigen, für den Konkurszweck besonders geschaffenen Ablehnungsbefugnis des Verwalters und stelle darum eine dem Konkursrecht eigentümliche Erscheinung dar[176].

Die Gegenansicht[177] geht davon aus, dass es sich bei dieser Forderung der Sache nach um einen materiellrechtlichen Schadensersatzanspruch handele, dessen Rechtsgrundlage im Leistungsstörungsrecht des BGB zu suchen sei.

---

170 *Tischbein*, S. 114. Problematisch ist allerdings, ob der Vertragspartner stets das volle positive Interesse quotal ersetzt verlangen kann. Diese Frage ist Gegenstand der nachfolgenden Erörterungen.

171 Vgl. *Sachs*, S. 12.

172 Eine ausführliche Darstellung der verschiedenen Unteransichten und der dazugehörigen Begründungen ist bei *Kepplinger*, S. 210 ff.; *Lehmann*, S. 13 ff. sowie bei *Pünder*, S. 8 ff. („konkursrechtlichen Umwandlungstheorien"), S. 23 ff. („bürgerlich-rechtliche Theorien") zu finden.

173 *Bork*, Einführung, 3. Aufl., RdNr. 166; Jaeger-*Henckel*, KO, 9. Aufl., § 17 RdNr. 171; *Kilger/K. Schmidt*, KO, 17. Aufl., § 17 Anm. 4c; K/P-*Tintelnot*, InsO, § 103 RdNr. 98; *Dathe*, S. 90; *Maas*, S. 20; *Kippenberg*, S. 99; *Kohler*, Lehrbuch, S. 131 ff.; *Maas*, S. 21; *Musielak*, AcP 179 (1979), 189, 203 ff.; *Oetker*, ZZP 14 (1890) 1, 49 f.; *Pletzsch*, S. 89 („rein konkursrechtlicher Anspruch"); *Pape*, Kölner Schrift, 2. Aufl., S. 531, 533; *Plonski*, S. 20; *Sachs*, S. 13; *Sandrock*, S. 113 ff.; *Sperling*, S. 47 f.; *Unger*, S. 30 f.; *Wirtz*, S. 14 ff.

174 BGHZ 96, 392, 396; *Dathe*, S. 34, 89 f.; *Kaatz*, S. 17 f.; *Kippenberg*, S. 99; *Musielak*, AcP 179 (1979), 189, 203 ff.; *Oetker*, ZZP 14 (1890) 1, 49; *Pletzsch*, S. 89; *Plonski*, S. 20; vgl. *Maas*, S. 20 f.; *Sachs*, S. 22 f.; *Sperling*, S. 48; *Unger*, S. 30.

175 *Jaeger*, Lehrbuch, 8. Aufl., S. 37 Fn. 7; Jaeger-*Lent*, KO, 8. Aufl., § 17 Anm. 41; Jaeger-*Henckel*, KO, 9. Aufl., § 17 Anm. 171; *Kohler*, Lehrbuch, S. 133 f. (Herleitung aus § 69 KO); *Sachs*, S. 13, 20 ff.; *Tischbein*, S. 120 f. (S. 121: Schadensersatzanspruch ist „in der Konkursordnung selbst begründet".).

176 *Jaeger*, KO, 7. Aufl., § 17 KO Anm. 43; *ders.*, Lehrbuch, 8. Aufl., S. 37 Fn. 7; *Sachs*, S. 13.

177 RGZ 26, 85, 94 ff.; 63, 69, 73; 135, 167, 170; BGHZ 17, 127, 129; 106, 236, 242; BGH, NJW 1962, 153, 155; BGH, NJW 1963, 1869, 1870; *Baur/Stürner*, RdNr. 9.9; *Bork*, Einführung, 3. Aufl., RdNr. 165 ff.; *Kuhn/Uhlenbruck*, KO, 11. Aufl., § 26 RdNr. 9; *Kilger/K. Schmidt*, KO, 17. Aufl., § 17 Anm. 4 c; FK-*Wegener*, InsO, 3. Aufl., § 103 RdNr. 82; *Honsdorf*, S. 152 ff.; *Musielak*, AcP 179 (1979), 189, 203 ff.; *Offtermatt*, S. 151 ff.; *Schlosser*, RdNr. 340; vgl. auch die Motive zur KO, S. 92.

Ferner wird vertreten, dass es sich bei der „Forderung wegen der Nichterfüllung" zwar um einen bürgerlichrechtlichen Schadensersatzanspruch handeln könne, aber nicht handeln müsse [178]. Diese Ansicht sieht also die „Forderung wegen der Nichterfüllung" im Grundsatz als spezifisch insolvenzrechtliche Erscheinung an, lässt aber eine „Ausfüllung" derselben mit einem bürgerlichrechtlichen Schadensersatzanspruch dann zu, wenn die Tatbestandsvoraussetzungen für diesen schon zur Zeit der Verfahrenseröffnung vorlagen [179].

(1) Kann die Rechtsgrundlage offen bleiben?

Von der Rechtsprechung [180] und einem Teil der Literatur [181] wird die Frage nach der Rechtsgrundlage der „Forderung wegen der Nichterfüllung" einfach offen gelassen und die (entsprechende) Geltung der §§ 249 ff. BGB behauptet.

Die Anwendung der Grundsätze des allgemeinen Schadensersatzrechts ohne weiteres zu unterstellen [182], erscheint jedoch schon angesichts des Wortlauts von § 103 Abs. 2 S. 1 InsO voreilig [183]. Der Gesetzgeber hat bewusst die Formulierung „Forderung wegen der Nichterfüllung" statt „Schadensersatz" [184] wie etwa in §§ 109 Abs. 1 S. 3, Abs. 2 S. 2, 113 S. 3 InsO gewählt. Da es einen erheblichen Unterschied machen kann, ob ein Insolvenzgläubiger nur einen Anspruch auf Wertersatz oder seinen gesamten Nichterfüllungsschaden – d.h. das positive Interesse, insbesondere einschließlich des entgangenen Gewinns – anmelden kann, bedarf die Geltung der §§ 249 ff. BGB einer näheren Begründung. Es ist deshalb zu klären, ob das bürgerlichrechtliche Schadensersatzrecht zur Anwendung kommt, weil der Tatbestand einer diese Rechtsfolge vorsehenden Anspruchsgrundlage des BGB erfüllt ist oder ob eine entsprechende Geltung der Rechtsfolge „Schadensersatz" geboten ist. In diesem Zusammenhang ist zu beachten, dass der normale Insolvenzgläubiger nicht schon allein wegen Eintritts der Insolvenz sein positives Interesse ersetzt verlangen kann [185]. Der normale Insolvenzgläubiger kann sein volles positives Interesse nur dann berechtigterweise zur Tabelle anmelden, wenn ihm zur Zeit der Verfahrenseröffnung ein entsprechender Schadens-

---

178 *Häsemeyer*, InsR, 3. Aufl., RdNr. 20.24; K/P-*Tintelnot*, InsO, § 103 RdNr. 99; *Kepplinger*, S. 216 ff.; vgl. auch *Kaatz*, S. 4 f., nach dem es keinen Zweifel unterliegt, „dass durch die Eröffnung des Konkurses die allgemeinen Vorschriften des bürgerlichen Rechts, soweit sie nicht im Widerspruch mit den Vorschriften der Konkursordnung stehen, nicht berührt werden."; *Tischbein*, S. 117; vgl. auch schon RGZ 26, 85, 96.

179 *Häsemeyer*, InsR, 3. Aufl., RdNr. 20.24; K/P-*Tintelnot*, InsO, § 103 RdNr. 99; weitergehend *Marotzke*, RdNr. 5.113 ff., der auch im Verlaufe des Insolvenzverfahren entstehende bürgerlichrechtliche Schadensersatzansprüche für berücksichtigungsfähig hält.

180 BGHZ 68, 379, 380 (Rechtsgrundlage habe „keine praktischen Auswirkungen"); OLG Köln ZIP 1999, 495, 496; der BGH ist in jüngerer Vergangenheit überhaupt nicht auf die Frage der Rechtsnatur der „Forderung wegen der Nichterfüllung" eingegangen, vgl. BGH, NJW 1987, 1702.

181 *Bendix*, JW 1930, 1360, 1362; *Dathe*, S. 34; Gottwald-*Huber*, 2. Aufl., § 35 RdNr. 32; *Kippenberg*, S. 99; Maas, S. 20; N/R-*Balthasar*, InsO, § 103 RdNr. 61; *Wirtz*, S. 15.

182 So etwa *Plonski*, S. 20 f.; *Maas*, S. 21; *Sandrock*, S. 121; *Sperling*, S. 48; *Wirtz*, S. 24.

183 K/P-*Tintelnot*, InsO, § 103 RdNr. 98, *Kepplinger*, S. 219 und *Pape*, Kölner Schrift, S. 531, 553 weisen in diesem Zusammenhang darauf hin, dass § 111 Abs. 2 S. 1 RefE, der von „Schadensersatz wegen Nichterfüllung" gesprochen hat, nicht Gesetz geworden ist.

184 *Kepplinger*, S. 228 Fn. 1036.

185 So schon *Kaatz*, S. 17 f.; *Kepplinger*, S. 231; *Marotzke*, 3. Aufl., RdNr. 5.72.

ersatzanspruch zugestanden hat[186]. Vor diesem Hintergrund erscheint die Kritik *Marotzkes* verständlich, der es für ungerecht hält, die Einbeziehung des entgangenen Gewinns in die Insolvenzforderung davon abhängig zu machen, ob die Voraussetzungen des § 103 InsO bezüglich der Forderung vorgelegen haben oder nicht[187].

Wenn *Marotzke* allerdings bei einem Vergleich zwischen einem schon vom Vertragspartner bei Verfahrenseröffnung vollständig und einem noch nicht ganz vollständig erfüllten Vertrag fragt, was die „schon oder noch nicht gezahlte letzte Mark mit dem, dem Käufer entgangenen Weiterveräußerungsgewinn zu tun“ habe[188], ist seine Argumentation zwar beachtlich, jedoch für sich genommen noch nicht zwingend[189]. Die Geltung des „Alles oder Nichts“-Prinzips kann nämlich mitunter gesetzgeberisch gewollt sein. Ob der Schuldner einen Tag früher oder später vor Verfahrenseröffnung geleistet hat, entscheidet manchmal darüber, ob die Leistung anfechtbar ist oder nicht, also darüber, ob der Gläubiger die Leistung voll behalten darf oder alles herausgeben und sich mit der Quote begnügen muss. Deshalb erscheint es nicht von vornherein ausgeschlossen, die Ersatzfähigkeit vom entgangenen Gewinn im Extremfall von einer „schon oder noch nicht gezahlten letzten Mark“ abhängig zu machen. Das „Alles oder Nichts“-Prinzip erscheint in derartigen Fällen auf den ersten Blick zwar unbillig, kann aber beim näherer Betrachtung eine hinzunehmende Folge des übergeordneten Prinzips der Rechtssicherheit sein. Nichtsdestotrotz belegen die Ausführungen *Marotzkes* die Notwendigkeit, die Rechtsnatur der „Forderung wegen der Nichterfüllung“ einer näheren Untersuchung zu unterziehen und nicht einfach ohne eine Begründung die §§ 249 ff. BGB (entsprechend) anzuwenden. Insoweit wird sich dann auch zeigen, ob eine Gleichbehandlung der normalen Insolvenzgläubiger und solcher, die eine „Forderung wegen der Nichterfüllung“ nach § 103 Abs. 2 S. 1 InsO haben, geboten ist[190].

---

186 A.A. *Glück*, S. 59, der annimmt, dass die Konkursgläubiger, die nicht den §§ 17 ff. KO unterfallen, immer auf den Nennwert ihrer entsprechend den §§ 65, 69, 70 KO umgerechneten Forderungen beschränkt sind.

187 *Marotzke*, 3. Aufl., RdNr. 5.66 ff.; vgl. auch *Lehmann*, S. 33: „Es ist weder rechtlich noch wirtschaftlich begründet, die Zubilligung des entgangenen Gewinns von dem Stadium der Geschäftsabwicklung abhängig zu machen und noch dazu in der Weise, daß derjenige Konkursgläubiger, der durch die Bezahlung der Ware zur Stärkung der Konkursmasse beigetragen hat, den Gewinn nicht erhält.“; a.A. sind *Glück*, S. 61; *Pletzsch*, S. 90 ff., die eine Privilegierung der den §§ 17 ff. KO unterfallenden Gläubiger deshalb als gerechtfertigt ansehen, weil diese „nicht wie die anderen vorgeleistet und damit dem Gemeinschuldner Kredit gegeben“ haben. Nach *Pletzsch*, S. 93 sei der „konkursrechtliche Schadensersatzanspruch“ Ausdruck der Schutzfunktion des gegenseitigen Vertrages, so dass – wie bei bürgerlichrechtlichen Schadensersatzansprüchen – das gesamte Erfüllungsinteresse ersetzt werden müsse.

188 *Marotzke*, 3. Aufl., RdNr. 5.68 a.E.

189 Vgl. insoweit auch die Ausführungen von *Kepplinger*, S. 229 ff., die auf den gesetzgeberischen Gestaltungsfreiraum hinweist, der aber mangels Anordnung von „Schadensersatz“ im Gesetz nicht ausgeschöpft worden sei (S. 231).

190 Nach *Marotzke*, 3. Aufl., RdNr. 5.71 sei die Frage nach der Ersatzfähigkeit des gesamten Nichterfüllungsschadens unabhängig davon zu beantworten, ob „die nicht vollständig oder nicht in natura erfüllte Forderung des Gläubigers überhaupt auf einem Vertrag beruht und falls ja, ob dieser Vertrag ein gegenseitiger und auch auf Seiten des Gläubigers noch nicht vollständig erfüllter ist.“ Die Antwort müsse für alle Fälle gleich ausfallen, d.h. entweder werde der Nichterfüllungsschaden ohne weiteres ersetzt oder er werde nur ersetzt, wenn auch außerhalb des Verfahrens ein entsprechender Schadensersatzanspruch bestehe oder er werde nur ersetzt, wenn schon vor Verfahrenseröffnung ein derartiger Ersatzanspruch entstanden sei.

(2) Vorliegen eines bürgerlichrechtlichen Schadensersatzanspruchs?

Ein Teil der Rechtsprechung und Literatur sieht die Rechtsgrundlage der „Forderung wegen der Nichterfüllung" gem. § 103 Abs. 2 S. 1 InsO im bürgerlichrechtlichen Leistungsstörungsrecht[191], wobei sich die Vertreter jedoch uneins darüber sind, welche Anspruchsgrundlage einschlägig ist. Im Wesentlichen wird die „Forderung wegen der Nichterfüllung" als Schadensersatz wegen nachträglicher vom Schuldner zu vertretender Unmöglichkeit (§§ 280 Abs. 1, 3, 283 BGB), Schadensersatz wegen Schuldnerverzug (§§ 280 Abs. 1, 3, 281 BGB) oder als Schadensersatz wegen Verletzung der Leistungstreuepflicht (sog. p.V.V.) angesehen. Zur Bestimmung des Inhalts der „Forderung wegen der Nichterfüllung" ist deshalb der Frage nachzugehen, ob diese Forderung auf einer Leistungsstörung nach bürgerlichem Recht beruht bzw. beruhen kann. Diese Frage ist in der Vergangenheit Gegenstand umfangreicher Untersuchungen[192] gewesen, die jedoch zumeist die Rechtslage vor Inkrafttreten des Schuldrechtsmodernisierungsgesetzes als Grundlage hatten. Da das Schuldrechtsmodernisierungsgesetz insbesondere das Recht der Leistungsstörungen umfassend verändert hat, müssen die bisher gewonnenen Erkenntnisse stets auf ihre Verträglichkeit mit dem neuen Schuldrecht überprüft werden. Insgesamt hat die Schuldrechtsreform nämlich die Voraussetzungen erleichtert, unter denen Schadensersatz statt der Leistung verlangt werden kann[193].

Bevor auf die einzelnen Anspruchsgrundlagen eingegangen wird, ist zu klären, zu welchem Zeitpunkt die tatbestandlichen Voraussetzungen dieser Normen vorliegen müssen, damit der Schadensersatzanspruch unter Beachtung des Gleichbehandlungsgebotes im Insolvenzverfahren berücksichtigungsfähig ist. Von der Prüfung der Berücksichtigungsfähigkeit zu unterscheiden ist allerdings die Frage, ob während des eröffneten Verfahrens Schadensersatzansprüche entstehen können, welche die persönliche Haftung des Schuldners nach Verfahrensaufhebung erweitern[194].

(a) Relevanter Zeitpunkt

§ 38 InsO fordert das „Begründetsein" des Vermögensanspruchs[195] zur Zeit der Verfahrenseröffnung, wobei dieser Begriff nicht mit dem materiellrechtlichen Entstehen einer Forderung gleichgesetzt werden darf[196]. Deshalb kann nicht ohne weiteres gefordert werden, dass ein Schadensersatzanspruch nur dann im Insolvenz-

---

191 Vgl. RGZ 135, 167, 170; BGH NJW 1962, 153, 155; *Honsdorf,* S. 152 ff.; *Musielak,* AcP 179 (1979), 189, 204; *Offtermatt,* S.151 ff.; *Schad,* S. 122; *Schlosser,* RdNr. 340; Smid-*Smid,* InsO, 2. Aufl., § 103 RdNr. 52; vgl. *Pünder,* S. 36 ff., 82 f.; vgl. *Marotzke,* 3. Aufl., 5.76-5.138.

192 Z.B. *Cohn,* Das Wahlrecht des Konkursverwalters und der Schadensersatzanspruch des Vertragsgegners in § 17 der Reichskonkursordnung, 1909; *Lehmann,* Der Entschädigungsanspruch aus nicht erfüllten Verträgen im Konkursverfahren, 1957; *Lent,* Die rechtliche Begründung des Schadensersatzanspruchs nach §§ 17, 26, in: FS f. H. Lehmann, S. 837–846.

193 *Marotzke,* KTS 2002, 1, 4.

194 Siehe hierzu unten bb)(1).

195 Hierzu ausführlich *Grimm,* S. 2 ff.

196 Vgl. statt vieler Smid-*Smid,* InsO, 2. Aufl., § 38 RdNr. 18.

verfahren berücksichtigungsfähig ist, wenn sämtliche Anspruchsvoraussetzungen zur Zeit der Verfahrenseröffnung vorliegen. Eine solche Sichtweise könnte nämlich mit der Regelung des § 41 InsO kollidieren. Nach § 41 InsO gelten nicht fällige Forderungen im Insolvenzverfahren als fällig. Dies könnte zu der Annahme verleiten, dass die Fälligkeit der Forderung auch soweit zu fingieren sei, als es um die Anspruchsvoraussetzungen von Sekundäransprüchen gehe[197]. An der fehlenden Fälligkeit der Forderung könnte dann niemals die Berücksichtigungsfähigkeit eines Schadensersatzanspruchs als Insolvenzforderung scheitern.

Allerdings ist zu beachten, dass die Berücksichtigungsfähigkeit nicht fälliger Forderungen (vornehmlich) der Praktikabilität des Insolvenzverfahrens dient, indem eine „klare Grundlage"[198] für die Stellung der Gläubiger im Verfahren geschaffen wird. Mit diesem Gesetzeszweck unverträglich ist die Annahme, die Entstehung bürgerlichrechtlicher Schadensersatzansprüche solle in der Insolvenz im Vergleich zur Rechtslage außerhalb des Verfahrens vorverlagert werden. Bei der Entstehung bürgerlichrechtlicher Schadensersatzansprüche muss daher § 41 InsO außer Betracht bleiben. Dass § 41 InsO nur die Verfahrensteilnahme ermöglichen und nicht den Entstehungszeitpunkt für bürgerlichrechtliche Schadensersatzansprüche vorverlagern soll, ergibt sich zudem daraus, dass anderenfalls Gläubiger, die von einer Verfahrensteilnahme absehen, nach Verfahrensaufhebung von dem Schuldner ab dem Zeitpunkt der Verfahrenseröffnung gem. §§ 280 Abs. 1, 2, 286 BGB Ersatz des Verzögerungsschadens verlangen könnten, obwohl Fälligkeit gemäß der Parteivereinbarung erst zu einem späteren Zeitpunkt eingetreten ist[199].

Unproblematisch berücksichtigungsfähig sind Schadensersatzansprüche, die schon zur Zeit der Verfahrenseröffnung entstanden sind[200]. Fraglich ist indes, was gilt, wenn der Erfüllungsanspruch des Gläubigers zur Zeit der Verfahrenseröffnung schon fällig gewesen ist, die übrigen Voraussetzungen des Schadensersatzanspruchs wegen Verzugs oder einer sonstigen Pflichtverletzung jedoch erst im Verlaufe des Verfahrens eintreten. Da für die Höhe des Schadensersatzanspruchs jedenfalls der Zeitpunkt der Verfahrenseröffnung entscheidend ist[201], erscheint es zunächst nur konsequent, auch für die Frage, ob ein Schadensersatzanspruch überhaupt berücksichtigungsfähig ist, auf ebendiesen Zeitpunkt abzustellen[202]. Insoweit hätte man dann auch die von *Marotzke* geforderte Gleichbehandlung zwischen den Gläubigern, die dem § 103 InsO unterfallen, und den sonstigen Insolvenzgläubigern, erreicht[203]. Bei der Berücksichtigungsfähigkeit von Schadensersatzansprüchen, die erst im Laufe des Insolvenzverfahrens entstehen, ist nämlich stets zu prüfen, ob dies den anderen Insolvenzgläubigern gegenüber gerechtfertigt ist[204].

---

197 Hiergegen schon *Sachs,* S. 18 f.; vgl. auch *Kepplinger,* S. 240; *Marotzke,* 3. Aufl., RdNr. 5.104 ff.
198 Begr. zu RegE., abgedruckt bei *Balz/Landfermann,* § 41 S. 256; vgl. eingehend *Glück,* S. 14 ff.
199 *Sachs,* S. 19.
200 *Pflug,* AG 1986, 305, 314; K/P-*Tintelnot,* InsO, § 103 RdNr. 99.
201 MünchKomm-*Huber,* InsO, § 103 RdNr. 189.
202 Vgl. etwa *Lehmann,* S. 9 f.; Jaeger-*Henckel,* InsO, § 38 RdNr. 86.
203 *Marotzke,* 3. Aufl., RdNr. 5.71.
204 Ein Schuldnerwiderspruch gegen Forderungen hat denn auch nur insoweit Bedeutung, als es um die Zeit nach Aufhebung des Insolvenzverfahrens geht; vgl. § 178 Abs. 1 S. 2 InsO einerseits und § 201 Abs. 2 S. 1 InsO andererseits.

Allerdings ist es nicht interessengerecht, für die Berücksichtigungsfähigkeit von Schadensersatzansprüchen das Vorliegen aller Anspruchsvoraussetzungen – bis auf die Fälligkeit des Anspruchs (bei §§ 280 Abs. 1, 3, 281 BGB), die schon zur Zeit der Verfahrenseröffnung vorliegen muss – ebenfalls schon zur Zeit der Verfahrenseröffnung zu verlangen. Die Erfüllungsansprüche der Gläubiger aufgrund gegenseitiger beiderseitig noch nicht vollständig erfüllter Verträge befinden sich nämlich zur Zeit der Verfahrenseröffnung in einem „Schwebezustand"[205]. Sowohl ihre verfahrensmäßige Berücksichtigung als auch ihr materiellrechtliches Schicksal ist zu dieser Zeit also noch ungeklärt. Der verfahrensmäßige „Schwebezustand" des gegenseitigen Vertrages in der Insolvenz wird erst durch die Ausübung des Wahlrechts nach § 103 InsO durch den Insolvenzverwalter bzw. durch Ablauf einer nach § 103 Abs. 2 S. 2 InsO gesetzten Erklärungsfrist beendet („verwirktes Wahlrecht"). Erst ab diesen Zeitpunkt steht fest, ob der Vertragspartner Massegläubiger wird (§ 55 Abs. 1 Nr. 2 InsO) oder ob er mit der „Forderung wegen der Nichterfüllung" Insolvenzgläubiger bleibt. Wenn nun für die Art der Verfahrensteilnahme der Zeitpunkt der Wahlrechtsausübung bzw. der Zeitpunkt, in dem die Erklärungsfrist des Insolvenzverwalters nach § 103 Abs. 2 S. 2 InsO ausläuft, entscheidend ist, muss dieser Zeitpunkt auch der maßgebliche für die Art des teilnehmenden Anspruchs sein[206]. Es liefe dem Schutz des funktionellen Synallagmas und der damit verbundenen besonderen Stellung von Gläubigern aufgrund eines gegenseitigen beiderseitig noch nicht vollständig erfüllten Vertrages zuwider, wenn man von diesen angemeldete Schadensersatzansprüche mit der Begründung abweisen würde, zur Zeit der Verfahrenseröffnung wären diese noch nicht gegeben, da es ja sein könne, dass der Insolvenzverwalter die Erfüllung des Vertrages wähle. Anders als bei sonstigen Insolvenzgläubigern, deren Ansprüche sich nach der Verfahrenseröffnung nicht in der „Schwebe" befinden, ist bei dem Vertragspartner eines gegenseitigen Vertrages i.S.v. § 103 InsO – bis auf die Fälligkeit des Anspruchs – nicht der Zeitpunkt der Verfahrenseröffnung der entscheidende, sondern der Zeitpunkt der Erfüllungsablehnung bzw. des Fristablaufes nach § 103 Abs. 2 S. 2 InsO. Die insolvenzmäßige Berücksichtigung der Forderung des Vertragspartners ist nämlich – anders als bei den sonstigen Insolvenzgläubigern – nicht schon bei Verfahrenseröffnung, sondern erst nach Eintritt eines der zuletzt genannten Ereignisse geklärt.

Deshalb erscheint es auch im Verhältnis der Insolvenzgläubiger untereinander gerechtfertigt, insoweit auf den Zeitpunkt der Erfüllungsablehnung abzustellen. Schließlich wird den Interessen der Gläubigergemeinschaft durch das Verwalterwahlrecht ja dadurch gedient, dass der für sie bessere Modus – d.h. Erfüllung oder insolvenzbedingte Nichterfüllung – vom Insolvenzverwalter gewählt werden muss. Die Verzögerung der Entstehung bürgerlichrechtlicher Schadensersatzansprüche

205 Vgl. schon RGZ 94, 203, 207; *Bendix*, JW 1930, 1360, 1361.

206 Ab diesem Zeitpunkt entfällt auch die „Überlagerung" der bürgerlichrechtlichen Lösungsmöglichkeiten vom Vertrag – z.B. Rücktritt oder Schadensersatzverlangen – durch das Insolvenzrecht (str., vgl. hierzu *Marotzke*, KTS 2002, 1 ff.). Die Wirkung dieser Rechte gegenüber der Masse wird allerdings durch § 105 S. 2 InsO begrenzt.

durch dieses der par conditio creditorum dienende Wahlrecht darf dann nicht zu Lasten des Vertragspartners gehen. Aus genau diesem Grund darf die Berücksichtigungsfähigkeit eines nach Verfahrenseröffnung entstehenden Schadensersatzanspruchs nicht aufgrund einer analogen Anwendung des § 81 bzw. § 91 InsO für den Fall der Erfüllungsverweigerung des Schuldners oder seines bloßen Nichtleistens abgelehnt werden[207]. Allerdings ist ein bürgerlichrechtlicher Schadensersatzanspruch aus einem § 103 InsO unterfallenden Vertrag dann nicht mehr als Insolvenzforderung berücksichtigungsfähig, wenn die tatbestandlichen Voraussetzungen hierfür erst nach der Erfüllungsablehnung bzw. Verwirkung des Wahlrechts eintreten[208]. Etwas anderes ergibt sich auch nicht aus § 191 InsO. Diese Vorschrift soll die Berücksichtigungsfähigkeit von aufschiebend bedingten Forderungen im Insolvenzverfahren sicherstellen, damit die Gläubiger derselben nicht trotz Werthaltigkeit ihrer Positionen im Insolvenzverfahren „leer ausgehen". Dieser Normzweck erfordert es indes nicht, das gesamte Erfüllungsinteresse eines Gläubigers als berücksichtigungsfähig anzusehen, der jedenfalls eine „Forderung wegen der Nichterfüllung" anmelden kann, bei dem die Voraussetzungen eines bürgerlichrechtlichen Schadensersatzanspruchs jedoch erst im Verlauf des Insolvenzverfahrens (genauer: nach der Erfüllungsablehnung) eintreten. Dies ließe sich m.E. nicht gegenüber den Insolvenzgläubigern rechtfertigen, die zum relevanten Zeitpunkt – d.h. bei „normalen" Insolvenzgläubigern zur Zeit der Verfahrenseröffnung bzw. bei § 103 InsO unterfallenden Insolvenzgläubigern zur Zeit der Erfüllungsablehnung – schon einen bürgerlichrechtlichen Schadensersatzanspruch gegen den Schuldner hatten. Die Befriedigung dieser Gläubiger darf nicht durch eine Minderung der Insolvenzquote infolge der Berücksichtigung von Schadensposten anderer Gläubiger geschmälert werden, die erst später einen bürgerlichrechtlichen Schadensersatzanspruch erworben haben.

Bis hierhin kann Folgendes festgehalten werden:

Die Rechtsgrundlage der „Forderung wegen der Nichterfüllung" hängt vom Einzelfall ab. Soweit im Zeitpunkt der Erfüllungsablehnung bzw. der Verwirkung des Verwalterwahlrechts die Voraussetzungen eines bürgerlichrechtlichen Schadensersatzanspruchs vorliegen[209], bilden die entsprechenden Vorschriften des BGB die Rechtsgrundlage. Anderenfalls handelt es sich um die bloß verfahrensmäßige Umgestaltung des Vertragsverhältnisses in Form einer Kapitalisierung und Saldierung der gegenseitigen Erfüllungsansprüche, die auf den allgemeinen Grundsätzen des Insolvenzrechts beruht und in § 103 Abs. 2 S. 1 InsO als „Forderung wegen der Nichterfüllung" bezeichnet wird[210]. Anspruchsgrundlage bleibt dann die An-

207 Vgl. *Marotzke*, 3. Aufl., RdNr. 5.130 ff.; *Kepplinger*, S. 246 ff.

208 A.A. wohl *Marotzke*, 3. Aufl., RdNr. 5.113 ff.

209 Soweit für den Schadensersatzanspruch die Fälligkeit des Primäranspruchs erforderlich ist (§§ 280 Abs. 1, 3, 281 BGB), muss diese – wie bereits erwähnt – schon zur Zeit der Verfahrenseröffnung vorliegen. Die Fälligkeitsfiktion des § 41 InsO bleibt insoweit außer Betracht.

210 Eine weitergehende Auseinandersetzung mit der insolvenzmäßigen Rechtsnatur der „Forderung wegen der Nichterfüllung" bringt m.E. keine weiteren Erkenntnisse. Von einer Diskus-

spruchsgrundlage des ursprünglichen Erfüllungsanspruchs in Verbindung mit den Normen, welche die insolvenzbedingte Modifikation vorsehen, also § 103 Abs. 2 S. 1 InsO und § 45 InsO. Näher zu erörtern sind nun im Besonderen die Voraussetzungen, unter denen die einzelnen Schadensersatzansprüche im Insolvenzverfahren berücksichtigungsfähig sind.

(b) Schadensersatzanspruch aus §§ 280 Abs. 1, 3, 283 BGB

Ein Anspruch auf Schadensersatz statt der Leistung nach §§ 280 Abs. 1, 3, 283 BGB setzt voraus, dass die geschuldete Leitung infolge eines nach Vertragsschluss eintretenden Ereignisses für jedermann oder nur für den Schuldner unmöglich geworden ist (§ 275 Abs. 1 BGB) und dass der Schuldner diese Unmöglichkeit zu vertreten hat (§ 280 Abs. 1 S. 2 BGB).

Einige Stimmen in der (überkommenen) Lehre haben einen solchen Anspruch (freilich nach altem Recht, §§ 280, 325, 275 Abs. 2 BGB a. F.) angenommen, indem sie in der insolvenzbedingten Umwandlung von nicht auf Geldleistung gerichteten Forderungen gem. § 45 InsO stets den Eintritt der Unmöglichkeit sahen, die auch vom Schuldner zu vertreten sei, weil ein Mangel an Geldmitteln als Ursache der Insolvenz nicht entschuldigt werden könne[211]. Eine derartig pauschale Sichtweise hat sich zu Recht nicht durchgesetzt. Zwar bewirkt die Eröffnung des Insolvenzverfahrens eine Leistungsstörung eigener Art[212] schon dadurch, dass sie dem Schuldner die Verfügungsbefugnis (§ 80 InsO) und damit die Möglichkeit, seine Gläubiger aus der Masse zu befriedigen für die Dauer des Verfahrens entzieht. Jedoch handelt es sich hierbei nicht um Unmöglichkeit[213], wie das Wahlrecht des Insolvenzverwalters nach § 103 InsO belegt[214]. Wählt der Verwalter nämlich die Erfüllung des Vertrages, so kommt es (in aller Regel) zur Erfüllung der Forderung des Vertragspartners. Der

---

sion der insoweit bestehenden Kontroverse ist daher mangels Relevanz für das Thema dieser Arbeit Abstand zu nehmen.

211 Vgl. *Hellmann*, S. 267; *v. Wilmowski/Kurlbaum/Kühne*, 6. Aufl., S. 125; *Petersen/Kleinfeller*, 4. Aufl., § 26 Anm. 6; *Offtermatt*, S. 151 ff; *v. Sarwey-Bossert*, S. 129 Anm. 4; vgl. insoweit auch schon die Motive zu § 15 der Preuß. KO bei *Goltdammer*, S. 98.

212 Vgl. *Marotzke*, KTS 2002, 1 ff.

213 *Bendix*, JW 1930, 1360, 1361; *Mehl*, S. 19; *Wirtz*, S. 21.

214 Vgl. *Glück*, S. 37; *Mehl*, S. 19 f.; *Plonski*, S. 13; *Pünder*, S. 29 und *Sachs*, S. 14 ff., der betont, dass die Ablehnungserklärung nur eine „mittelbare Folge“ des Konkurses ist und dass die Erklärung letztlich „auf Grund einer freien Entscheidung des Konkursverwalters, die er nach sorgfältiger Prüfung zu treffen hat“ beruht. Fraglich ist demgegenüber die Behauptung, der Schuldner habe allenfalls den Konkurs zu vertreten, nicht aber die Erfüllungsablehnung, aus der die Unmöglichkeit unmittelbar herrühre. Unterstellt man das Eintreten von Unmöglichkeit infolge der Erfüllungsablehnung (fraglich insbesondere wenn der Schuldner eine Gattungsschuld zu leisten hat, bei der er nach Aufhebung des Verfahrens wieder eine erfüllungstaugliche Sache beschaffen kann), so müsste es doch nach allgemeinem Schadensersatzrecht genügen, dass der Schuldner den auf Geldmangel beruhenden Konkurs zu vertreten hat, der – wenn auch nur mittelbar – doch adäquat die Unmöglichkeit verursachen würde. Die Erfüllungsablehnung durch den Verwalter ist nämlich nicht „frei“, sondern untersteht den Interessen der Gläubigergemeinschaft (vgl. §§ 60, 61 InsO), so dass hierdurch nicht die adäquate Kausalkette unterbrochen wird, die der Schuldner in zu vertretender Weise durch die eigene Insolvenz ausgelöst hat.

schon durch die Verfahrenseröffnung entstandene Schadensersatz wegen Unmöglichkeit müsste dann konsequenterweise durch die Erfüllungswahl entfallen, da aufgrund der Erfüllung des Vertrages ja nunmehr kein Nichterfüllungsschaden vorliegt. Unmöglichkeit liegt aber nur dann vor, wenn feststeht, dass die geschuldete Leistung dauerhaft – d.h. auch nach Aufhebung des Insolvenzverfahrens – nicht mehr vom Schuldner (bzw. während des Insolvenzverfahrens vom Insolvenzverwalter[215]) erbracht werden kann. Deshalb tritt Unmöglichkeit jedenfalls nicht schon infolge der Verfahrenseröffnung ein.

Es stellt sich dann aber die Frage, ob Unmöglichkeit eintritt, wenn der Insolvenzverwalter die Erfüllung des gegenseitigen Vertrages abgelehnt hat. Nach der sog. „Gestaltungstheorie" ist der Eintritt von Unmöglichkeit jedenfalls kaum zu begründen. Das Erlöschen der Primäransprüche beruht nämlich zumeist nicht darauf, dass der Verwalter nicht mehr leisten kann, sondern dass er nicht mehr – Zug um Zug gegen Erbringung der Gegenleistung – leisten will[216], da dies für die Masse ungünstig wäre[217]. Die Nichtleistung beruht dann vielmehr auf einem „Nichtleistenwollen", als auf einem „Nichtleistenkönnen"[218]. Da die gegenseitigen Erfüllungsansprüche nach der „Gestaltungstheorie" unwiederbringlich durch die Erfüllungsablehnung untergehen, gibt es ab Ausübung dieses Gestaltungsrechts auch keinen Primäranspruch mehr, der unmöglich werden könnte[219]. Nach der „Erlöschenstheorie" gilt Gleiches schon ab dem Zeitpunkt der Verfahrenseröffnung.

Geht man hingegen nicht von einem endgültigen Erlöschen der gegenseitigen Erfüllungsansprüche infolge der Verfahrenseröffnung bzw. der Erfüllungsablehnung durch den Verwalter aus, so scheint der Eintritt von Unmöglichkeit prinzipiell in Betracht zu kommen. Hat der Vertragspartner etwa einen Anspruch auf Verschaffung einer zur Insolvenzmasse gehörenden Speziessache und lehnt der Verwalter die Erfüllung des Vertrages ab, so ist regelmäßig abzusehen, dass dem Schuldner infolge der Verwertung der Sache[220] die Erfüllung des Verschaffungsanspruchs unmöglich sein wird.

---

215 Vgl. *Kepplinger*, S. 233. Dass der Insolvenzverwalter zur Erfüllung des Vertrages (auch gegen den Willen des Vertragspartners) berechtigt ist, ergibt sich aus der Formulierung in § 103 Abs. 1 InsO, nach der der Insolvenzverwalter „anstelle des Schuldners den Vertrag erfüllen und die Erfüllung vom anderen Teil verlangen" kann.

216 Vgl. *Lehmann*, S. 18; *Wirtz*, S. 21.

217 Der Insolvenzverwalter hat sich bei Ausübung seines Wahlrechts allein am Masseinteresse zu orientieren. Vgl. K/P-*Tintelnot*, InsO, § 103 RdNr. 58 m.w.N.

218 Vgl. *Sachs*, S. 17: „Die Ablehnungserklärung des Konkursverwalters bedeutet daher nicht eine Unmöglichkeit der Leistung, ein Nichtleistenkönnen, sondern vielmehr ein Nichtleistenwollen mit der Rechtsfolge des Nichtleistenmüssen ..."; vgl. auch *Lehmann*, S. 18; *Tischbein*, S. 116; *Wirtz*, S. 21.

219 Anders *Plonski*, S. 14 und *Offtermatt*, S. 151 ff., die hier rechtliche Unmöglichkeit annehmen. Dies ist jedoch wenig überzeugend, da man anderenfalls immer Unmöglichkeit annehmen müsste, wenn Leistungspflichten aufgrund der Ausübung eines Gestaltungsrechts (Anfechtung, Aufrechnung, Rücktritt, etc.) erlöschen. Das kann nicht richtig sein. Wenn man sich der „Gestaltungstheorie" anschließt, so muss man die Rechtsgrundlage für das Erlöschen der Primäransprüche in dem Wahlrecht selbst erblicken und nicht in einer aufgrund der Ausübung desselben eintretenden Unmöglichkeit.

220 In Form der unwiederbringlichen Veräußerung an einen Dritten.

Aus der infolge der Eröffnung des Insolvenzverfahrens zunächst nur zeitweilig eintretenden Leistungsstörung wird dann eine dauerhafte Unmöglichkeit. Allein deshalb einen Schadensersatzanspruch aus §§ 280 Abs. 1, 3, 283 BGB anzunehmen, ist allerdings voreilig.

Für die Berechnung der „Forderung wegen der Nichterfüllung" als Insolvenzforderung ist nämlich anerkannterweise auf den Zeitpunkt der Verfahrenseröffnung abzustellen [221]; vgl. §§ 38, 45 InsO, die jeweils auf die „Zeit der Eröffnung des Insolvenzverfahrens" abheben. Es wäre gegenüber den anderen Gläubigern, d.h. gegenüber solchen, die keinen Anspruch aufgrund eines gegenseitigen „schwebenden" Vertrages haben, ungerecht, wenn man für die Berechnung der „Forderung wegen der Nichterfüllung" auf einen späteren Zeitpunkt abstellen würde. Zinsen und Kosten der Verfahrensteilnahme, die erst nach der Verfahrenseröffnung entstanden sind, werden nur nachrangig berücksichtigt, § 39 Abs. 1 Nr. 1, 2 InsO. Wenn das Gesetz für die Höhe des Anspruchs der Insolvenzgläubiger auf den Zeitpunkt der Verfahrenseröffnung abhebt, so erscheint es zunächst logisch, auch für den Tatbestand der Anspruchsgrundlage als Haftungsgrund auf diesen Zeitpunkt abzustellen. Demnach müssten sämtliche Voraussetzungen der §§ 280 Abs. 1, 3, 283 BGB schon zur Zeit der Verfahrenseröffnung vorliegen, was in aller Regel nicht der Fall sein wird [222]. Eine solche Sichtweise ist jedoch Bedenken ausgesetzt [223].

Zwar setzt die (berechtigte) Anmeldung einer Forderung als Insolvenzforderung gem. § 38 InsO voraus, dass der Gläubiger zur Zeit der Eröffnung des Insolvenzverfahrens einen „begründeten Vermögensanspruch" hat, vgl. § 38 InsO. Schadensersatzforderung nach den §§ 280 ff. BGB sind deshalb grundsätzlich nur dann im Insolvenzverfahren berücksichtigungsfähig, wenn ihre tatbestandlichen Voraussetzungen schon zur Zeit der Verfahrenseröffnung vorlagen [224]. Da sich Verträge i.S.v. § 103 InsO bis zur Erfüllungsablehnung bzw. bis zur Verwirkung des Verwalterwahlrechts in der „Schwebe" befinden, ist es auch im Verhältnis zu den sonstigen Insolvenzgläubigern gerechtfertigt, bezüglich der Berücksichtigungsfähigkeit von Schadensersatzansprüchen aufgrund solcher Verträge auf den Zeitpunkt der Erfüllungsablehnung bzw. -verwirkung abzustellen [225].

Mithin ist ein Schadensersatzanspruch nach §§ 280 Abs. 1, 3, 283 BGB dann im Insolvenzverfahren berücksichtigungsfähig, wenn spätestens zur Zeit der Erfüllungsablehnung bzw. -verwirkung alle Anspruchsvoraussetzungen vorliegen. Deshalb genügt es nicht, wenn der Schuldner die Übereignung einer Speziessache schuldet

221 MünchKomm-*Huber*, InsO, § 103 RdNr. 189.

222 Schon zur Zeit der Verfahrenseröffnung müsste nämlich feststehen, dass der Verwalter nicht leisten kann (nicht bloß, dass er nicht leisten will). Dies ist ausnahmsweise etwa dann der Fall, wenn die Leistung an den Vertragspartner so evident die par conditio creditorum verletzen würde, dass sie wegen Konkurszweckwidrigkeit unwirksam wäre. Außerdem müsste auch die Wiedererlangung der Leistungsfähigkeit durch den Schuldner nach Aufhebung des Verfahrens ausgeschlossen sein.

223 Siehe soeben unter (a).

224 Vgl. statt vieler Jaeger-*Henckel*, InsO, § 38 RdNr. 86.

225 Vgl. soeben unter (a).

und diese als Bestandteil der Masse verwertet werden soll, denn zur Zeit der Erfüllungsablehnung ist dann die Erfüllung noch möglich. Es wäre auch verfehlt, die (dauerhafte) Unmöglichkeit zu diesem Zeitpunkt damit zu begründen, dass die künftige Unerbringbarkeit der Erfüllung der Verschaffungsschuld aufgrund der geplanten Veräußerung an einen Dritten abzusehen sei.

Dies lässt sich zwar regelmäßig nicht damit begründen, dass der Schuldner wieder erfüllen könnte, wenn es später zu einer Verfahrenseinstellung mangels Masse gem. § 207 InsO käme [226]. Maßgeblicher Zeitpunkt für die Frage, ob vorübergehende oder dauernde Unmöglichkeit vorliegt, ist nämlich grundsätzlich der Eintritt des Leistungshindernisses [227]. Die Leistungspflicht lebt nicht wieder auf, wenn die Leistung infolge einer unerwarteten Entwicklung wieder möglich wird [228]. Wollte man den Eintritt dauerhafter Unmöglichkeit also schon zur Zeit der Erfüllungsablehnung annehmen, so könnte diese nachträglich nicht mehr entfallen. Indes tritt die dauerhafte Unmöglichkeit der Pflicht zur Lieferung einer Speziessache i.d.R. nicht schon mit der Erfüllungsablehnung, sondern erst mit der Verwertung dieser Sache ein.

Zwar darf der Insolvenzverwalter, nachdem er die Erfüllung des gegenseitigen Vertrages abgelehnt hat, nicht mehr den Vertrag erfüllen und Erfüllung vom anderen Teil verlangen [229]. Jedoch könnte der Schuldner regelmäßig den geschuldeten Gegenstand mit insolvenzfreiem Vermögen aus der Masse beschaffen [230] und somit den Anspruch des Vertragspartners noch erfüllen. Dass er dies aufgrund eines Mangels an Geldmitteln tatsächlich nicht kann, entbindet ihn nicht von der Leistungspflicht, da dieser Umstand nach unserer Rechtsordnung nicht zur Unmöglichkeit führt [231]. Häufig – insbesondere bei der Insolvenz von Gesellschaften [232] – wird die Möglichkeit eines „Freikaufes" der geschuldeten Sache mangels insolvenzfreien Geldes von vornherein nicht in Betracht kommen. Allerdings erscheint auch in solchen Fällen eine Ausnahme vom Dogma, dass die (mittelbar) auf Geldmangel zurückzuführende Leistungsunfähigkeit keine Unmöglichkeit bewirkt, bedenklich. Anders als ein Schadensersatzanspruch wegen Schuldnerverzugs setzt der wegen nachträglicher Unmöglichkeit nicht voraus, dass die Leistungspflicht bei Eintritt der Leistungsstörung schon fällig gewesen ist. Die Gleichsetzung einer bloß vorübergehenden Leistungsunfähigkeit aufgrund von Geldmangel mit dauerhafter Unmöglichkeit mit der Begründung, dass letztere aufgrund der geplanten Verwertung absehbar sei, würde zur Vorverlagerung eines bürgerlichrechtlichen Schadens-

---

226 Vgl. aber Jaeger-*Henckel*, KO, 9. Aufl., § 17 RdNr. 160; *Glück*, S. 39 f., der allerdings aufgrund der Gefolgschaft zur „Gestaltungstheorie" die den §§ 17 ff. KO unterfallenden Forderungen von seiner Argumentation ausnimmt.

227 BGH, LM § 275, Nr. 4; B/R-*Grüneberg*, BGB, § 275 RdNr. 24.

228 RGZ 158, 321, 331; BGH, LM § 275, Nr. 4; B/R-*Grüneberg*, BGB, § 275 RdNr. 24.

229 Dies ergibt sich aus § 103 Abs. 2 S. 3 InsO analog, so zu Recht HK-*Marotzke*, InsO, 3. Aufl., § 103 RdNr. 40 a. E.; vgl. auch schon *Oetker*, ZZP 14 (1890) 1, 30; *Sperling*, S. 36.

230 Vgl. *Glück*, S. 39; *Kepplinger*, S. 234; *Pflug*, AG 1986, 305, 314.

231 Der Lieferant einer Sache, der sich die Beschaffung derselben nicht „leisten" kann, wird nicht von seiner Leistungspflicht befreit. Der Lieferant einer Sache, die diesem schon gehört, wird dann erst recht nicht von seiner Leistungspflicht befreit, wenn er sich den „Freikauf" dieser Sache aus dem Insolvenzbeschlag nicht leisten kann.

232 Vgl. hierzu MünchKomm-*Lwowski*, InsO, § 35 RdNr. 104 ff.

ersatzanspruchs in der Insolvenz führen. Der Gläubiger eines Anspruchs auf Lieferung einer Speziessache könnte dann über § 252 BGB auch seinen entgangenen Gewinn quotal ersetzt verlangen und das, obwohl sein Primäranspruch zur Zeit der Verfahrenseröffnung u.U. noch nicht fällig gewesen ist. Dies ist aber im Verhältnis zu den übrigen Insolvenzgläubigern nicht zu rechtfertigen. Deshalb tritt Unmöglichkeit auch bei Nichtvorhandensein von insolvenzfreiem Vermögen i.d.R. nicht ein, solange die geschuldete Speziessache nicht verwertet worden ist.

Allerdings wird sich der Insolvenzverwalter dann nicht auf die (entgeltliche) Freigabe des geschuldeten Gegenstandes einlassen bzw. einen derart hohen Preis vom Schuldner verlangen, dass dieser sich auf die rechtsvernichtende Einrede des § 275 Abs. 2 BGB[233] berufen kann, wenn der Gegenstand für die (vorübergehende) Unternehmensfortführung in der Insolvenz dringend benötigt wird. In derartigen Ausnahmefällen kann deshalb Unmöglichkeit schon zur Zeit der Erfüllungsablehnung angenommen werden.

Das für den Schadensersatzanspruch erforderliche Vertretenmüssen wird immer vorliegen. Zum einen wird das Verschulden durch die Formulierung des § 280 Abs. 1 S. 2 BGB vermutet. Zum anderen hat der Schuldner die Insolvenz und ihre adäquaten Folgen – wie etwa die Verwertung der geschuldeten Speziessache – entsprechend den Risikosphären unserer Rechts- und Wirtschaftsordnung stets, d.h. unabhängig vom Verschulden, zu vertreten[234].

Festzuhalten bleibt Folgendes:

Bei der in § 103 Abs. 2 S. 1 InsO genannten „Forderung wegen der Nichterfüllung" handelt es sich nur in Ausnahmefällen um einen Schadensersatzanspruch statt der Leistung wegen nachträglicher vom Schuldner zu vertretender Unmöglichkeit gem. §§ 280 Abs. 1, 3, 283 BGB. Ein solcher liegt vor, wenn der Schuldner die Verschaffung einer zur Insolvenzmasse gehörenden Speziessache schuldet und er die Sache deshalb nicht mit insolvenzfreiem Vermögen erwerben kann, weil der Insolvenzverwalter zur Veräußerung nicht bereit ist bzw. weil dieser Erwerb einen nach § 275 Abs. 2 BGB unverhältnismäßigen Aufwand erfordern würde und sich der Schuldner auf die ihm soweit zustehende „rechtvernichtende Einrede"[235] beruft. Relevanter Zeitpunkt ist insoweit die Erfüllungsablehnung durch den Insolvenzverwalter bzw. der Zeitpunkt, in dem der Insolvenzverwalter eine Erklärungsfrist nach § 103 Abs. 2 S. 2 InsO verstreichen lassen hat. Freilich handelt es sich bei der „Forderung wegen der Nichterfüllung" auch dann um einen Anspruch aus §§ 280 Abs. 1, 3, 283 BGB, wenn zu diesem Zeitpunkt aus sonstigen Gründen – wie insbesondere dem Untergang der geschuldeten Sache – sowohl dem Schuldner als auch dem Insolvenzverwalter die Erfüllung der Leistungspflicht unmöglich ist.

---

233 Vgl. Palandt-*Heinrichs*, BGB, 64. Aufl., § 275 RdNr. 26.

234 Sog. „Prinzip der unbeschränkten Vermögenshaftung"; vgl. BGHZ 107, 92, 102; *Pflug*, AG 1986, 305, 314; *Glück*, S. 43 f.; *Medicus*, AcP 188 (1988), 489 ff.; *Mehl*, S. 16; Palandt-*Heinrichs*, BGB, 64. Aufl., § 276 RdNr. 28 m.w.N.; *Schad*, S. 22; Staudinger-*Löwisch*, BGB, 2004, § 276 RdNr. 158; differenzierend *Marotzke*, 3. Aufl., RdNr. 5.110 f.; a.A. *Kaatz*, S. 15 ff.; *Lehmann*, S. 18, 39 f.; *Plonski*, S. 14 f.; *Pletzsch*, S. 44; *Pünder*, S. 25 ff.; *Tischbein*, S. 115 f.; *Wirtz*, S. 20.

235 Jauernig-*Stadler*, BGB, 11. Aufl., § 275 RdNr. 32.

(c) Schadensersatzanspruch aus §§ 280 Abs. 1, 3, 281 BGB

Zu klären ist weiterhin, unter welchen Voraussetzungen es sich bei der „Forderung wegen der Nichterfüllung“ um einen Schadensersatzanspruch statt der Leistung wegen Verzuges des Schuldners gem. §§ 280 Abs. 1, 3, 281 BGB handelt.

Insoweit müssen bei Berücksichtigung der älteren Literatur wieder die Änderungen der Anspruchsvoraussetzungen infolge des Schuldrechtsreformgesetzes beachtet werden. Anders als das „alte“ Schuldrecht erfordert der Anspruch aus §§ 280 Abs. 1, 3, 281 BGB keine Ablehnungsandrohung, sondern nur die Setzung einer angemessenen Frist zur Erfüllung[236]. Geht man von einem Erlöschen der Erfüllungsansprüche infolge der Eröffnung des Insolvenzverfahrens aus[237], so stellt sich diese Frage gar nicht erst. Wenn nämlich der Anspruch des Vertragspartners untergegangen ist, kann insoweit kein Verzug mehr eintreten[238]. Lehnt man allerdings die „Erlöschenstheorie“ zu Recht ab[239], so muss der Erfüllungsanspruch des Vertragspartners spätestens zur Zeit der Verfahrenseröffnung fällig sein, ohne dass insoweit die Fälligkeitsfiktion des § 41 InsO zu beachten wäre[240].

Grundsätzlich wäre es jetzt erforderlich, dass der Vertragspartner dem Schuldner eine angemessene Frist zur Erfüllung setzt[241]. Diese Fristsetzung ist allerdings nach § 281 Abs. 2 Var. 1 BGB entbehrlich, wenn der Schuldner die Leistung ernsthaft und endgültig verweigert. Zwar handelt im Falle der Erfüllungsablehnung nach § 103 Abs. 2 InsO nicht der Schuldner selbst, da dieser jedoch die Verwaltungs- und Verfügungsbefugnis nach § 80 InsO verloren hat, er also als rechtlich „entmachtet“ und der Insolvenzverwalter als „Partei kraft Amtes“[242] anzusehen ist, könnte man insoweit auf dessen Person abstellen wollen. Allerdings ist zu beachten, dass der Schuldner sich grundsätzlich das Verhalten des Insolvenzverwalters nur insoweit zurechnen lassen muss, als es um die Haftung der Masse geht[243]. Der Insolvenzverwalter ist nicht etwa als ein Vertreter des Schuldners anzusehen. Deshalb wird angenommen, ein Anspruch aus §§ 280 Abs. 1, 3, 281 BGB setze eine Fristsetzung auch gegenüber dem Schuldner voraus[244] bzw. dass der Schuldner die Erfüllung ernsthaft und endgültig verweigert. Dem ist jedoch zu entgegnen, dass eine Fristsetzung gegenüber dem Schuldner persönlich deshalb regelmäßig als „reiner Formalismus“[245] erscheint, weil der Schuldner in aller Regel mangels massefreien Vermögens in absehbarer Zukunft nicht zur Leistung imstande sein wird[246]. Aber auch

---

236 B/R-*Grüneberg*, BGB, § 281 RdNr. 2; Staudinger-*Otto*, BGB, § 281 RdNr. B32 ff.
237 So die „Erlöschenstheorie“, siehe unter C)III.
238 *Lehmann*, S. 41.
239 Begründung siehe unter C)VI.
240 Begründung oben unter (a).
241 Nach h.M. ist für den Schuldnerverzug überdies das Angebot der Gegenleistung erforderlich.
242 RGZ 29, 29; 53, 352; 35, 31; 47, 373; 63, 71; 65, 288; BGHZ 24, 393, 396; 32, 118; 35, 180; 38, 284; 49, 11, 16; 51, 125, 128; 88, 331, 334; 100, 346, 351; MünchKomm-*Ott*, InsO, § 80 RdNr. 20 ff.; *Sandrock*, S. 98 ff.; Smid-*Smid*, InsO, 2. Aufl., § 80 RdNr. 13 ff.; *Tischbein*, S. 99; vgl. zu der früher herrschenden „Vertretertheorie“ *Zelck*, S. 12 ff. m.w.N; „Organtheorie“, *Kaatz*, S. 32 f.
243 *Marotzke*, 3. Aufl., RdNr. 5.95 Fn. 337.
244 *Kepplinger*, S. 238; *Marotzke*, 3. Aufl., RdNr. 5.95.
245 Vgl. BGHZ 49, 56, 60.
246 Vgl. zur Sinnlosigkeit einer Mahnung des insolventen Schuldners *Henckel*, ZZP 99 (1986), 419, 434; *Huber*, NZI 2004, 57, 62; *Tintelnot*, ZIP 1989, 144, 150, 152.

wenn ausnahmsweise insolvenzfreies Vermögen des Schuldners existieren sollte, würde dieser wohl kaum bereit sein, den Vertragspartner zu befriedigen, denn der Anspruch auf die Gegenleistung gebührte in jedem Fall der Masse, so dass dem Schuldner durch die Leistung regelmäßig kein Vorteil entstünde[247]. Vor diesem Hintergrund erscheint es m.E. sachgerecht, dem Vertragspartner auch ohne eine Fristsetzung gegenüber dem Schuldner persönlich bzw. ohne dass dieser die Erfüllung ernsthaft und endgültig verweigert, den Schadensersatzanspruch aus §§ 280 Abs. 1, 3, 281 BGB als berücksichtigungsfähige Insolvenzforderung zuzusprechen[248].

Rechtsdogmatisch lässt sich die regelmäßige Entbehrlichkeit einer Fristsetzung gegenüber dem Schuldner durch die Neufassung von § 281 Abs. 2 BGB begründen[249]. Die Tatsache, dass der Schuldner insolvent ist und der Insolvenzverwalter die Erfüllung des gegenseitigen Vertrages ablehnt, erscheinen nämlich als „besondere Umstände", die „unter Abwägung der beiderseitigen Interessen die sofortige Geltendmachung des Schadensersatzanspruchs rechtfertigen". Das Erfordernis der Fristsetzung dient dem Schutz des Schuldners; dieser soll nicht ohne weiteres durch die Geltendmachung von Schadensersatzansprüchen „überrascht" werden, sondern eine „letzte Chance" zur Leistung bekommen. Dieser Schutzzweck zugunsten des Schuldners entfällt allerdings, wenn abzusehen ist, dass dieser mit an Sicherheit grenzender Wahrscheinlichkeit auch nicht innerhalb einer angemessenen Frist leisten wird. Genau so verhält es sich in aller Regel während des eröffneten Insolvenzverfahrens, wenn der Insolvenzverwalter die Erfüllung des gegenseitigen Vertrages abgelehnt hat. Selbst beim Vorhandensein von insolvenzfreiem Vermögen wird der Schuldner regelmäßig kein Interesse haben, noch an den Vertragspartner zu leisten, denn die Gegenleistung käme dann der Masse zugute[250]. Aufgrund der regelmäßig absehbaren Zwecklosigkeit der Fristsetzung sollte daher eine Fristsetzung aufgrund des Vorliegens „besonderer Umstände" auch bei Fehlen einer ernsthaften und endgültigen Erfüllungsverweigerung entbehrlich sein[251].

---

247 Vgl. zu seltenen, wenn auch möglichen Ausnahmen *Marotzke*, 3. Aufl., RdNr. 2.87 f.

248 M.E. würde es dem Grundsatz der par conditio creditorum zuwider laufen, wenn man dem Vertragspartner, gegenüber dem der insolvente Schuldner ausdrücklich erklärt hat, dass er die Erfüllung verweigert, hinsichtlich der Berücksichtigungsfähigkeit des entgangenen Gewinns besser stellt, als den Vertragspartner, dem gegenüber sich der Schuldner nicht geäußert hat, obwohl feststeht, dass dieser auch innerhalb einer angemessenen Frist nicht leisten wird. Diesen Aspekt lässt MünchKomm-*Ernst*, BGB, 4. Aufl., § 281 RdNr. 60 außer Acht. Wichtig ist jedoch, dass der Erfüllungsanspruch des Vertragspartners zur Zeit der Verfahrenseröffnung fällig ist, da man ansonsten jedem Insolvenzgläubiger einen Schadensersatzanspruch zusprechen könnte.

249 A.A. wohl MünchKomm-*Ernst*, BGB, 4. Aufl., § 281 RdNr. 60; allerdings bezieht sich diese Ansicht nicht ausdrücklich auf den Fall, dass der Insolvenzverwalter sein Wahlrecht ausgeübt bzw. verwirkt hat. Ist dies geschehen, so entfällt m.E. die „Überlagerung" des § 281 Abs. 2 BGB durch § 103 InsO. Der Insolvenzzweck rechtfertigt es dann nicht (mehr) dem Vertragspartner eine sinnlose Fristsetzung zuzumuten.

250 Vgl. *Marotzke*, 3. Aufl., RdNr. 2.97 ff., der darauf verweist, dass gem. § 35 InsO auch der Neuerwerb zur Insolvenzmasse gehört.

251 Konsequenterweise haben die übrigen Insolvenzgläubiger dann ebenfalls im Insolvenzverfahren berücksichtigungsfähige Schadensersatzansprüche aus §§ 280 Abs. 1, 3, 281 BGB, wenn sie

Die Erfüllungsverweigerung des Schuldners bzw. sein bloßes Nichtleisten darf man auch nicht in entsprechender Anwendung von § 81 bzw. § 91 InsO als für die Haftung der Insolvenzmasse unbeachtlich ansehen[252]. Anderenfalls würde man den Vertragspartner gerade aufgrund der verzögerten Entstehung von bürgerlichrechtlichen Schadensersatzansprüchen infolge des bis zur Ausübung des Verwalterwahlrechts bestehenden „Schwebezustandes" gegenüber den sonstigen Insolvenzgläubigern benachteiligen[253]. Dies würde dem gesetzlich intendierten Schutz des funktionellen Synallagmas in der Insolvenz zuwiderlaufen.

Schweigt der Insolvenzverwalter auf eine ihm nach § 103 Abs. 2 S. 2 InsO gesetzte Erklärungsfrist, so läuft mit Ablauf derselben zwar nicht unbedingt auch die Frist nach § 281 Abs. 1 BGB ab, doch wird dies vielfach ebenfalls nach § 281 Abs. 2 BGB nicht erforderlich sein. Für die Berücksichtigungsfähigkeit des Schadensersatzanspruchs im Insolvenzverfahren genügt es, wenn die Voraussetzungen für diesen zur Zeit des Ablaufs der nach § 103 Abs. 2 S. 2 InsO gesetzten Frist vorliegen[254]. Das Vertretenmüssen des Verzuges ergibt sich abermals aus dem prinzipiellen verschuldensunabhängigen Einstehenmüssen für einen Mangel an Zahlungsmitteln, der das Insolvenzverfahren verursacht hat[255].

(d) Schadensersatzanspruch aus p.V.V.?

Eine weitere Unteransicht der „bürgerlichrechtlichen Theorie" sah die Rechtsgrundlage der „Forderung wegen der Nichterfüllung" in einem Schadensersatzanspruch wegen einer positiven Vertragsverletzung[256]. Die Vertragsverletzung bestehe in der Erfüllungsablehnung durch den Insolvenzverwalter, durch die gegen den Grundsatz „pacta sunt servanda" verstoßen werde. Nach h. M. fällt dieser Fall heute unter §§ 280 Abs. 1, 3, 281 Abs. 1, 2 BGB. Vor Fälligkeit gilt § 323 Abs. 4 BGB entsprechend.

Dem kann nicht gefolgt werden. Die Erfüllungsablehnung durch den Insolvenzverwalter lässt sich jedenfalls dann nicht als eine vertragliche Pflichtverletzungen an-

---

zur Zeit der Verfahrenseröffnung einen fälligen Anspruch haben und eine Fristsetzung – entsprechend der obigen Argumentation – als sinnlos erscheint. A.A. wohl MünchKomm-*Ernst*, BGB, 4. Aufl., § 281 RdNr. 60. Der Verweis auf die Ausführungen zu § 323 RdNr. 140 überzeugt m.E. insoweit nicht, als bei nicht den §§ 103 ff. InsO unterfallenden Insolvenzgläubigern nicht die Betriebsfortführung in der Insolvenz gefährdet werden kann. Die Masse wird im Übrigen durch § 105 S. 2 InsO hinreichend geschützt. Der Insolvenzzweck rechtfertigt es mithin nicht, diese Insolvenzgläubiger zur Setzung einer angesichts der Verfahrenseröffnung in aller Regel sinnlosen Frist zu verpflichten. Recht hat *Ernst* jedoch insoweit, als die bloß drohende Insolvenz nicht ohne weiteres die Fristsetzung entbehrlich macht.

252 Vgl. *Marotzke*, 3. Aufl., RdNr. 5.130 ff.; *Kepplinger*, S. 246 ff.

253 Diskutabel ist es allerdings, eine Erfüllungsverweigerung des Schuldners vor Verfahrenseröffnung als nach § 132 Abs. 2 InsO anfechtbar anzusehen.

254 Bis auf die Fälligkeit des Primäranspruchs, die schon zur Zeit der Eröffnung des Insolvenzverfahrens vorliegen muss.

255 Siehe oben unter (b); zu möglichen Ausnahmen vgl. *Marotzke*, 3. Aufl., RdNr. 5.110 f.

256 Vgl. RGZ 26, 85, 95 f.; 63, 69, 73; 135, 167, 170; BGHZ 17, 127, 129; BGH, NJW 1962, 153, 155; BFH, ZIP 1980, 796, 797; *Kalter*, KTS 1973, S. 16, 20 f.; *Markmann*, S. 75; *Mehl*, S. 21 f.; Staudinger-*Löwisch*, BGB, 2004, § 276 RdNr. 158; dagegen *Pletzsch*, S. 85 ff.

sehen, wenn man von dem Erlöschen der Erfüllungsansprüche infolge der Verfahrenseröffnung ausgeht. Denn dann gibt es schon keine Leistungspflicht, die verletzt werden könnte[257]. Die Erfüllungsablehnung des Insolvenzverwalters ist zudem gegenüber den Insolvenzgläubigern nicht rechtswidrig, sondern gerade die Perpetuierung der infolge der Eröffnung des Insolvenzverfahrens eingetretenen Rechtsfolge „Nichterfüllung" i.S.d. bloß quotalen Befriedigung in Geld nach den Vorschriften der InsO.

Selbst wenn man in der Erfüllungsablehnung durch den Insolvenzverwalter eine dem Schuldner zurechenbare Pflichtverletzung i.S. einer unberechtigten „Vertragslossagung" sehen würde[258], wäre ein entsprechender Schadensersatzanspruch nicht im Insolvenzverfahren berücksichtigungsfähig[259]. Die „Nichterfüllung" im Sinne der bloß quotalen Befriedigung der Insolvenzforderung in Geld ist die der Insolvenz „eigentümliche Folge". Das zweiseitige Schuldverhältnis zwischen Schuldner und Vertragspartner (und das für dieses geltende BGB) wird für die Dauer des Insolvenzverfahrens durch eine allseitige Haftungsordnung überlagert[260]. Der Vorrang des insolvenzrechtlichen Haftungsrechts gegenüber dem BGB verfolgt den Zweck der gemeinschaftlichen Gläubigerbefriedigung, vgl. § 1 S. 1 InsO. Dieser Zweck würde (zumindest z.T.) konterkariert werden, wenn man in der Erklärung des Insolvenzverwalters, es bei der natürlichen Folge der Verfahrenseröffnung belassen zu wollen, den Rechtsgrund für die Entstehung einer bürgerlichrechtlichen Schadensersatzforderung sehen würde, die im Insolvenzverfahren berücksichtigungsfähig wäre. Insolvenz bedeutet doch gerade, dass der Schuldner nicht alle Gläubiger befriedigen kann. Die „Nichterfüllung" der Forderung ist daher die typische Folge der Insolvenz. Aufgrund dieses Befundes erklärt es sich selbstredend, dass die Erfüllungsablehnung des Insolvenzverwalters als eine Erklärung, die es bei der typischen Folge der Insolvenz belässt – nämlich bei der Nichterfüllung i.S.d. „insolvenzmäßigen Erfüllung" – nicht die Berücksichtigungsfähigkeit eines Anspruchs aus §§ 280 Abs. 1, 3, 281 Abs. 1, 2 BGB im Insolvenzverfahren begründen kann.

Zudem verliert der Schuldner durch die Eröffnung des Insolvenzverfahrens seine Verfügungsbefugnis bezüglich des den Gläubigern haftenden Vermögens (§ 80 Abs. 1 InsO). Leistungen des Schuldners vor diesem Zeitpunkt sind u.U. nach Maßgabe der §§ 129 ff.

257 Missverständlich *Lehmann*, S. 42, der behauptet, dass der Vertrag nicht mehr besteht. Die Vertreter der „Erlöschenstheorie" gehen demgegenüber ganz einhellig davon aus, dass nur die Erfüllungsansprüche, nicht aber der Vertrag als solcher durch die Eröffnung des Insolvenzverfahrens erlischt. Kritisch hierzu *Henckel*, FS Kirchhof, S. 191, 197 Fn. 23 m.w.N.

258 Hiergegen spricht folgende Überlegung: Die Erfüllungsablehnung bewirkt nur, dass der Vertrag nicht mit der Masse abgewickelt wird. Der Schuldner kann außerhalb des Insolvenzverfahrens bzw. nach Aufhebung desselben wieder den ursprünglichen Anspruch erfüllen. An die Erfüllungsablehnung ist er nach richtiger Ansicht nicht gebunden. Die Rechtsmacht des Insolvenzverwalters ist nämlich auf die Haftung der Masse beschränkt. Die persönliche Haftung soll durch Verwalterhandlungen grundsätzlich nicht erweitert werden. Vgl. MünchKomm-*Ott*, InsO, § 80 RdNr. 9.

259 Anders allerdings bei einer Erfüllungsverweigerung des Schuldners vor Verfahrenseröffnung. In diesem Fall ist an eine Anfechtung nach § 132 Abs. 2 InsO zu denken.

260 Vgl. *Häsemeyer*, InsR, 3. Aufl., RdNr. 1.13, 2.14, 12.02, 20.04.

InsO anfechtbar. Die Leistungspflicht der Schuldners („pacta sunt servanda") wird in der Insolvenz zur Gleichbehandlungspflicht („par conditio creditorum")[261]. Den anderen Insolvenzgläubigern gegenüber, denen der Insolvenzverwalter nicht erst die Erfüllungsablehnung erklären muss, ist es nicht zu rechtfertigen, dass dem Vertragspartner als Insolvenzgläubiger i.S.v. § 103 Abs. 2 S. 1 InsO aus diesem Umstand heraus ein berücksichtigungsfähiger, bürgerlichrechtlicher Schadensersatzanspruch entstehen soll.

(e) Schadensersatzanspruch wegen Eingriffs in fremde Rechte bzw. wegen unverschuldeten Unrechts?

In der Vergangenheit ist vereinzelt[262] der Versuch unternommen worden, die Rechtsgrundlage der „Forderung wegen der Nichterfüllung" in einer neuen, vom sonstigen Leistungsstörungsrecht unabhängigen Rechtsgrundlage zu suchen. Zu diesem Zweck sollte eine Rechtsanalogie zu bürgerlichrechtlichen Vorschriften, die eine verschuldensunabhängige Haftung bei Eingriffen in fremde Rechtsgüter vorsehen, herhalten[263]. Hintergrund war, dass die Vertreter dieser Ansicht zu Unrecht ein Vertretenmüssen des Schuldners im Hinblick auf den Eintritt der Insolvenz ablehnten, aber nichtsdestotrotz zu einer Anwendung der bürgerlichrechtlichen Rechtsfolge „Schadensersatz" gelangen wollten.

Diese Ansicht hat in der konkursrechtlichen Diskussion wenig Beachtung erfahren. Dies ist insbesondere auf die fehlende Notwendigkeit zurückzuführen, eine neue bürgerlichrechtliche Rechtsgrundlage für die „Forderung wegen der Nichterfüllung" zu kreieren, da man diese Forderung als Produkt der insolvenzbedingten „Umrechnung" des Vertragsverhältnisses ansehen kann. Nähme man stets das Vorliegen einer bürgerlichrechtlichen Anspruchsgrundlage an, die zum Schadensersatzanspruch gem. §§ 249 ff. BGB führen würde, so könnte der Vertragspartner des Schuldners einen Schadensersatzanspruch (über das Verfahrensende hinaus) geltend machen, obgleich kein diese Rechtsfolge auslösender Tatbestand einer positivrechtlichen Norm gegeben wäre. Der Vertragspartner würde dann insoweit (rechtlich) besser stehen als ohne Insolvenz. Zudem würde er gegenüber den übrigen Insolvenzgläubigern, die keine „Forderung wegen der Nichterfüllung", sondern nur „normale" Forderungen zur Tabelle anmelden und deshalb nicht von der im Wege der Rechtsanalogie gebildeten Anspruchgrundlage profitieren könnten, bevorzugt werden. Eine solche Bevorzugung ist aber mit der par conditio creditorum unvereinbar.

(f) Zusammenfassung

Die vorstehenden Untersuchungen haben Folgendes ergeben:

Bei der „Forderung wegen der Nichterfüllung" gem. § 103 Abs. 2 S. 1 InsO handelt es sich nur dann um einen bürgerlichrechtlichen Schadensersatzanspruch, wenn die Anspruchsvoraussetzungen für diesen bis spätestens zum Zeitpunkt der Erfüllungsablehnung bzw. des Ablaufs einer nach § 103 Abs. 2 S. 2 InsO gesetzten Erklärungsfrist vorliegen. Häufig wird es sich bei dem Schadensersatzanspruch um einen solchen wegen Schuldnerverzugs gem. §§ 280 Abs. 1, 3, 281 BGB han-

261 Vgl. Smid-*Smid*, InsO, 2. Aufl., § 1 RdNr. 34.
262 Ausführlich *Pünder*, S. 38 ff., insb. 49 ff.
263 *Pünder*, S. 42 ff.

deln[264] und nur in seltenen Ausnahmefällen um einen solchen wegen nachträglicher vom Schuldner zu vertretender Unmöglichkeit aus §§ 280 Abs. 1, 3, 283 BGB. Soweit die Voraussetzungen für einen Schadensersatzanspruch zur Zeit der Erfüllungsablehnung nicht vorliegen, ist die Rechtsgrundlage der „Forderung wegen der Nichterfüllung" in der ursprünglichen Rechtsgrundlage des Erfüllungsanspruchs in Verbindung mit § 103 Abs. 2 S. 1 InsO und den allgemeinen Grundsätzen des Insolvenzrechts zu erblicken[265].

bb) Berechnung der „Forderung wegen der Nichterfüllung"

Nachdem der Streit um die Rechtsgrundlage der „Forderung wegen der Nichterfüllung" geklärt ist, kann nun auf die Berechnung dieser Forderung eingegangen werden. Die ganz überwiegende Ansicht geht insofern von einer Anwendung der §§ 249 ff. BGB aus, sei es, weil der Rechtsgrund der Forderung im BGB erblickt wird[266], sei es, weil eine entsprechende Anwendung der §§ 249 ff. für interessengerecht gehalten wird[267]. Jedoch wird zumeist aus der Schadensberechnung nach BGB-Grundsätzen die Möglichkeit für den Gläubiger ausgenommen, insoweit nach der „Austausch-" bzw. „Surrogationsmethode" vorzugehen, so dass sich hiernach die „Forderung wegen der Nichterfüllung" immer nach der Differenzmethode berechne[268]. Diese ganz herrschende Meinung ist in zweierlei Hinsicht kritisiert worden. Zum einen hält vornehmlich *Häsemeyer* den sich bei einer (entsprechenden) Anwendung der §§ 249 ff. BGB ergebenden Ersatz des vollen Nichterfüllungsschadens für mit den Grundsätzen des Insolvenzrechts unvereinbar. Er vertritt deshalb eine Begrenzung der „Forderung wegen der Nichterfüllung" auf den Nennbetrag[269]. Zum anderen hält insbesondere *Marotzke* neben der Differenzmethode auch ein Vorgehen nach der Austauschmethode bei der Berechnung der Forderung für zulässig[270].

---

264 Dann ist zusätzlich die Fälligkeit des Erfüllungsanspruchs zur Zeit der Verfahrenseröffnung erforderlich, wobei die Fälligkeitsfiktion nach § 41 InsO insoweit außer Betracht bleibt. Vgl. oben unter (a).

265 Ähnlich *Kepplinger*, S. 247, 257.

266 Siehe oben unter aa)(2).

267 Gottwald-*Huber*, 2. Aufl., § 35 RdNr. 32; *Pünder*, S. 60 f.; vgl. auch schon *Dathe*, S. 34; *Oetker*, ZZP 14 (1890) 1, 50; *Unger*, S. 30; *Wirtz*, S. 24 ff.

268 BGH, WM 1967, 929, 932; BGH, NJW 2001, 1136, 1137; *Bork*, FS Zeuner, 1994, S. 297, 309; *Cohn*, § 10; *Feldhaus*, JZ 1956, 313; *Fischer*, NZI 2002, 281, 284; Gottwald-*Huber*, 2. Aufl., § 35 RdNr. 33; *Grimm*, S. 78; *Henckel*, ZZP 99 (1986), 419, 429–432; Jaeger-*Lent*, KO, 8. Aufl., § 17 Anm. 42; Jaeger-*Henckel*, KO, 9. Aufl., § 17 RdNr. 173; *Kepplinger*, S. 103, 227, 247, 249, 251 f. (Fn. 1164, 1166), 257, 265; *Kuhn/Uhlenbruck*, KO, 11. Aufl., § 17 RdNr. 37; *Lehmann*, S. 34; *Maas*, S. 12; *Mehl*, S. 23; MünchKomm-*Kreft*, InsO, § 103 RdNr. 191; N/R-*Balthasar*, InsO, § 103 RdNr. 63; *Pletzsch*, S. 97 f., 98 (Fn. 1); *Pünder*, S. 60; *Sachs*, S. 23 ff., 28 f.; *Sandrock*, S. 105 f., 122; *Schad*, S. 129; Smid-*Smid*, 2. Aufl., § 103 RdNr. 55; *Tintelnot*, ZIP 1989, 144, 153.

269 *Häsemeyer*, InsR, 3. Aufl., RdNr. 17.03; 20.06; Jaeger-*Henckel*, KO, 9. Aufl., § 26 RdNr. 18, § 3 RdNr. 36; *Windel*, JURA 2002, 230, 233; *Glück*, S. 60 f.; ähnlich Smid-*Smid*, § 103 RdNr. 54.

270 *Marotzke*, 3. Aufl., RdNr. 5.64–5.75; *Huber*, BB 1964, 731, 732; *Pflug*, AG 1986, 305, 307 ff.; *Schwörer*, S. 63.

(1) Anwendbarkeit der §§ 249 ff. BGB oder Begrenzung auf den Nennwert?

Die Rechtsfolge „Schadensersatz“ untersteht im bürgerlichen Recht dem Anwendungsbereich der §§ 249 ff. BGB. Zu ersetzen ist hiernach bei vertraglichen Leistungsstörungen, wie etwa Unmöglichkeit oder Verzug, das sog. „positive Interesse“, das konkret oder unter bestimmten Umständen auch abstrakt nach der „Differenzhypothese“ berechnet wird[271]. Der zu ersetzende Schaden ist demnach die Differenz zwischen der tatsächlichen und der hypothetischen Vermögenslage, die bestehen würde, wenn die Leistungsstörung nicht stattgefunden hätte[272]. Bei einem gegenseitigen Vertrag bedeutet dies, dass nicht nur der objektive Wertunterschied zwischen Leistung und Gegenleistung ersatzfähig ist, sondern auch ein darüber hinausgehender Vermögensfolgeschaden[273]. Hierunter fällt vor allem der Schaden, der durch eine entgangene Weiterverkaufsmöglichkeit entsteht (vgl. § 252 BGB). In Abhängigkeit zu den jeweiligen Gewinnmargen und der Möglichkeit, sich die gekaufte Ware anderweitig zu besorgen, kann der entgangene Gewinn im kaufmännischen Handelsverkehr somit einen erheblichen Schadensposten darstellen.

Zu klären ist nun, ob diese Art der Schadensberechnung auch für die „Forderung wegen der Nichterfüllung“ gem. § 103 Abs. 2 S. 1 InsO gilt. Dies hängt im Wesentlichen von der Rechtsgrundlage der Forderung ab. Erblickt man diese in einer bürgerlichrechtliche Anspruchsgrundlage wegen einer Leistungsstörung, so ist die Anwendung der §§ 249 ff. BGB zwingend. Nimmt man hingegen an, dass die „Forderung wegen der Nichterfüllung“ ihre Rechtsgrundlage im Insolvenzrecht selbst habe[274], so bedarf die analoge Anwendung des bürgerlichrechtlichen Schadensersatzrechts einer eingehenden Begründung. Nach hier vertretender Ansicht ist wie folgt zu differenzieren:

Liegen die Voraussetzungen einer bürgerlichrechtlichen Anspruchsgrundlage bis spätestens zum Zeitpunkt der Erfüllungsablehnung vor[275], so hat der Vertragspartner einen teilnahmefähigen Schadensersatzanspruch, dessen Inhalt sich nach dem BGB bemisst, also insbesondere nach den §§ 249 ff. BGB[276]. Fehlt es hingegen an diesen Voraussetzungen, so ist die „Forderung wegen der Nichterfüllung“ als das Produkt einer insolvenzbedingten Umrechnung der gegenseitigen noch nicht erfüllten Primäransprüche zu verstehen. Für eine analoge Anwendung der Grundsätze der §§ 249 ff. BGB bedarf es deshalb einer planwidrigen Regelungslücke und einer vergleichbaren Interessenlage. Im Rahmen dieser Prüfung ist kritisch zu untersuchen, ob der Ersatz des vollen Nichterfüllungsschadens nicht gegen Grundsätze des Insolvenzrechts verstößt, insbesondere gegen den Grundsatz der Gläubigergleichbehandlung. Dies ist der Ansatzpunkt der Kritik *Häsemeyers,* nach dem durch die An-

---

271 Vgl. statt vieler nur Palandt-*Heinrichs,* BGB, 64. Aufl., § 281 RdNr. 17 ff.
272 Palandt-*Heinrichs,* BGB, 64. Aufl., § 281 RdNr. 17.
273 Vgl. BGH, NJW 1998, 2901.
274 Vgl. hierzu oben unter aa).
275 Ausnahme ist die Fälligkeit der Forderung; diese muss aus Gründen der Gläubigergleichbehandlung schon zur Zeit der Eröffnung des Insolvenzverfahrens eingetreten sein, vgl. oben unter aa)(2)(a).
276 Nach allgemeiner Ansicht ist in der Insolvenz die Naturalherstellung ausgeschlossen, da nach § 45 InsO sämtliche Insolvenzforderungen nur in Geld umgerechnet zur Tabelle angemeldet werden können.

wendung der §§ 249 ff. BGB das insolvenzrechtliche „Nennwertprinzip" verletzt werde[277]. Deshalb berechne sich die „Forderung wegen der Nichterfüllung" nach dem „Nennwert des Hauptleistungsanspruchs, abzüglich des Wertes einer etwa vom Schuldner empfangenen Teilgegenleistung[278]." Einen hierüber hinausgehenden Anspruch wegen Ersatz des vollen Nichterfüllungsanspruchs dürfe der Insolvenzgläubiger nicht anmelden. Die Geltung des Nennwertprinzips im Insolvenzrecht werde dogmatisch durch die Regelung des § 104 Abs. 3 InsO gestützt, nach dem für Fixgeschäfte und Finanztermingeschäfte die Differenzberechnung ausdrücklich angeordnet werde[279]. Zudem gelte das „Nennwertprinzip" nach unbestrittener Ansicht auch für die Rechtsfolgen der Deckungsanfechtung, so dass dieses Prinzip als Ausprägung des Gleichbehandlungsgrundsatzes anzusehen sei[280].

Dem Verweis *Häsemeyers* auf § 104 Abs. 3 InsO kann man sicherlich nicht (e contrario) entgegenhalten, dass eine entsprechende Regelung in § 103 InsO fehle. Vielmehr enthält § 104 Abs. 3 InsO eine spezielle Berechnungsgrundlage für die „Forderung wegen der Nichterfüllung" bei Fixgeschäften und Finanztermingeschäften, indem die Norm auf die Differenz zwischen dem „vereinbarten Preis und dem Markt- und Börsenpreis, der zu einem von den Parteien vereinbarten Zeitpunkt, [...] am Erfüllungsort für einen Vertrag mit der vereinbarten Erfüllungszeit maßgeblich ist." abhebt. Die grundsätzliche Berechnung der „Forderung wegen der Nichterfüllung" nach der bloßen Wertdifferenz von Leistung und Gegenleistung scheint deshalb tatsächlich vom Gesetz vorausgesetzt zu sein. Auch das bloße Aufleben der Forderung des Anfechtungsgegners nach § 144 Abs. 1 InsO, ohne die Möglichkeit einen weiteren Schaden geltend zu machen, dient der These *Häsemeyers* als systematisches Argument. Des Weiteren lassen sich für das „Nennwertprinzip" teleologische Erwägungen ins Feld führen. Das tragende Prinzip des bürgerlichrechtlichen Schadensersatzrechts ist die Totalreparation[281]. Der Gläubiger soll so gestellt werden, als ob das schädigende Ereignis nie eingetreten wäre; am besten durch Leistung in natura (Naturalrestitution), ansonsten durch Geldleistung (Kompensation). Demgegenüber verfolgt das Insolvenzrecht einen ganz anderen Zweck. Die totale Befriedigung des vollen positiven Interesses aller Gläubiger ist jedenfalls in aller Regel ausgeschlossen[282]. Die Haftungsverwirklichung durch das Insolvenzverfahren untersteht deshalb dem übergeordneten Zweck der gemeinschaftlichen Gläubigerbefriedigung, vgl. § 1 S. 1 InsO. Dieser Grundsatz darf nicht insofern missverstanden werden, als dass alle Gläubiger in jeder Hinsicht gleich zu behandeln wären. Deshalb differenziert die InsO zwischen verschiedenen Gläubigergruppen, z.B. zwischen dinglich gesicherten (absonderungsberechtigten) und ungesicherten Gläubigern. Der unterschiedlichen Rechtsstellung der verschiedenen Gläubigergruppen liegen

277 *Häsemeyer,* InsR, 3. Aufl., RdNr. 17.03, 20.06, 20.24; ihm folgend K/P-*Tintelnot,* InsO, § 103 RdNr. 97 ff.; *Pape,* Kölner Schrift, 2. Aufl., S. 531, 553; vgl. auch *Pflug,* AG 1986, 305, 309.
278 *Häsemeyer,* InsR, 3. Aufl., RdNr. 17.03, 20.24.
279 *Häsemeyer,* InsR, 3. Aufl., RdNr. 17.03.
280 *Häsemeyer,* InsR, 3. Aufl., RdNr. 17.03.
281 Vgl. B/R-*Grüneberg,* BGB, Vor § 249 RdNr. 9.
282 Vgl. insoweit die Insolvenzeröffnungsgründe der §§ 17 ff. InsO.

jedoch dezidierte Wertungen zugrunde, mit denen sich insbesondere auch der Reformgesetzgeber ausführlich beschäftigt hat[283]. Vor diesem Hintergrund ist zu fragen, ob es einen sachlichen Grund dafür gibt, demjenigen Insolvenzgläubiger, der eine „Forderung wegen der Nichterfüllung" nach § 103 Abs. 2 S. 1 InsO hat, anders als dem „normalen" Insolvenzgläubiger die Anmeldung seines vollen Nichterfüllungsschadens zu gestatten. *Marotzke* hat in diesem Zusammenhang zugespitzt formuliert, dass die Berücksichtigungsfähigkeit insbesondere des entgangenen Weiterveräußerungsgewinns nicht davon abhängen dürfe, ob die „letzte Mark" schon oder noch nicht gezahlt wurde[284]. Dem kann zwar zunächst entgegnet werden, dass in vielen Fällen der Rechtssicherheit wegen ein klarer „Strich" gezogen werden muss, so dass es grundsätzlich zulässig ist, die Berücksichtigungsfähigkeit eines Schadenspostens von einer schon oder noch nicht gezahlten „letzten Mark" abhängig zu machen[285]. Da eine derartige Differenzierung aber weit in den Grundsatz der Gläubigergleichbehandlung eingreift und sie daher „wesentlich" ist, muss sie sich aus dem Gesetz ergeben[286]. Dies ist jedoch nicht der Fall. Vielmehr unterstellt die h.M. einfach die Geltung der §§ 249 ff. BGB, ohne für die erhebliche Differenzierung zwischen den verschiedenen Gläubigern stichhaltige Argumente zu liefern.

Die Umrechnung der gegenseitigen beiderseitig noch nicht erfüllten Ansprüche in eine einseitige Forderung – soweit für den Vertragspartner ein positiver Saldo besteht – im Falle der Erfüllungsablehnung durch den Insolvenzverwalter ermöglicht dem Vertragspartner die gleiche Verfahrensteilnahme wie den anderen Insolvenzgläubigern auch. Die Umrechnung von Forderungen in Geld (vgl. § 45 InsO) dient im Insolvenzrecht der Gläubigergleichbehandlung und Praktikabilität[287] und nicht wie im bürgerlichrechtlichen Schadensersatzrecht der Totalreparation. Dem Vertragspartner soll mit der „Forderung wegen der Nichterfüllung" lediglich die Verfahrensteilnahme gleich den anderen Insolvenzgläubigern ermöglicht werden. Nicht verträglich mit dieser gesetzlichen Intention ist die Annahme, der Vertragspartner dürfe darüber hinaus seinen vollen, nach den §§ 249 ff. BGB berechneten Nichterfüllungsschaden zur Tabelle anmelden, obwohl die Voraussetzungen einer entsprechenden bürgerlichrechtlichen Anspruchsgrundlage nicht bis spätestens zur Erfüllungsablehnung bzw. zur Zeit der Verwirkung des Verwalterwahlrechts vorlagen.

Auch die Argumentation, der Vertragspartner müsse seinen gesamten Nichterfüllungsschaden bei einer Erfüllungsablehnung durch den Insolvenzverwalter anmel-

---

283 Vgl. Begr. zum RegE, BR-Drucks. 1/92, *Uhlenbruck*, S. 232 f.

284 *Marotzke*, 3. Aufl., 5.67 ff. hat damit *Eck*, ZHR 28 (1882), 392, 396 und *Glück*, S. 61 kritisiert, die behaupten, dass eine unterschiedliche Behandlung der Gläubiger, die den §§ 17 ff. KO unterfallen und den sonstigen Konkursgläubigern gerechtfertigt ist, weil diese im Gegensatz zu jenen vorleisten und deshalb dem Gemeinschuldner Kredit geben.

285 Vgl. oben unter aa)(1).

286 Vgl. *Kepplinger*, S. 231.

287 Vgl. Amtl. Begr. zu § 52 RegEInsO, BT-Drucks. 12/2443, S. 124; *K. Schmidt*, FS Merz, S. 533, 537.

den dürfen, da ja bei der Erfüllungswahl durch den Verwalter auch sein gesamtes positives Interesse befriedigt werde[288], geht fehl. Die Ausübung des Wahlrechts des Insolvenzverwalters entscheidet nämlich gerade darüber, ob er aus der Reihe der normalen Insolvenzgläubiger zu einem Massegläubiger emporgehoben wird, oder ob er eben solch ein Insolvenzgläubiger bleibt. Ist letzteres der Fall, so darf nicht damit argumentiert werden, wie der Vertragspartner bei der Erfüllungswahl behandelt worden wäre, sondern es muss vielmehr das Gleiche gelten wie für die übrigen Insolvenzgläubiger auch. Die Anwendung des allgemeinen Schadensersatzrechts, ohne dass diese Rechtsfolge durch eine bürgerlichrechtliche Anspruchsgrundlage ausgelöst wird, würde dieser gebotenen Gleichstellung mit den übrigen Insolvenzgläubigern zuwiderlaufen.

Deshalb ist Folgendes festzuhalten: Soweit die „Forderung wegen der Nichterfüllung" in einem bürgerlichrechtlichen Schadensersatzanspruch besteht, weil dessen Voraussetzungen spätestens im Zeitpunkt der Erfüllungsablehnung vorlagen[289], bemisst sich die Forderung selbstverständlich nach den §§ 249 ff. BGB, umfasst also den gesamten Nichterfüllungsschaden inklusive des entgangenen Gewinns. Liegen die Voraussetzungen eines bürgerlichrechtlichen Schadensersatzanspruchs allerdings nicht bis zu diesem Zeitpunkt vor, so kann der Vertragspartner nur mit dem nach dem „Nennwertprinzip" berechneten Differenzanspruch – Hauptleistungsanspruchs abzüglich des Wertes der schon empfangenen Gegenleistung – im Insolvenzverfahren berücksichtigt werden.

Streng hiervon zu unterscheiden ist die Frage, unter welchen Voraussetzungen während des Insolvenzverfahrens bürgerlichrechtliche Schadensersatzansprüche entstehen, für die der Schuldner nach Verfahrensaufhebung wieder persönlich haftet. Insoweit ist Folgendes zu beachten: Das Insolvenzrecht hemmt nicht die Entstehung von Schadensersatzansprüchen bzw. von ersatzfähigen Schadensposten (z.B. Verzögerungsschaden) im zweiseitigen Schuldverhältnis, sondern nur ihre haftungsrechtliche Durchsetzbarkeit. Die par conditio creditorum rechtfertigt nur den Ausschluss bzw. die Beschränkung von Ansprüchen hinsichtlich der Partizipation an der Insolvenzmasse. Während des Insolvenzverfahrens entstehende Schadensersatzansprüche bzw. Schadensposten (vgl. § 39 InsO) können deshalb i.d.R. nach Verfahrensaufhebung gegen den Schuldner persönlich geltend gemacht werden[290]. Allerdings darf die persönliche Haftung des Schuldners grundsätzlich nicht durch Verwalterhandlungen erweitert werden.

Zu klären ist im Folgenden, nach welcher bzw. nach welchen Methoden der Vertragspartner seine „Forderung wegen der Nichterfüllung" berechnen darf.

288 Vgl. *Eck*, ZHR 28 (1882), 392, 396.

289 Mit Ausnahme der Fälligkeit, die schon zur Zeit der Eröffnung des Insolvenzverfahrens vorliegen muss. Siehe hierzu unter aa)(2)(a).

290 Es sei denn, es findet eine Restschuldbefreiung (§§ 286 ff. InsO) bzw. eine Liquidation der schuldnerischen Gesellschaft statt.

(2) Zulässigkeit der „Schadensberechnung" nach der Austauschmethode?

Die ganz h.M. vertritt für die Berechnung des Schadensersatzanspruchs bei Leistungsstörungen im gegenseitigen Vertrag die sog. abgeschwächte Differenztheorie[291]. Der Gläubiger kann demnach grundsätzlich die Differenz zwischen dem Wert der ihm gebührenden Leistung zuzüglich eines etwaigen Vermögensfolgeschadens und dem Wert der ihm obliegenden, noch nicht erbrachten Gegenleistung in Geld fordern[292]. Es kommt also zu einer Kapitalisierung und Saldierung der ursprünglichen Forderungen. Wenn aber der Gläubiger die ihm obliegende Leistung schon erbracht hat oder wenn er ein besonderes Interesse daran hat, diese noch zu erbringen, so kann er den vollen Wert der ihm gebührenden Leistung zuzüglich eines etwaigen Vermögensfolgeschadens gegen Erbringung der eigenen Leistung verlangen, ohne sich hiervon etwas abziehen lassen zu müssen[293]. Zudem kann der Gläubiger eines Schadensersatzanspruchs statt der Leistung nach §§ 280 Abs. 1, 3, 281 BGB solange die eigene Leistung erbringen, wie er noch nicht Schadensersatz verlangt hat (§ 281 Abs. 4 BGB)[294]. Dies ist für den Bereich des materiellen Zivilrechts unstreitig.

Fraglich ist, ob der Vertragspartner, der eine „Forderung wegen der Nichterfüllung" nach § 103 Abs. 2 S. 1 InsO hat, diese ebenfalls nicht nur nach der Differenzmethode, sondern auch (unter gewissen Umständen) nach der Austauschmethode berechnen darf. Während die h.M.[295] insoweit nur ein Vorgehen nach der Differenzmethode für zulässig erachtet, hält insbesondere *Marotzke*[296] daneben auch ein Vorgehen nach der Austauschmethode für möglich.

Freilich findet ein Vorgehen nach der Austauschmethode insoweit statt, wie es dem Vertragspartner nach § 105 S. 2 InsO nicht gestattet ist, eine von ihm vor Eröffnung des Insolvenzverfahrens erbrachte Teilleistung wegen Rücktritts aus der Insolvenzmasse zurückzuverlangen. Der Vertragspartner muss die eigene Leistung dann gegen sich gelten lassen und darf nicht etwa das Geleistete zurückfordern und dann voll nach der Differenzmethode seinen Schaden berechnen, was außerhalb des Insolvenzverfahrens nach § 325 BGB möglich ist. Die Kontroverse betreffend die Zulässigkeit des Vorgehens nach der Austauschmethode bezieht sich also nur auf die Erbringung der eigenen Leistung durch den Vertragspartner nach Eröffnung des Insolvenzverfahrens.

---

291 Vgl. BGHZ 20, 338, 343; 87, 156, 158; BGH, WM 1991, 1737, 1739; B/R-*Grüneberg*, BGB, § 281 RdNr. 33; Palandt-*Heinrichs*, BGB, 64. Aufl., § 281 RdNr. 19.
292 Vgl. statt vieler Palandt-*Heinrichs*, 64. Aufl., § 281 RdNr. 18.
293 Palandt-*Heinrichs*, BGB, 64. Aufl., § 281 RdNr. RdNr. 18, 21.
294 B/R-*Grüneberg*, BGB, § 281 RdNr. 33.
295 BGH, NJW 1967, 929, 932; *Bendix*, JW 1930, 1360, 1362; *Feldhaus*, JZ 1956, 313; Gottwald-*Huber*, 2. Aufl., § 35 RdNr. 33; Jaeger-*Lent*, KO, 8. Aufl., § 17 Anm. 42; Jaeger-*Henckel*, KO, 9. Aufl., § 17 RdNr. 173; *Kuhn/Uhlenbruck*, KO, 11. Aufl., § 17 RdNr. 37; *Kepplinger*, S. 210; *Cohn*, § 10; *Eck*, ZHR 28 (1882) 392, 395; *Luther*, S. 58 f.; *Maas*, S. 12; *Mehl*, S. 23; *Offtermatt*, S. 144; *Plonski*, S. 21; *Prahl*, ZInsO 2005, 568, 569; *Pünder*, S. 60; *Sachs*, S. 23 ff., 28 f.; *Sandrock*, S. 105 f., 122; *Schad*, S. 129; Smid-*Smid*, InsO, 2. Aufl., § 103 RdNr. 55; *Schollmeyer*, S. 29 f.; *Tintelnot*, ZIP 1989, 144, 153; *Wirtz*, S. 13.
296 *Marotzke*, 3. Aufl., RdNr. 5.50 ff.; vgl. auch *Musielak*, AcP 179, 189, 200 ff.

Die praktische Bedeutung des Streits ist gering, denn in aller Regel wird der Vertragspartner kein Interesse an einem Vorgehen nach der Austauschmethode haben[297]. Selbst wenn er nämlich die ihm obliegende Leistung noch erbringen dürfte, so erhielte er trotzdem auf seinen Gegenanspruch nur die Quote[298]. Eine volle Leistung gegen die Quote macht nur ausnahmsweise dann Sinn, wenn die eigene Leistung für den Vertragspartner wertlos ist oder sie gar beim Zurückhalten Kosten verursacht[299]. Nach *Marotzke* gebe es keine Rechtsvorschrift, die es dem Vertragspartner verbiete, nach der Austauschmethode vorzugehen[300]. Weder aus der ratio des § 103 InsO noch aus der Vorschrift des § 104 Abs. 3 InsO ergebe sich ein Ausschluss der Austauschmethode[301].

Dem kann nicht gefolgt werden. Die „Forderung wegen der Nichterfüllung" darf ausschließlich nach der Differenzmethode berechnet werden. Etwas anderes kann nur gelten, wenn der Insolvenzverwalter mit der Annahme der Leistung des Vertragspartners einverstanden ist[302]. Zwar lässt es sich dem Wortlaut des § 103 InsO nicht entnehmen, dass der Vertragspartner im Falle der Erfüllungsablehnung durch den Insolvenzverwalter nicht mehr zur Erbringung der eigenen Leistung berechtigt sein soll[303]. Allerdings ergibt sich dies im Lichte vom Sinn und Zweck des § 103 InsO. Das Wahlrecht dient – zumindest auch – der Unternehmensfortführung in der Insolvenz[304]. Der Verwalter soll die Möglichkeit haben, für die Masse günstige und für den Fortbestand des Unternehmens notwendige Verträge[305] abzuwickeln, indem er berechtigt wird, den Vertragspartner nominal und nicht bloß quotal zu befriedigen und damit die volle Gegenleistung einfordern zu können[306]. Umgekehrt muss es der Verwalter verhindern können, dass für die Masse ungünstige Verträge zu Lasten der Gläubigergemeinschaft durchgeführt werden. Diesem Zweck würde es zuwiderlaufen, wenn der Vertragspartner trotz der Erfüllungsablehnung eine für

---

297 Vgl. Gottwald-*Huber*, 2. Aufl., § 35 RdNr. 33; *Kepplinger*, S. 224, 226; *Sachs*, S. 28.

298 Gottwald-*Huber*, 2. Aufl., § 35 RdNr. 33; Smid-*Smid*, InsO, 2. Aufl., § 103 RdNr. 55 m.w.N.

299 Zu denken ist etwa an Lagerkosten oder Kosten, die entstehen, wenn verderbliche Waren beseitigt werden müssen.

300 *Marotzke*, 3. Aufl., RdNr. 5.51. Konsequent ist dann auch die Annahme, der Vertragspartner könne immer den vollen Wert seines Erfüllungsanspruchs (berechtigterweise) zur Tabelle anmelden und müsse sich nur dann den Wert der noch ausstehenden Gegenleistung anrechnen lassen, wenn er diese nicht erbringt. Vgl. auch *Kepplinger*, S. 226.

301 *Marotzke*, 3. Aufl., RdNr. 5.54; ähnlich *Kepplinger*, S. 226 f.; a.A. z.B. *Plonski*, S. 21 („Die Austauschtheorie kommt vielmehr von vornherein, als mit dem Wesen des Konkurses unvereinbar, nicht in Betracht."); *Tischbein*, S. 122.

302 Vgl. auch *Henckel*, ZZP 99 (1986), 419, 431 f., der Ausnahmen für den Fall zulässt, dass die Masse keinen Nachteil erleidet.

303 Vgl. *Kepplinger*, S. 224 f.

304 *Pape*, Kölner Schrift, 2. Aufl., 531, 534; Uhlenbruck-*Uhlenbruck*, InsO, 12. Aufl., § 103 RdNr. 1 f.

305 Z.B. Kaufverträge über Betriebsmittel.

306 *Henckel*, ZZP 99 (1986), 419, 425; ob der Vertragspartner vor der Unbilligkeit, voll leisten zu müssen und im Gegenzug nur die Quote zu bekommen, erst durch § 103 InsO geschützt wird oder schon durch § 320 BGB, ist umstritten. Die Beantwortung der Frage, hängt davon ab, ob § 320 BGB insolvenzfest ist. Zu dieser Frage vgl. unter C)VI.4.a).

die Unternehmensfortführung nicht dienliche Leistung erbringen könnte[307]. Auch wenn eine Liquidation des Unternehmens geplant ist, könnte sich die Leistung des Vertragspartners negativ auf die Gläubigerbefriedigung auswirken, wenn etwa die Verwertungskosten, den Erlös übersteigen würden.

§ 103 InsO ist als eine allseitige, d.h. dem Gleichbehandlungsgrundsatz und den haftungsrechtlichen Ausgleich der Insolvenzgläubiger untereinander zu dienen bestimmte Regelung konzipiert[308]. Vor diesem Hintergrund erscheint es zweckwidrig, den Insolvenzverwalter als zur Annahme einer für die Masse unnützen oder sogar schädlichen Leistung verpflichtet anzusehen[309]. *Marotzke* hat in diesem Zusammenhang erklärt, dass der Vertragpartner dem Insolvenzverwalter die noch nicht erbrachte Leistung schon deshalb nicht „aufdrängen" könne, weil auch eine etwaige Abnahmepflicht angesichts der Erfüllungsablehnung als Insolvenzforderung zu qualifizieren sei und diese deshalb nur quotal befriedigt werden müsse[310]. Dem kann hier insofern zugestimmt werden, als eine Leistung des Vertragspartners trotz der Erfüllungsablehnung jedenfalls dann zulässig ist, wenn der Insolvenzverwalter mit ihr einverstanden ist. *Marotzke* führt nun aber weiter aus, dass der Insolvenzverwalter, der die ihm vertragsgemäß angebotene Leistung nicht annehme, die Masse den Folgen eines Gläubigerverzuges aussetze, was letztlich dazu führe, dass der Vertragspartner seinen vollen Erfüllungsanspruch anmelden könne[311], ohne dass der Verwalter die Möglichkeit habe, diesen um den Wert der nicht erbrachten Leistung des Vertragspartners zu kürzen[312].

Diese Sichtweise ist unzutreffend. Die Masse darf nicht mit den Folgen eines Gläubigerverzuges belastet werden, wenn der Verwalter der Abnahmepflicht als (häufig) vertraglicher Nebenleistungspflicht bzw. einer bloßen Annahmeobliegenheit nicht nachkommt. Die Ansicht *Marotzkes* läuft dem Gesetzeszweck, die Unternehmensfortführung in der Insolvenz zu erleichtern, zuwider. Der Insolvenzverwalter soll auch nicht „mittelbar", nämlich um die Nachteile des Gläubigerverzuges für die Masse abzuwenden, gezwungen werden, eine Leistung des Vertragspartners des Schuldners anzunehmen[313]. Das Gesetz sieht als Ausgleich dafür, dass der Verwalter im Falle der Erfüllungsablehnung den Vertragspflichten des Schuldners, sei es den Haupt-, sei es den Nebenleistungspflichten nicht nachkommt, die „Forderung wegen der Nichterfüllung" vor. Den Inhalt dieser Forderung davon abhängig zu machen, ob der Verwalter nur die Erfüllung der Hauptleistungspflicht des Schuldners oder auch die Erfüllung einer etwaigen Abnahmepflicht bzw. -obliegenheit ablehnt, würde das Wahlrecht des § 103 InsO abwerten. Der Insolvenzverwalter, der

307 Vgl. Smid-*Smid*, InsO, 2. Aufl., § 103 RdNr. 55; *Mehl*, S. 23.
308 *Häsemeyer*, InsR, 3. Aufl., RdNr. 20.04.
309 Vgl. *Henckel*, ZZP 99 (1986), 419, 431.
310 *Marotzke*, 3. Aufl., RdNr. 5.54.
311 A.A. *Offtermatt*, S. 24, nach dem es sich bei dem Erfüllungsanspruch nicht um eine Konkursforderung handelt.
312 *Marotzke*, 3. Aufl., RdNr. 5.54.
313 Vgl. schon *Oetker*, ZZP 14 (1890), 1, 32; *Mehl*, S. 23; *Sandrock*, S. 106.

die Erfüllung des Vertrages ablehnt, will sämtliche Leistungspflichten und Obliegenheiten nicht erfüllen (und nicht nur die Hauptleistungspflicht).

Es kann deshalb nicht angehen, dass an die Ablehnung der Leistung des Vertragspartners weitere Nachteile für die Masse geknüpft werden, die im Normalfall, d.h. wenn der Vertragspartner seinerseits auch nicht mehr leistet, nicht entstünden. Die Behauptung, der Masse gegenüber träten die Folgen des Gläubigerverzuges ein, wenn der Insolvenzverwalter die ordnungsgemäß angebotene Leistung nicht annehme, begründet nicht die Zulässigkeit der Berechnung der „Forderung wegen der Nichterfüllung" nach der Austauschmethode, sondern setzt sie voraus. Denn nur wenn ein Vorgehen nach der Austauschmethode zulässig wäre, könnte es sein, dass die Masse bei Nichtannahme durch den Insolvenzverwalter die Folgen des Gläubigerverzuges träfen. Umgekehrt betrachtet bedeutet dies Folgendes: Darf die „Forderung wegen der Nichterfüllung" nur nach der Differenzmethode berechnet werden, so scheitert ein die Haftung der Masse betreffender Gläubigerverzug schon daran, dass der Vertragspartner im Falle der Erfüllungsablehnung gegenüber der Masse gar nicht mehr zur Erbringung der eigenen Leistung berechtigt ist. Die Zulässigkeit der Berechnung nach der Austauschmethode mit den Folgen des Gläubigerverzuges für die Masse zu begründen, die einträten, wenn der Insolvenzverwalter die Leistung nicht annimmt, ist mithin eine petitio principii, da nur dann, wenn die Austauschmethode zulässig wäre, ein die Masse treffender Gläubigerverzug möglich wäre.

Auch kann *Marotzke* insofern nicht gefolgt werden, als er meint, dass die ausschließliche Berechnung der „Forderung wegen der Nichterfüllung" nach der Differenzmethode, wie sie in § 104 Abs. 3 InsO bestimmt sei, nicht auf § 103 InsO übertragbar sei, weil es sich insoweit um eine verdrängende Sondernorm handele[314]. Das Besondere an § 104 Abs. 3 InsO ist das Abstellen auf eine spezielle Grundlage und einen speziellen Zeitpunkt der Berechnung der „Forderung wegen der Nichterfüllung", nicht aber das grundsätzliche Vorgehen nach der Differenzmethode. Dieses wird vielmehr vorausgesetzt, da ein Vorgehen nach der Austauschmethode die Masse insbesondere im Hinblick auf die geplante Verwertung benachteiligen könnte und daher den Zweck des § 103 InsO zu konterkarieren geeignet wäre.

Letztlich ist noch zu fragen, ob sich etwas anderes ergibt, wenn es sich bei der „Forderung wegen der Nichterfüllung" um einen bürgerlichrechtlichen Schadensersatzanspruch handelt, bei dem ja jedenfalls außerhalb des Insolvenzverfahrens die Geltung der abgeschwächten Differenzmethode herrschend ist. Jedoch ist insoweit zu beachten, dass es aufgrund der Insolvenz des Schuldners zu einer Überlagerung des bürgerlichrechtlichen Schadensersatzrechts durch die allseitige Haftungsordnung der InsO kommt[315]. Da das Ziel der InsO die gemeinschaftliche Befriedigung aller Gläubiger ist (§ 1 S. 1 InsO), muss insoweit auch das – nur ausnahmsweise bestehende – Interesse des Vertragspartners an einem Vorgehen nach der Austauschmethode hinter dem Interesse der Gläubigergemeinschaft anstehen, dem eine Annahmepflicht bzw. -obliegenheit des Insolvenzverwalters zuwider laufen würde[316].

---

314 *Marotzke,* 3. Aufl., RdNr. 5.54; ihm folgend *Kepplinger,* S. 225 f.
315 Vgl. hierzu Smid-*Smid,* InsO, 2. Aufl., § 1 RdNr. 34.
316 So auch *Sachs,* S. 29.

Festzuhalten bleibt also Folgendes: Unabhängig von der Rechtsnatur der „Forderung wegen der Nichterfüllung" im Einzelfall darf der Vertragspartner bei der Berechnung dieser Forderung nur nach der Differenzmethode vorgehen. Nur wenn der Insolvenzverwalter einverstanden ist, darf der Vertragspartner seine noch nicht erbrachte Leistung trotz der Erfüllungsablehnung erbringen. Aus der Nichtannahme kann der Masse kein über die Nichterfüllung der Hauptleistungspflicht hinausgehender Nachteil (infolge eines Gläubigerverzuges) entstehen.

b) Sonderproblem: Vorleistungen des Schuldners

Für den Fall, dass nicht der Vertragspartner, sondern der Schuldner vor Verfahrenseröffnung vorgeleistet hat, enthält das Gesetz keine Regelung[317]. Nichtsdestotrotz ist es heute (noch) h.M., dass der Vertragspartner bei einer den Wert der eigenen Vorleistung übersteigenden Vorleistung des Schuldners vor Verfahrenseröffnung diese nicht dauerhaft ohne Gegenleistung behalten darf[318]. Heftig umstritten ist allerdings die Rechtsgrundlage einer solchen Rückforderung[319]; diese hängt freilich auch von den Wirkungen der Verfahrenseröffnung und Erfüllungsablehnung ab[320].

Die pauschale Annahme eines entsprechenden Rückforderungsanspruchs der Masse läuft allerdings Gefahr, die Wertung der Insolvenzanfechtungstatbestände aus den Angeln zu heben[321]. Außerdem lassen nach neuer höchstrichterlicher Rechtsprechung[322] sowohl die Verfahreneröffnung als auch die Erfüllungsablehnung die Ansprüche aus beiderseitigen noch nicht erfüllten gegenseitigen Verträgen grundsätzlich unberührt. Als Konsequenz dieser Rechtsprechung folgert der BGH, dass es nicht Zweck des Wahlrechts sei, „bereits vor Insolvenzeröffnung verwirklichte wirtschaftliche Dispositionen des Schuldners zugunsten der Masse ungeschehen zu machen."[323] Demnach seien die vom Schuldner vor Verfahrenseröffnung erbrachten Leistungen grundsätzlich der Disposition des Verwalters entzogen[324].

---

317 Uhlenbruck-*Berscheid,* InsO, 12. Aufl., § 103 RdNr. 92.

318 Statt vieler vgl. K/P-*Tintelnot,* InsO, § 103 RdNr. 94.

319 Insbesondere wurden und werden bereicherungsrechtliche Anspruchsgrundlagen diskutiert. Ausführlich hierzu *Marotzke,* 3. Aufl., RdNr. 9.14 ff.; *Prahl,* ZInsO 2005, 568.

320 Vgl. *Prahl,* ZInsO 2005, 568 ff. M.E. ist die Frage, ob ein Rückforderungsanspruch für die teilweisen Vorleistungen des Schuldners vor Verfahrenseröffnung besteht, unabhängig davon zu beantworten, ob der Vertragspartner seinen „Schaden" geltend gemacht hat. Die ursprünglichen Erfüllungsansprüche erlöschen nämlich entgegen der Ansicht von *Prahl* nicht, wenn der Vertragspartner „Schadensersatz" verlangt, obwohl zu seinen Gunsten kein positiver Saldo besteht. Ein Schadensersatzverlangen nach § 281 Abs. 4 BGB führt nur dann zu einem Erlöschen der ursprünglichen Primäransprüche, wenn auch tatsächlich ein Schadensersatzanspruch, also ein positiver Saldo zugunsten des Vertragspartners besteht. Vgl. BT-Drucks. 14/6857 S. 50.

321 Vgl. *Marotzke,* 3. Aufl., RdNr. 9.85 ff.: „Ein „Superanfechtungsrecht" gewährt § 103 InsO weder nach seinem Wortlaut noch nach seinem Sinn und Zweck". (RdNr. 9.93); *Häsemeyer,* InsR, 3. Aufl., RdNr. 20.26 hält den Tatbestand des § 132 Abs. 1 InsO für einschlägig.

322 BGHZ 150, 353; 155, 87. Ausführlich zur sog. „Durchsetzbarkeitstheorie" später unter C)IV.

323 So BGHZ 155, 87, 98. Anders die sog. „Erlöschenstheorie", hierzu später unter C)III.

324 BGHZ 155, 87, 98; vgl. hierzu *Prahl,* ZInsO 2005, 568, 569 f.

Freilich wird sich ein Rückforderungsanspruch häufig aus den §§ 143 Abs. 1 S. 1, 129 ff. InsO ergeben. Auch kann im Einzelfall ein Rückforderungsanspruch der Masse aus einer BGB-Norm begründet sein[325]. Demgegenüber kann weder die Verfahrenseröffnung noch die Erfüllungsablehnung per se einen Rückforderungsanspruch der Masse für die Vorleistungen des Schuldners begründen. Neben der soeben skizzierten (überzeugenden) Argumentation des BGH spricht hiergegen insbesondere, dass die Vertragspartner nach § 103 InsO anderenfalls schlechter dastünden als sonstige Insolvenzgläubiger, die Leistungen vom Schuldner vor Verfahrenseröffnung behalten dürfen, sofern diese Leistungen nicht anfechtbar sind[326].

Eine weitere Möglichkeit, den „Sondervorteil" des Vertragspartners abzuschöpfen, besteht darin, der Masse einen der Vorleistung des Schuldners entsprechenden Teilanspruch auf die Gegenleistung zuzubilligen[327]. Diese Möglichkeit scheidet freilich aus, wenn die Gegenleistung unteilbar ist[328]. Auch ist fraglich, was gelten soll, wenn die vom Schuldner vor Verfahrenseröffnung erhaltene Teilleistung für sich genommen für den Vertragspartner (nahezu) wertlos ist, da er beispielsweise die Teilleistung nicht durch Weiterveräußerung wirtschaftlich nutzen kann. Nach bürgerlichem Recht darf der Gläubiger grundsätzlich seine gesamte Leistung zurückhalten, auch wenn nur ein Teil der Gegenleistung aussteht[329], vgl. (e contrario) § 320 Abs. 2 BGB. Dieser Grundsatz wird zwar in der Insolvenz gem. § 105 S. 1 InsO bei Teilleistungen des Vertragspartners vor Verfahrenseröffnung eingeschränkt, damit die Masse nur soweit verpflichtet wird, wie an sie (und nicht an den Schuldner) geleistet wird[330]. Jedoch lässt sich dieser Norm nicht entnehmen, dass der Insolvenzverwalter den einer Vorleistung des Schuldners vor Verfahrenseröffnung entsprechenden Teil des Gegenleistungsanspruchs durchsetzen kann, ohne dass er die Erfüllung des gesamten Vertrags verlangt. Der Insolvenzverwalter muss daher grundsätzlich eine teilweise Vorleistung des Schuldners vor Verfahrenseröffnung im Rahmen der Entscheidung, in welche Richtung er sein Wahlrecht ausübt[331], berücksichtigen. Natürlich gibt es auch Fälle, in denen sich aus der vertraglichen Vereinbarung zwischen dem Schuldner und seinem Vertragspartner ein durchsetzbarer Teilvergütungsanspruch der Masse für eine teilweise Vorleistung des Schuldners ergibt (z.B. bei Sukzessivlieferungsverträgen)[332].

Mangels Relevanz für den Untersuchungsgegenstand dieser Arbeit soll dieses Problem aber nicht weiter vertieft werden.

---

325 Beispielsweise wenn dem Schuldner ein Rücktrittsrecht zustand.

326 Dieses Argument spricht m.E. gegen den de lege ferenda-Vorschlag *Marotzkes,* 3. Aufl., RdNr. 9.95 ff.

327 Vgl. BGHZ 129, 336, 340; *Marotzke,* 3. Aufl., RdNr. 9.1. mit umfangreichen Nachweisen; *Huber,* ZInsO 2005, 449, 451; *Prahl,* ZInsO 2005, 568.

328 *Prahl,* ZInsO 2005, 568, 569.

329 B/R-*Grothe,* BGB, § 320 RdNr. 13.

330 Vgl. MünchKomm-*Kreft,* InsO, § 105 RdNr. 1.

331 Vgl. oben unter B)III.

332 Hierzu *Marotzke,* 3. Aufl., RdNr. 8.26 ff.

4. Rechtsfolgen bei unterlassener Wahlrechtsausübung

Ein Fall der unterlassenen Wahlrechtsausübung liegt vor, wenn der Insolvenzverwalter nicht von seinem ihm nach § 103 InsO zustehenden Wahlrecht Gebrauch gemacht hat und der Vertragspartner es unterlassen hat, den Insolvenzverwalter hierzu nach § 103 Abs. 2 S. 2 InsO aufzufordern. Es liegt somit ein „beiderseitiges Unterlassen" vor, bei dem sich der Vertrag also auch haftungsrechtlich noch in der „Schwebe" befindet[333]. Dennoch kann der Vertragspartner eine „Forderung wegen der Nichterfüllung" zur Tabelle anmelden[334]; die Anmeldung enthält dann allerdings – da sie an den Insolvenzverwalter zu richten ist – konkludent die Aufforderung nach § 103 Abs. 2 S. 2 InsO[335]. Erklärt der Insolvenzverwalter daraufhin „unverzüglich", dass er die Erfüllung des Vertrages verlangt, so entfällt die Berechtigung hinsichtlich der „Forderung wegen der Nichterfüllung", da der Vertragspartner nach § 55 Abs. 1 Nr. 2 1. Var. InsO mit seinem Erfüllungsanspruch Massegläubiger geworden ist.

Dies gilt auch, wenn man (zu Recht[336]) in der Anmeldung der „Forderung wegen der Nichterfüllung" zugleich ein „Schadensersatzverlangen" nach § 281 Abs. 4 BGB (analog) sieht. Durch die Anmeldung dieser Forderung darf nämlich nicht das Wahlrecht des Insolvenzverwalters umgangen werden, das zumindest auch dem Schutz der Masse und damit dem übergeordneten Gedanken der Gläubigergleichbehandlung zu dienen bestimmt ist[337].

5. Zusammenfassung

Die vorstehenden Untersuchungen haben im Wesentlichen folgende Erkenntnisse geliefert:

Die in § 103 Abs. 2 S. 1 InsO genannte „Forderung wegen der Nichterfüllung" kann durch einen bürgerlichrechtlichen Schadensersatzanspruch – insbesondere durch einen solchen gem. §§ 280 Abs. 1, 3, 281 BGB[338] – „ausgefüllt" werden. Hierzu ist allerdings erforderlich, dass die tatbestandlichen Voraussetzungen für diesen Anspruch bis spätestens zum Zeitpunkt der Erfüllungsablehnung bzw. des Ablaufs einer nach § 103 Abs. 2 S. 2 InsO gesetzten Erklärungsfrist vorliegen. Ist dies nicht der Fall, so ist die Rechtsgrundlage der „Forderung wegen der Nichterfüllung" in

333 Vgl. *Unger*, S. 62.

334 Die „Nichterfüllung" als die nur insolvenzmäßige, d.h. quotale Befriedigung in Geld ist nämlich der Zustand, der infolge der Verfahrenseröffnung eingetreten ist.

335 MünchKomm-*Huber*, InsO, § 103 RdNr. 183.

336 Siehe hierzu ausführlich unter D)II.3c)aa).

337 Vgl. zur Konkurrenz vom Leistungsstörungsrecht nach BGB und InsO *Marotzke*, KTS 2002, 1 ff.; *Mossler*, ZIP 2002, 1831 ff.

338 Dann ist zusätzlich die Fälligkeit des Erfüllungsanspruchs zur Zeit der Verfahrenseröffnung erforderlich, wobei die Fälligkeitsfiktion nach § 41 InsO insoweit außer Betracht bleibt. Vgl. oben unter 3.a)aa)(2)(a).

der ursprünglichen Rechtsgrundlage des Erfüllungsanspruchs in Verbindung mit § 103 Abs. 2 S. 1 InsO und allgemeinen Grundsätzen des Insolvenzrechts zu erblicken.

Diese Unterscheidung ist für den Inhalt der Forderung von entscheidender Bedeutung. Besteht die „Forderung wegen der Nichterfüllung" in einem bürgerlichrechtlichen Schadensersatzanspruch, so bemisst sich der Anspruchsinhalt nach den §§ 249 ff. BGB. Umfasst wird dann also der gesamte Nichterfüllungsschaden inklusive des entgangenen Gewinns. Ansonsten, d.h. wenn die tatbestandlichen Voraussetzungen eines bürgerlichrechtlichen Schadensersatzanspruchs zum für die Berücksichtigungsfähigkeit relevanten Zeitpunkt nicht vorliegen, ist die Forderung auf ihren Nennwert beschränkt. Im Insolvenzverfahren kann dann nur der Wert des Hauptleistungsanspruchs abzüglich des Wertes der schon empfangenen Gegenleistung berücksichtigt werden. Die „Forderung wegen der Nichterfüllung" berechnet sich nach der Differenzmethode. Ein Vorgehen nach der Austauschmethode verstieße gegen insolvenzrechtliche Grundsätze und ist jedenfalls dann ausgeschlossen, wenn der Insolvenzverwalter hiermit nicht einverstanden ist.

Nachdem der Tatbestand des § 103 InsO und insbesondere die rechtsdogmatische Einordnung der „Forderung wegen der Nichterfüllung" beleuchtet worden sind, ist nun auf die Frage einzugehen, inwieweit durch die Verfahrenseröffnung bzw. durch die Wahlrechtsausübung auf den Bestand der gegenseitigen noch offenen Erfüllungsansprüche eingewirkt wird. Die zu untersuchende Rechtslage nach Aufhebung des Insolvenzverfahrens hängt maßgeblich von der Beantwortung dieser Frage ab[339].

339 Vgl. oben unter A)II.2.

C. Wirkung der Verfahrenseröffnung und Wahlrechtsausübung bzw. -verwirkung auf gegenseitige „schwebende" Verträge

Gegenstand einer nicht enden wollenden, sich mittlerweile durch drei Jahrhunderte ziehenden Kontroverse[340] ist die Frage, welche Wirkungen die Verfahrenseröffnung und die Wahlrechtsausübung bzw. die Verwirkung des Wahlrechts auf nicht abgewickelte gegenseitige Verträge zeitigen. Haben diese Ereignisse eine rein verfahrensinterne, also nur haftungsrechtliche Bedeutung oder entfalten sie darüber hinaus auch eine materiellrechtliche und damit über das Verfahrensende hinausreichende Wirkung? Dies ist der Kern der Streitfrage, wobei die verschiedenen Ansichten z.T. im Detail weiter differenzieren. Um das Argumentationsmuster der einzelnen Ansichten nachvollziehen zu können, sollte man sich zunächst die praktische Bedeutung des Streits als Hintergrund der konkurrierenden dogmatischen Konstruktionen vergegenwärtigen.

I. Die praktische Bedeutung des Streits

Der Streit um die Wirkungen der Verfahrenseröffnung und der Wahlrechtsausübung auf beiderseitig nicht abgewickelte gegenseitige Verträge ist nicht nur ein akademisches Problem, sondern von erheblicher praktischer Bedeutung. Nochmals ist darauf hinzuweisen, dass § 103 InsO zu den wichtigsten und am häufigsten angewendeten Vorschriften der InsO zählt[341]. Sowohl für die Masse als auch für den Vertragspartner des Schuldners sowie für bestimmte Dritte hat es weitreichende Auswirkungen, ob man die Wirkungen der Verfahrenseröffnung und der Wahlrechtsausübung bzw. der Verwirkung des Wahlrechts auf das Verfahren beschränkt oder ihnen darüber hinaus auch Einfluss auf das zweiseitige materielle Schuldverhältnis zuspricht. In erster Linie kommen die Unterschiede der verschiedenen Theorien in folgenden Konstellationen zum Tragen[342]:

- Der Schuldner hat vor Verfahrenseröffnung (sicherungshalber) über seinen Erfüllungsanspruch verfügt, insbesondere ihn an einen Dritten zediert[343]. Der Insol-

340 Vgl. *Marotzke*, 3. Aufl., RdNr. 3.1 ff. mit umfassenden weiteren Nachweisen.
341 *Musielak*, AcP 179 (1979), 189, 189.
342 Zur Frage, inwiefern die verschiedenen Ansichten auf die Rechtslage nach Aufhebung des Insolvenzverfahrens haben später ausführlich unter D) (§ 200 Abs. 1 InsO) und E) (§ 258 Abs. 1 InsO).
343 Vgl. hierzu insb. *Gerhardt*, FS Merz, S. 117 ff.

venzverwalter wählt später die Erfüllung des Vertrages. Bleibt die Verfügung des Schuldners in diesem Fall wirksam oder wird sie durch die Erfüllungswahl des Verwalters „gegenstandslos“? Ist danach zu differenzieren, inwieweit die empfangene Forderung zur Zeit der Verfahrenseröffnung schon aufgrund einer Vorleistung des Schuldners „werthaltig“ war? Oder besteht für den Fall, dass durch Leistungen der Masse die Einrede des nicht erfüllten Vertrages zugunsten eines Zessionars beseitigt wird, ein bereicherungsrechtlicher Ausgleichsanspruch der Masse?

- Der Vertragspartner hatte vor Verfahrenseröffnung die Möglichkeit, gegen den Erfüllungsanspruch des Schuldners aufzurechnen. Kann er dies auch noch, nachdem der Insolvenzverwalter die Erfüllung des gegenseitigen Vertrages gewählt hat? Oder steht dem die Masseschutzfunktion des § 103 InsO entgegen? Ist wieder eine Differenzierung nach „Werthaltigkeitsgesichtspunkten“ geboten? Bedarf ein interessengerechtes Ergebnis eines Ausgleichs nach Bereicherungsgrundsätzen?
- Für den Erfüllungsanspruch des Vertragspartners wurde eine akzessorische Sicherheit bestellt. Der Insolvenzverwalter lehnt die Erfüllung des gegenseitigen Vertrages ab. In welchem Umfang kann der Vertragspartner von dem Sicherheitsgeber Befriedigung verlangen?

Bei Vorliegen einer vor Verfahrenseröffnung liegenden (wirksamen und nicht anfechtbaren) Abtretung des Erfüllungsanspruchs durch den Schuldner stellt sich allerdings zunächst folgende Frage[344]:

Ist der Insolvenzverwalter überhaupt noch zur Ausübung des Wahlrechts nach § 103 InsO zuständig oder scheitert das Wahlrecht an der fehlenden Aktivlegitimation der Masse[345]?

Auf den ersten Blick scheint § 103 InsO nicht einschlägig zu sein, wenn die Masse über keine im Gegenseitigkeitsverhältnis stehende Forderung gegen den Vertragspartner verfügt. Allerdings ist für den Bereich des materiellen Zivilrechts anerkannt, dass Gestaltungsrechte, Zurückbehaltungsrechte wie auch sonstige Leistungsverweigerungsrechte nur das Verhältnis zwischen Schuldner und Zedenten betreffen und deshalb bei diesem verbleiben[346]. Dies leuchtet insofern ein, als durch eine Zession nur die Forderung, d.h. das Schuldverhältnis i.e.S. übertragen wird, nicht hingegen der gesamte Vertrag (Schuldverhältnis i.w.S.)[347]. Das spricht dafür, das Wahlrecht nach § 103 InsO trotz der wirksamen (und nicht anfechtbaren) Abtretung des Erfüllungsanspruchs durch den Schuldner beim Insolvenzverwalter zu belassen. Weiterhin ist zu beachten, dass bei der Sicherungszession nach § 51 Nr. 1 Var. 2 InsO ein Absonderungsrecht des Zessionars an der abgetretenen Forderung besteht und der Insolvenzverwalter deshalb nach § 166 Abs. 2 S. 1 InsO zur Einziehung oder anderweitigen Verwertung befugt ist[348].

---

344 Ausführlich hierzu *Dahncke*, S. 73 ff.

345 Nach HK-*Marotzke*, InsO, 3. Aufl., § 103 RdNr. 17 wäre in einem solchen Fall „ein Erfüllungsverlangen des Insolvenzverwalters mangels Forderungszuständigkeit unbegründet und somit nicht geeignet, die Gegenforderung des Vertragspartners gem. § 55 Abs. 1 Nr. 2 Alt. 1 in eine Masseverbindlichkeit zu verwandeln.“ Vgl. auch *Marotzke*, 3. Aufl., RdNr. 4.10 ff.; *ders.*, ZZP 115 (2002), 507, 512; *ders.*, ZIP 1987, 1293 ff.

346 Statt vieler B/R-*Rohe*, BGB, § 398 RdNr. 40 f. m.w.N.

347 K/P-*Tintelnot*, InsO, § 103 RdNr. 50.

348 HK-*Marotzke*, InsO, 3. Aufl., § 103 RdNr. 17.

Die Masse hat zudem häufig ein berechtigtes Interesse daran, dass das Wahlrecht nach § 103 InsO beim Insolvenzverwalter verbleibt. Einmal nämlich, wenn für die abgetretene Forderung eine Gegenleistung geschuldet ist, die dann an die Masse zu leisten ist[349]. Ansonsten, weil die Masse durch die Erfüllungswahl – wenn man insoweit den Bestand der Abtretung unterstellt – u.U. nach Leistung an den Vertragspartner einen vorteilhaften Bereichsausgleich vom Zessionar verlangen kann[350]. Deshalb steht dem Insolvenzverwalter auch dann das Wahlrecht nach § 103 InsO zu, wenn der Schuldner seinen Erfüllungsanspruch vor Verfahrenseröffnung abgetreten hat.

Nun zu den Konsequenzen, welche die verschiedenen Ansichten über die Wirkungen der Verfahrenseröffnung und der Ausübung bzw. der Verwirkung des Verwalterwahlrechts nach sich ziehen:

Geht man davon aus, dass die gegenseitigen noch nicht erfüllten Ansprüche mit der Verfahrenseröffnung (materiellrechtlich) erlöschen, so stellt sich die Frage, was mit dem Gegenleistungsanspruch passiert, wenn der Insolvenzverwalter die Erfüllung wählt, obwohl der Schuldner diesen vor Verfahrenseröffnung zediert[351] hat.

Sieht man als Folge der Erfüllungswahl die Novation der noch nicht erfüllten Ansprüche an, so würden diese in der Aktivmasse neu und unbelastet entstehen[352]; die vorherige Abtretung wäre „gegenstandslos". Bei einer Aufrechnung gegen die neu entstandene Forderung der Aktivmasse würde das Aufrechnungsverbot des § 96 Abs. 1 Nr. 1 InsO eingreifen. Lehnt der Insolvenzverwalter hingegen die Erfüllung des gegenseitigen beiderseitig noch nicht vollständig erfüllten Vertrages ab, so stellt sich die Frage, ob die Parteien nach Aufhebung des Verfahrens wieder auf die ursprünglichen Erfüllungsansprüche zurückgreifen können.

Anders ist die Rechtslage hingegen, wenn man sowohl der Verfahrenseröffnung als auch dem Wahlrecht des Insolvenzverwalters jeglichen Einfluss auf die materielle Rechtslage abspricht bzw. erst der Erfüllungsablehnung materiellrechtliche Wirkung zukommen lässt. Dann nämlich wären auch im Falle der Erfüllungswahl die vor Verfahrenseröffnung erfolgten Abtretungen wirksam und es wäre eine Aufrechnung gegen den Erfüllungsanspruch der Masse prinzipiell möglich. Eine Art „Kompromiss" zwischen dem Interesse der Gläubigergemeinschaft an einer größtmöglichen Masse und dem Interesse eines Zessionars, an den der Schuldner seinen Erfüllungsanspruch vor Verfahrenseröffnung abgetreten hat bzw. dem Interesse des Vertragspartners, gegen die Forderung der Masse mit einer Insolvenzforderung aufzurechnen, stellt eine „Vertragsspaltung"[353] hinsichtlich dieser Rechtsfolgen dar.

---

349 *Henckel*, ZZP 99 (1986), 419, 427 f.

350 K/P-*Tintelnot*, InsO, § 103 RdNr. 50. Kritisch hierzu unter VI.4., 5.

351 Oder wenn der Schuldner die Sache verpfändet hat oder diese zu Gunsten eines Dritten gepfändet wurde.

352 Ein anderes Ergebnis erhält man allerdings, wenn man mit *Kuhn/Uhlenbruck*, KO, 11. Aufl., § 17 RdNr. 23 b annimmt, dass im Falle der Erfüllungswahl ein ex tunc wirkendes „Wiederaufleben" der Ansprüche eintrete. Denn dann wären vor Verfahrenseröffnung erfolgte Abtretungen, Verpfändungen und Pfändungen wirksam und könnten allenfalls im Wege einer Insolvenzanfechtung rückgängig gemacht werden.

353 MünchKomm-*Kreft*, InsO, § 103 RdNr. 47.

Soweit der Schuldner vor Verfahrenseröffnung geleistet hat, wäre eine Verfügung über den entsprechenden Teil der dem Schuldner zustehenden Gegenforderung dann wirksam, auch wenn der Verwalter später die Erfüllung des Vertrages wählt. Gegen diesen Teil der Forderung der Aktivmasse könnte der Vertragspartner – wenn die Forderung nicht abgetreten wurde – auch wirksam gegenüber der Masse aufrechnen[354]. Für den Teil der Forderung der Masse, der nicht vom Schuldner vor Verfahrenseröffnung erbrachten Teilleistungen, sondern vielmehr der Leistung der Masse entspricht, bliebe es allerdings bei den Folgen, die beim Erlöschen der Ansprüche infolge der Verfahrenseröffnung entstehen, d.h. dass Verfügungen über diesen Teil der Forderung im Falle der Erfüllungswahl wirkungslos sind und dass gegen diesen Teil der Forderung wegen § 96 Abs. 1 Nr. 1 InsO auch nicht wirksam aufgerechnet werden kann. Nimmt man eine materiellrechtliche Umgestaltung des Schuldverhältnisses – sei es infolge der Verfahrenseröffnung, sei es infolge der Ausübung bzw. Verwirkung des Wahlrechts nach § 103 InsO – an, so könnte sich eine für den ursprünglichen Erfüllungsanspruch bestellte akzessorische Kreditsicherheit allenfalls an der „Forderung wegen der Nichterfüllung“ fortsetzen[355].

Die Konsequenzen des Streits um die Wirkungen der Verfahrenseröffnung und der Wahlrechtsausübung sind also von hoher Bedeutung für die Masse, den Vertragspartner und für Dritte, zu deren Gunsten der Schuldner vor Verfahrenseröffnung über seinen Erfüllungsanspruch verfügt hat. Vor diesem Befund erklärt sich auch die Vielfältigkeit der rechtlichen Konstruktionen, die alle letztlich nur ein Ziel haben: Das für billig und gerecht empfundene Ergebnis dogmatisch zu begründen und somit Rechtsicherheit für alle von der Insolvenz Betroffenen zu gewährleisten.

Die nachfolgende Darstellung zu den verschiedenen dogmatischen Ansätzen hinsichtlich der Wirkungen von Verfahrenseröffnung und Erfüllungsablehnung auf die Erfüllungsansprüche ist bewusst plakativ gestaltet. Dies darf jedoch nicht darüber hinweg täuschen, dass die Rechtsprechung teilweise die verschiedenen „Theorien“ modifiziert angewendet hat. Gerichte entscheiden über Einzelfälle, in denen sich eine gerechte und damit richtige Entscheidung häufig nicht nur aus der Anwendung einer „Theorie“ ergibt. Allzu abstrakt-theoretische Urteilsbegründungen bergen zudem die Gefahr in sich, dass sich Gerichte auf ein Dogma festlegen, dessen Reichweite sie mitunter noch gar nicht überblicken können. Die Analyse und Bewertung einzelner höchstrichterlicher Entscheidungen zu dem skizzierten Problemkreis würde das gesetzte Ziel dieser Arbeit aus den Augen verlieren. Wichtig für die zu untersuchende Rechtslage nach Aufhebung des Insolvenzverfahrens ist es vielmehr, die dogmatischen Ansätze über die Reichweite der Wirkungen von Verfahrenseröffnung und Erfüllungsablehnung aus der Fülle von Gerichtsentscheidung und Literatur herauszufiltern. Die nachfolgende Darstellung ist dementsprechend auf die Frage fokussiert, ob die Einwirkungen auf die Erfüllungsansprüche durch die Verfahrenseröffnung und die Wahlrechtsausübung das Verfahrensende überdauern können. Dennoch werden alle für eine kritische Würdigung notwendigen Konsequenzen, die sich aus einer Anwendung der einzelnen „Theorien“ ergeben, miteinbezogen.

---

354 Zu beachten ist allerdings § 407 Abs. 1 BGB.

355 A.A. *Kreft*, ZIP 1997, 865, 870 f. für den Fall, dass der Insolvenzverwalter die Erfüllung des Vertrages wählt.

II. „Gestaltungstheorie"

1. Kernaussagen

Eine Ansicht,[356] die bis zum Jahre 1988 auch von der Rechtsprechung[357] vertreten wurde, ging davon aus, dass die Insolvenzeröffnung (damals: Konkurseröffnung) als solche keine Auswirkung auf die noch nicht erfüllten wechselseitigen Erfüllungsansprüche aufgrund eines gegenseitigen Vertrages habe. Diese bestünden vielmehr bis zu einer Erfüllungsablehnung durch den Insolvenzverwalter unverändert fort[358]; der Vertrag befinde sich bis dahin in einer Art „Schwebezustand"[359]. Durch die Erfüllungsablehnung werde nun jedoch das Vertragsverhältnis derart umgestaltet, dass an die Stelle der wechselseitigen Erfüllungsansprüche eine einseitige Forderung des Vertragspartners wegen Nichterfüllung trete[360]. Die Erfüllungsablehnung habe demnach eine materiellrechtliche, also über das Verfahrensende hinausreichende Gestaltungswirkung[361]. Bei Wahl der Erfüllung bestünden die gegenseitigen Erfüllungsansprüche hingegen unverändert fort. Zu vergleichbaren Ergebnissen kommt auch die Ansicht, die zwar der Verfahrenseröffnung Gestaltungswirkung beimisst, bei Erfüllungswahl jedoch die ursprünglichen Erfüllungsansprüche mit Wirkung ex tunc wiederaufleben lassen will[362].

2. Konsequenzen

Eine Konsequenz der soeben dargestellten Ansicht, die das unveränderte Fortbestehen der beiderseitigen Erfüllungsansprüche nach Verfahrenseröffnung annimmt, ist der Fortbestand einer schon vorher bestehenden Aufrechnungsmöglichkeit gem. § 94 InsO[363]. Bestehe eine solche, dürfte der Insolvenzverwalter also nie Erfüllung

---

356 *Baur*, FS Weber, 41, 43 f., 50; *Bendix*, JW 1930, 1360, 1362; *Dathe*, S. 30, 33 f.; Jaeger-*Lent*, KO, 8. Aufl., § 17 RdNr. 41, 49 a. E.; *Jaeger*, Lehrbuch, 8. Aufl., S. 36 ff.; *Jauernig*, 21. Aufl., S. 225 f.; *Kalter*, KTS 1973, 16, 20 ff.; *Kilger*, KO, 15. Aufl., § 17 Anm. 4c; *Glück*, S. 8 f., *Häsemeyer*, NJW 1977, 737 ff.; *Kippenberg*, S. 55 ff., 65 ff., 99; *Markmann*, S. 18, 29, 48; *K. Müller*, NJW 1968, 225, 227 f.; *Offtermatt*, S. 13 ff., 25 ff., 143 f., *Pünder*, S. 76 ff.; *Sachs*, S. 9 f., 30 ff.; *Sandrock*, S. 94 ff.; *Schad*, S. 127 f.; *Sperling*, S. 40 ff.; *Tischbein*, S. 103 ff.; *Unger*, S. 16 f.; *v. Wilmowski/Kurlbaum/Kühne*, 6. Aufl., S. 97; *Wirtz*, S. 8 ff., 12.

357 RGZ 11, 49, 51; 41, 133, 134 f.; 79, 209, 211; 135, 167, 172; BGHZ 15, 333, 335 f.; 48, 203, 205; 68, 379, 388; 96, 392, 394 f.; 98, 160, 169; BGH NJW 1962, 153, 155; 1962, 2296, 2297; 1963, 1869, 1870; 1982, 768, 769; 1983, 1619, 1619; 1987, 1702, 1702 f.; OLG Köln JMBlNRW 1979, 53 f.

358 RGZ 11, 49, 51; 94, 203, 207; 135, 167, 169 f.; *Sandrock*, S. 94.

359 RGZ 94, 203, 207; *Bendix*, JW 1930, 1360, 1361; *Jaeger*, Lehrbuch, 8. Aufl., S. 38.

360 RGZ 64, 204, 207; 79, 209, 211; 135, 167, 170; BGHZ 48, 203, 205; 68, 379, 380; 89, 189, 195; 96, 392, 394 f.; BGH, NJW 1963, 1869, 1870; BGH, ZIP 1983, 709, 710; *Glück*, S. 9; *Jauernig*, 21. Aufl., S. 226; *Offtermatt*, S. 24; der Vertrag selbst erlösche nicht, vgl. RGZ 56, 238, 239 f.; 79, 209, 211; 135, 167, 170; BGHZ 68, 379, 380; *Sandrock*, S. 103 f.; *Schad*, S. 127.

361 RGZ 79, 209, 211 f.; *Bendix*, JW 1930, 1360, 1361; *Glück*, S. 9; *Jaeger*, Lehrbuch, 8. Aufl., S. 38; *Kalter*, KTS 1973, S. 16, 21; *Kippenberg*, S. 66; *Sandrock*, S. 96, 103, 111 f.; *Sperling*, S. 42; *v. Wilmowski/Kurlbaum/Kühne*, 6. Aufl., S. 97.

362 *Kuhn/Uhlenbruck*, KO, 11. Aufl., § 17 RdNr. 23 b.

363 Vgl. *Sachs*, S. 43 ff. für den Fall, dass der Verwalter die Erfüllung ablehnt.

des Vertrages wählen, wolle er nicht die Masse schädigen und damit dem § 1 S. 1 InsO zuwiderhandeln[364]. Vor Verfahrenseröffnung erfolgte Abtretungen, Verpfändungen und Pfändungen blieben wirksam und könnten auch nicht durch die Erfüllungswahl des Insolvenzverwalters ungeschehen gemacht werden[365]. Rechte dritter Personen sollen sich also gegenüber dem Erfüllungsbegehren des Insolvenzverwalters durchsetzen[366]. Soweit der Vertragspartner die Abtretung, Verpfändung oder Pfändung kenne, habe er an den Zessionar oder Pfandgläubiger zu leisten, anderenfalls habe der Verwalter die eingezogenen Leistungen unter Berücksichtigung des Kostenbeitrags nach § 171 InsO an den Dritten abzuführen[367]. Soweit die Masse die Leistung an den Vertragspartner erbracht habe, schulde der Dritte Aufwendungsersatz in Höhe der Aufwendungen, die er für die Beseitigung der Einrede des nicht erfüllten Vertrages benötigt hätte[368]. Der Dritte könne vom Vertragspartner des Schuldners nämlich gemäß §§ 320, 404 BGB nur dann volle Befriedigung verlangen, wenn er die Gegenforderung berichtigt habe. Der Insolvenzverwalter habe aber – wenn er nicht die Erfüllung gewählt habe – an den Vertragspartner nur den quotal auf diese Forderung entfallenden Betrag zu leisten, die Differenz zum vollen Nennbetrag gehe zu Lasten des Dritten, der eine einredebelastete Forderung erworben habe und nicht die Ablösung der Einrede von der Masse erwarten könne[369]. Andernfalls würde die an den Dritten übertragene oder zu seinen Gunsten belastete Forderung zum Nachteil der Gläubigergemeinschaft aufgewertet werden. Durch die Erfüllungsablehnung des Insolvenzverwalters würden auch den vom Schuldner vor Verfahrenseröffnung erbrachten Teilleistungen der Rechtsgrund entzogen, so dass diese – soweit sie den Nichterfüllungsschaden des Vertragspartners übersteigen – vom Verwalter zugunsten der Masse kondiziert werden könnten[370].

Auch akzessorische Kreditsicherheiten blieben, anders als nach der „Erlöschenstheorie", trotz der Eröffnung des Insolvenzverfahrens bestehen. Lehne aber der Verwalter die Erfüllung des Vertrages ab, so werde das Vertragsverhältnis in eine einseitige Differenzforderung umgestaltet. Die für die ursprünglichen Erfüllungsansprüche bestellten akzessorischen Kreditsicherheiten setzten sich dann an dieser einseitigen Forderung fort[371].

---

364 Pape, Kölner Schrift, 2. Aufl., S. 405 ff. RdNr. 12; vgl. auch *Graf/Wunsch*, ZIP 2002, 2117, 2119.

365 *Sandrock*, S. 101 f.; *Schad*, S. 128; vgl. *Bork*, FS Zeuner, S. 297, 312 f.; *Gerhardt*, FS Merz, S. 117, 123 ff.; FK-*Wegener*, 3. Aufl., § 103 RdNr. 70; *Henckel*, FS Lüke, S. 237, 254 f.

366 RGZ 11, 49, 51 f.; OLG Frankfurt a.M. LZ 1913, 324; *Jaeger*, KO, 7. Aufl., § 17 Anm. 36; Jaeger-*Lent*, KO, 8. Aufl., § 17 Anm. 36; Jaeger-*Henckel*, KO, 9. Aufl., § 17 RdNr. 145; *Sandrock*, S. 101 f.

367 Vgl. OLG Frankfurt a.M., LZ 1913, 324; OLG Hamm, ZIP 1985, 298, 300.

368 Nach h.M. ergibt sich der Aufwendungsersatzanspruch aus Bereicherungsrecht (Rückgriffskondiktion nach § 812 Abs. 1 S. 1 2.Var. BGB), vgl. RGZ 63, 361, 363 f.; OLG Hamm, ZIP 1985, 298, 300 f.; *Gerhardt*, FS Merz, 117, 131; Jaeger-*Lent*, KO, 8. Aufl., § 17 RdNr. 36; K/P-*Tintelnot*, InsO, § 103 RdNr. 89.

369 Es wird also danach differenziert, inwieweit die zedierte Forderung schon vor der Eröffnung des Insolvenzverfahrens „werthaltig" gewesen ist, vgl. *Adam*, S. 13.

370 *Jaeger*, Lehrbuch, 8. Aufl., S. 37 Fn. 9 („§ 812 I 2 BGB., condictio causa finita"); kritisch *Häsemeyer*, KTS 1973, 2, 7 ff.

371 Vgl. *Sachs*, S. 46 ff., der zu Recht darauf hinweist, dass Bürgen und Pfänder dann für die Differenzforderung haften müssen, da durch die Erfüllungsablehnung nicht das „Schuldverhältnis im weiteren Sinne", d.h. der Vertrag, erloschen ist; so auch *Jaeger*, Lehrbuch, 8. Aufl., S. 38.

Die Umwandlung des Forderungsgegenstandes infolge der Erfüllungsablehnung des Insolvenzverwalters wirkt nach der „Gestaltungstheorie“ nicht nur innerhalb des Insolvenzverfahrens, sondern auch außerhalb und über das Verfahrensende hinaus[372]. Der Vertragspartner werde hierdurch davor geschützt, noch lange Zeit leistungsbereit bleiben zu müssen, und zudem werde Rechtssicherheit gewährleistet.

III. „Erlöschenstheorie“

1. Kernaussagen

Nach Ansicht der höchstrichterlichen Rechtsprechung[373] bis zum Jahr 2002 und eines Teils der Literatur[374] führe schon die Eröffnung des Insolvenzverfahrens zu dem Erlöschen der noch nicht erfüllten wechselseitigen Ansprüche aufgrund gegenseitiger Verträge[375], jedoch nicht zu dem Erlöschen des Vertrages selbst[376]. Verlange der Insolvenzverwalter später die Erfüllung des Vertrages, so entstünden neue, wechselseitige Erfüllungsansprüche, die jedoch mit den ursprünglichen Ansprüchen inhaltsgleich seien[377]. Dem Erfüllungsverlangen sei demnach eine novierende Wirkung beizumessen[378]. Demgegenüber habe die Erfüllungsablehnung bzw. die Verwirkung des Wahlrechts des Verwalters lediglich deklaratorische Wirkung[379], denn es bleibe bei der Rechtslage, die infolge der materiellrechtlichen Gestaltungswirkung der Verfahrenseröffnung eingetreten sei, nämlich dem Erlöschen der wechselseitigen Erfüllungsansprüche.

---

372 RGZ 41, 133, 134; 79, 209, 211 f.; *Glück*, S. 8; *Jaeger*, Lehrbuch, 8. Aufl., S. 38; *Kippenberg*, S. 66; *K. Müller*, NJW 1968, 225, 228; *Pünder*, S. 79; *Sachs*, S. 31 ff.; *Schad*, S. 127 f.; *Sperling*, S. 42.

373 BGHZ 103, 250, 254; 106, 236, 241 ff.; 116, 156, 158 ff.; 120, 336; BGH NJW 2001, 367, 368; LG Heilbronn, MDR 1992, 149.

374 *Brandes*, RWS-Forum 9, S. 1, 6 ff.; *Bruns*, ZZP 110 (1997), 305, 311 ff.; Gottwald-*Huber*, 2. Aufl., § 34 RdNr. 34 ff.; *Kreft*, ZIP 1997, 865; *Heilmann*, KTS 1985, 639; *Pape*, Kölner Schrift, 2. Aufl., S. 531, 541; *Pletzsch*, S. 63 ff.; *Musielak*, AcP 179 (1979), 189, 189 ff.; *Lehmann*, S. 23; *Uhlenbruck*, JZ 1992, 425, 426; vgl. BGHZ 129, 336; 135, 25, 26 f.; BGH, ZIP 1988, 322, 324, die zwar „eigentlich“ noch der „Erlöschenstheorie“ folgen, die allerdings im Hinblick auf die Aufrechnungsmöglichkeit des Schuldners bzw. im Hinblick auf Vorausabtretungen des Schuldners danach – wie die „Durchsetzbarkeitstheorie“ (siehe unter IV.) – differenzieren, inwieweit der Schuldner schon vor Verfahrenseröffnung teilweise vorgeleistet hat, vgl. hierzu *Kreft*, ZIP 1997, 865 ff.; *Henckel*, FS Lüke, S. 237, 256.

375 BGHZ 116, 156, 158.

376 *Kreft*, ZIP 1997, 865, 867; kritisch *Henckel*, JZ 1988, 155, 157; *ders.*, FS Lüke, S. 237, 252; *ders.*, FS Kirchhof, S. 191, 197, der in Fn. 23 fragt: „Welche Funktion soll der Vertrag dann noch (scil.: wenn die Erfüllungsansprüche erloschen sind) haben?“.

377 BGHZ 103, 250, 252; 106, 236, 242 f.; 116, 156, 158; Gottwald-*Huber*, 2. Aufl., § 34 RdNr. 34; vgl. BGHZ 129, 336, 338.

378 BGHZ 116, 156, 158; 129, 336, 338; 135, 25, 26; *Brandes*, RWS-Forum 9, S. 1, 4 ff.; *Kreft*, ZIP 1997, 865, 868.

379 Gottwald-*Huber*, 2. Aufl., § 35 RdNr. 26; *Brandes*, RWS-Forum 9, S. 1, 6.

2. Konsequenzen

Die „Erlöschenstheorie" bewirkt insgesamt eine Begünstigung der Masse, die mit einer Benachteiligung der Gläubiger korreliert[380]. Aufgrund der novierenden Wirkung, die dem Erfüllungsverlangen beigemessen wird, sind Abtretung, Verpfändung und Pfändung vor Verfahrenseröffnung nach dieser Ansicht nicht insolvenzfest[381]. Diese eigentlich schon wirksam gewordenen Rechtsgeschäfte würden nämlich mit Verfahrenseröffnung gegenstandslos, denn der abgetretene, verpfändete oder gepfändete Erfüllungsanspruch erlösche in diesem Zeitpunkt[382]. Aufgrund dieser Gegenstandslosigkeit sei der Insolvenzverwalter auch im Falle einer vor Eröffnung des Verfahrens erfolgten Abtretung des Erfüllungsanspruchs wieder zur Erfüllung des Vertrages zuständig, der als solcher nicht erloschen sei[383]. Wähle der Verwalter nun die Erfüllung des Vertrages, so lebten die gegenseitigen Erfüllungsansprüche wieder auf, allerdings nur mit ex nunc-Wirkung, so dass sie nicht von der vor Verfahrenseröffnung vorgenommenen Abtretung erfasst würden[384]. Begründet wird dieses Ergebnis damit, dass es der Verwalter sei, der mit seinem Wahlrecht die Erfüllungsansprüche wieder auferstehen lasse, so dass der Erfüllungsanspruch dann auch der Masse und nicht dem Zessionar zustehen müsse[385]. Es sei zu verhindern, dass der Verwalter aus der Masse leiste, die Gegenleistung jedoch einem Zessionar zufließe[386]. Vielmehr solle gewährleistet werden, dass die Gegenleistungen für die von der Masse erbrachten Aufwendungen ungeschmälert der Masse zugute kommen[387]. Die Erlöschenstheorie führt mithin zur Gleichstellung einer schon vor Verfahrenseröffnung wirksam gewordenen Abtretung einer im Grunde schon bestehenden Forderung mit einer an § 91 InsO scheiternden Abtretung einer künftigen, weil erst nach Verfahrenseröffnung begründeten Forderung[388].

Des Weiteren könne der Vertragspartner gegen den durch die Wahl des Verwalters entstandenen Erfüllungsanspruch der Masse nicht mit einer Insolvenzforderung aufrechnen, da der Vertragspartner aufgrund der novierenden Wirkung des Erfüllungsverlangens erst nach der Verfahrenseröffnung etwas zur Masse schuldig geworden sei, so dass folglich § 96 Abs. 1 Nr. 1 InsO (§ 55 Nr. 1 KO) eingreife[389]. Die Er-

380 Vgl. hierzu *Henckel*, FS Kirchhof, S. 191, 197.
381 BGHZ 106, 236, 241 ff.; vgl. *Kreft*, ZIP 1997, 865, 866 ff.; *Pape*, Kölner Schrift, 2. Aufl., S. 531, 541.
382 BGHZ 106, 236, 241 f.
383 Vgl. statt vieler MünchKomm-*Kreft*, InsO, § 103 RdNr. 15.
384 A. A. *Kuhn/Uhlenbruck*, KO, 11. Aufl., § 17 RdNr. 23 b: Rückwirkung!
385 BGHZ 106, 236, 243 f.
386 BGH, ZIP 1989, 171, 174; *Kreft*, ZIP 1997, 865, 866.
387 MünchKomm-*Kreft*, InsO, § 103 RdNr. 3; *Brandes*, RWS-Forum 9, S. 1, 7; *Kreft*, ZIP 1997, 865, 868.
388 K/P-*Tintelnot*, InsO, § 103 RdNr. 11; *Marotzke*, 3. Aufl., RdNr. 4.26.
389 BGHZ 116, 156, 157 ff.; BGH, ZIP 1988, 322, 324; BGH, NJW 1989, 1353; BGH, NJW 1992, 507; BGH, ZIP 1992, 48; LG Heilbronn, MDR 1992, 149 f.; vgl. RG, JW 1911, 770; MünchKomm-*Brandes*, InsO, § 96 RdNr. 11 ff.; Smid-*Smid*, InsO, 2. Aufl., § 96 RdNr. 5, § 103 RdNr. 48; *Paulus*, WuB VI B. § 17 KO, 2.95.

füllungsansprüche des Schuldners aus vor Verfahrenseröffnung beiderseits nicht oder nicht vollständig erfüllten gegenseitigen Verträgen seien daher generell einer Aufrechnung durch die Vertragspartner entzogen[390].

Die Auswirkungen der „Erlöschenstheorie“ auf die Insolvenzfestigkeit von akzessorischen Kreditsicherheiten sind umstritten. Unstreitig ist aber deren Erlöschen als Folge der Verfahrenseröffnung. Fraglich erscheint hingegen, ob diese nach der „Erlöschenstheorie“ nicht durch das Erfüllungsverlangen des Insolvenzverwalters wieder aufleben[391]. Hiergegen spreche allerdings die novierende Wirkung der Erfüllungswahl, die nicht auf den Zeitpunkt der Bestellung der Sicherheit zurückwirke[392]. Jedoch wird zum Teil erwogen, im Wege einer hypothetischen Auslegung des Parteiwillens eine Erstreckung des Sicherungszweckes auf künftige Forderungen anzunehmen, um damit – der novierenden Wirkung der Verfahrenseröffnung zum Trotze – die Insolvenzfestigkeit dieser Sicherheiten zu gewährleisten[393].

Die Auswirkungen der „Erlöschenstheorie“ auf die Rechtslage nach Aufhebung des Insolvenzverfahrens nach vollzogener Schlussverteilung[394] bzw. nach rechtskräftiger Bestätigung eines Insolvenzplans[395] sind Gegenstand der späteren Erörterungen. Vorweggenommen werden kann hier allerdings, dass sich die Annahme eines Erlöschens, das als technischer Rechtsbegriff (vgl. § 362 Abs. 1 BGB) den materiellrechtlichen Untergang beschreibt, nicht mit dem Fortbestand der ursprünglichen Erfüllungsansprüche außerhalb des Insolvenzverfahrens bzw. nach Aufhebung desselben verträgt[396].

IV. „Durchsetzbarkeitstheorie“

1. Kernaussagen

Die höchstrichterliche Rechtsprechung[397] zu der Wirkung der Verfahrenseröffnung auf gegenseitige beiderseitig noch nicht vollständig erfüllte Verträge hat sich in den letzten Jahren fortentwickelt. Darüber, ob der Bundesgerichtshof insoweit seine bis-

---

390 Diese Sichtweise wurde (spätestens) durch BGHZ 129, 336 aufgegeben, vgl. zu der aktuellen Rechtsprechung des BGH unter IV. Kritisch hierzu *Paulus,* WuB VI B. § 17 KO, 2.95.

391 Bejahend *Kreft,* ZIP 1997, 865, 870 f. da akzessorische Sicherheiten auch für künftige Forderungen bestellt werden können.

392 Vgl. *Bork,* FS Zeuner, S. 297 ff.; *Gerhardt,* FS Merz, S. 117.

393 Vgl. *Kreft,* ZIP 1997, 865, 870 f.

394 Siehe unter D)II.2.

395 Siehe unter E)II.2.c)aa)(1).

396 Inkonsequent deshalb *Lehmann,* S. 23, der anführt, dass der Wegfall der Erfüllungsansprüche infolge der Verfahrenseröffnung „auflösend bedingt durch die Aufhebung des Verfahrens nach erfolgter Verteilung bei Nichtbeteiligung des Gläubiger ist.“ Ebenfalls sei der Wegfall der ursprünglichen Erfüllungsansprüche auflösend bedingt durch die Einstellung des Verfahrens mit Zustimmung der Gläubiger bzw. wegen ungenügender Masse. Diese Behauptung entbehrt freilich jeglicher Rechtsgrundlage und ist deshalb eine reine Fiktion.

397 Die „neue“ Rechtsprechung wird z.T. auch als „modifizierte Erlöschenstheorie“, vgl. *Henckel,* FS Kirchhof, S. 191, als „Qualitätsänderungstheorie“, vgl. *Wieser,* JZ 2003, 231 und als „Qualitätssprungstheorie“, vgl. *Marotzke,* ZZP 115 (2002), 507, 510, bezeichnet.

herige Rechtsprechung geändert[398] oder ob er lediglich Klarstellungen getroffen hat, gehen die Meinungen auseinander. Der BGH sieht jedenfalls das „Erlöschen" der beiderseitigen Erfüllungsansprüche nicht (mehr) als ein materiellrechtliches Untergehen der Ansprüche an[399], sondern nur als Beschreibung der Folgen der Insolvenzeröffnung[400]. Diese bestünden darin, dass der Vertragspartner keinen durchsetzbaren Anspruch gegen die Masse auf (weitere) Erfüllung des Vertrages habe und dass umgekehrt kein durchsetzbarer Anspruch der Masse auf die Gegenleistung für vom Schuldner erbrachte Leistungen bestehe[401]. Im Falle der Erfüllungswahl erlange der Erfüllungsanspruch des Vertragspartners, der zuvor in der saldierten „Forderung wegen der Nichterfüllung" aufgegangen sei, eine neue „spezifische Qualität"[402]. Die Rechtsprechung hat sich durch diese „Klarstellung" der haftungsrechtlichen Theorie angenähert[403]. Die Rechtsprechung differenziert nun soweit es um vor Verfahrenseröffnung erbrachte Teilleistungen des Schuldners bzw. seines Vertragspartners geht[404]. Die noch offenen Ansprüche im Insolvenzverfahren verlören ihre Durchsetzbarkeit, soweit sie nicht auf die anteiligen Gegenleistungen für vor Verfahrenseröffnung erbrachte Leistungen gerichtet seien[405]. Darüber hinaus beeinflusse weder die Verfahrenseröffnung noch die Erfüllungsablehnung des Insolvenzverwalters den Bestand der zwischen den Vertragsparteien bestehenden Erfüllungsansprüche[406].

2. Konsequenzen

Die neueste Rechtsprechung orientiert sich an den Rechtsfolgen, die sich aus der Deutung von Verfahrenseröffnung und Erfüllungsablehnung ergeben[407]. Ziel war offensichtlich ein gerechter Ausgleich der Interessen von Masse, den § 103 InsO

---

398 *Fischer,* NZI 2002, 281, 284 spricht von einem Abschied „auf leisen Sohlen".
399 So schon MünchKomm-*Kreft,* InsO, § 103 RdNr. 18.
400 BGHZ 150, 353, 359; 155, 87, 90, 95 ff.; OLG Stuttgart, ZIP 2005, 588, 589; ähnlich allerdings schon BGHZ 129, 336, 338 ff.; 147, 28, 31 ff.; vgl. *Smid/Lieder,* DZWIR 2005, S. 1, 19; *Livonius,* S. 3 f.
401 MünchKomm-*Kreft,* InsO, § 103 RdNr. 13; kritisch *Henckel,* FS Kirchhof, S. 191, 199 ff.; von einer „Hemmung" der Durchsetzbarkeit der Erfüllungsansprüche sprach schon *Bork,* FS Zeuner, S. 297, 312 ff. (insb. 315), der jedoch hinsichtlich der Rechtsfolgen z.T. zu abweichenden Ergebnissen kam, siehe sogleich unter V.
402 MünchKomm-*Kreft,* InsO, § 103 RdNr. 39; OLG Stuttgart, ZIP 2005, 588, 589.
403 BGHZ 150, 353, 354; vgl. BGH ZIP 2001, 2142.
404 Vgl. schon BGHZ 129, 336, 338 ff; *Brandes,* RWS-Forum 9, S. 1, 7 ff., der als Vertreter der „Erlöschenstheorie" für diese Differenzierung eingetreten ist: „Vielmehr sind die mit der Eröffnung des Konkursverfahrens und dem Erfüllungsverlangen des Konkursverwalters verbundenen Rechtsfolgen auf den Teil der Gegenleistung zu beschränken, der auf die bei Verfahrenseröffnung noch ausstehende Erfüllungsleistung der Masse entfällt."; *Kreft,* ZIP 1997, 865, 867 ff.
405 BGHZ 150, 353, 354; OLG Stuttgart, ZIP 2005, 588, 589; vgl. auch Gottwald-*Huber,* 2. Aufl., § 35 RdNr. 23: „Für eine Teilleistung des späteren Insolvenzschuldners ist zu beachten, dass der hierauf entfallende Anspruch auf die Gegenleistung durch die Insolvenzeröffnung nicht berührt wurde."
406 BGHZ 155, 87, 90, 95 ff.
407 *Henckel,* FS Kirchhof, S. 191, 200 f.

unterfallenden Insolvenzgläubigern und Sicherungsnehmern (insbesondere Sicherungszessionaren). Deshalb wird danach differenziert, inwieweit die Forderung der Aktivmasse schon deshalb vor Verfahrenseröffnung „werthaltig“[408] geworden ist, weil sie das vertragliche Äquivalent für eine vom Schuldner schon vor diesem Zeitpunkt erbrachte Teilleistung darstellt[409]. Soweit die Forderung schon „werthaltig“ gewesen sei, sei eine vor Verfahrenseröffnung erfolgte Verfügung über sie auch im Falle der Erfüllungswahl wirksam. Soweit die Forderung hingegen zur Zeit der Verfahrenseröffnung noch nicht durch eine entsprechende Teilleistung des Schuldners „werthaltig“ geworden sei, verliere sie ihre „Durchsetzbarkeit“[410]. Wähle der Verwalter nun die Erfüllung, so erhalte der zunächst nicht durchsetzbare Anspruch die Rechtsqualität einer originären Forderung der Masse[411], d.h. eine zuvor erfolgte Verfügung verliere ihre Wirkung. Hierdurch werde sichergestellt, dass der Masse stets solche Leistungen zukommen, die Gegenleistungen für Leistungen darstellen, die mit Mitteln der Masse erbracht werden[412]. Gleiches müsse konsequenterweise auch im Hinblick auf den Fortbestand von Aufrechnungslagen im Falle der Erfüllungswahl gelten[413]. Eine Aufrechnung gegen den Erfüllungsanspruch der Masse sei deshalb nur insoweit möglich, als dieser Anspruch die Gegenleistung für eine vom Schuldner schon vor Verfahrenseröffnung erbrachte Teilleistung darstelle[414]. Habe umgekehrt der Vertragspartner des Schuldners vorgeleistet, so bleibe er auch bei einer Erfüllungswahl des Insolvenzverwalters mit dem der Teilleistung entsprechenden Anspruch auf die Gegenleistung Insolvenzgläubiger[415], vgl. § 105 S. 1 InsO. Durch diese „Vertragsspaltung“[416] werde sichergestellt, dass die Masse nur für solche Leistungen des Vertragspartners über die Insolvenzquote hinaus aufzukommen habe, die unmittelbar an sie erbracht werden[417]. Wenn der Insolvenzverwalter nicht die Erfüllung des Vertrages gewählt habe und sich der Vertragspartner nicht am Verfahren beteilige, so könnten die Parteien grundsätzlich nach Verfahrensaufhebung die ursprünglichen Erfüllungsansprüche wieder geltend machen[418].

---

408 Vgl. hierzu *Kreft,* ZIP 1997, 865, 868 f.

409 *Brandes,* RWS-Forum 9, S. 1, 7 f.; *Kreft,* ZIP 1997, 865, 868 ff.

410 Die Verwendung des Begriffs „Durchsetzbarkeit“ zur Umschreibung der Rechtsfolgen der Eröffnung des Insolvenzverfahrens ist zu Recht von *Henckel,* FS Kirchhof, S. 191, 199 als „nicht konsequent konstruiert“ kritisiert worden. Wie sich die dogmatische Begründung zu den neuerdings vom BGH angenommenen Rechtsfolgen der Verfahrenseröffnung anders konstruieren lässt, wird später unter VI.5. erörtert.

411 BGHZ 150, 353, 354.

412 *Fischer,* NZI 2002, 281, 283; MünchKomm-*Kreft,* InsO, § 103 RdNr. 2; vgl. auch schon *Brandes,* RWS-Forum 9, 1997, S. 1, 7 ff.; *Kreft,* ZIP 1997, 865, 868 ff.

413 Vgl. BGHZ 129, 336, 338 ff., der BGH hatte in dieser Entscheidung zwar „offiziell“ noch die „Erlöschenstheorie“ vertreten, jedoch tatsächlich sich schon den Rechtsfolgen angenähert, die aus der „Durchsetzbarkeitstheorie“ resultieren.

414 *Brandes,* RWS-Forum 9, 1997, S. 1, 8; Gottwald-*Huber,* 2. Aufl., § 35 RdNr. 23; MünchKomm-*Kreft,* InsO, § 103 RdNr. 40 ff.

415 BGHZ 135, 25, 25.

416 MünchKomm-*Kreft,* InsO, § 103 RdNr. 47.

417 BGHZ 155, 87, 98; MünchKomm-*Kreft,* InsO, § 103 RdNr. 4; *Kreft,* ZIP 1997, 865, 868 ff.

418 *Brandes,* RWS-Forum 9, 1997, S. 1, 10; MünchKomm-*Kreft,* InsO, § 103 RdNr. 43.

V. „Haftungsrechtliche Theorie“

1. Kernaussagen

Eine in der Literatur vertretene Ansicht[419] bestreitet sowohl eine materiellrechtliche Gestaltungswirkung der Verfahrenseröffnung als auch eine solche der Erfüllungsablehnung des Verwalters bzw. der Verwirkung des Wahlrechts. Es müsse scharf zwischen dem Bestand einer Forderung und ihrer Durchsetzbarkeit als Masse- oder lediglich als – umgerechnete (§ 45 InsO) und saldierte (§ 103 Abs. 2 S. 1 InsO) – Insolvenzforderung unterschieden werden[420]. Die wechselseitigen Ansprüche aus gegenseitigen Verträgen gingen daher weder durch die Verfahrenseröffnung noch durch die Erfüllungsablehnung unter[421]. Der Verwalter entscheide durch sein Wahlrecht allein über die haftungsrechtliche Berücksichtigung der Vertragsschuldverhältnisse im Verfahren, nämlich deren Überleitung auf die Masse unter definitiver Abwicklung mit ihr (§§ 103 Abs. 1, 55 Abs. 1 Nr. 2 InsO) oder die Verweisung des Vertragspartners auf die Insolvenzquote (§§ 103 Abs. 2 S. 1, 105 InsO)[422]. Demnach lege die Ausübung des Verwalterwahlrechts nur die allseitig-haftungsrechtliche Abwicklung und nicht die zweiseitig-vertragsrechtliche Abwicklung fest[423].

2. Konsequenzen

Die haftungsrechtliche Theorie beschränkt den durch die insolvenzrechtliche Haftungsordnung vorgesehenen Eingriff in das zweiseitige Schuldverhältnis zwischen Schuldner und Vertragspartner auf das erforderliche Minimum. Hierdurch bleibe insbesondere der Schutz durch das funktionelle Synallagma in der Insolvenz vollständig erhalten. Demgegenüber werde die Masse im Vergleich zu den vorherigen Theorien vielfach durch die haftungsrechtliche Deutung von Verfahrenseröffnung und Erfüllungsablehnung benachteiligt. Dies äußere sich etwa im Hinblick auf die

---

419 *Bork,* FS Zeuner, S. 297, 302 ff.; *Häsemeyer,* InsR, 3. Aufl., RdNr. 20.07, 20.16, 20.23; *Gerhardt,* FS Merz, S. 117 ff.; K/P-*Tintelnot,* InsO, § 103 RdNr. 12; *ders.,* ZIP 1995, 616, 618 f.; *Marotzke,* 3. Aufl., RdNr. 3.48 ff.; *ders.,* JZ 1977, 552 ff.; HK-*Marotzke,* InsO, 3. Aufl., § 103 RdNr. 2, 39 ff.; *Musielak,* AcP 179 (1979), 189 ff., 199 ff.; N/R-*Balthasar,* InsO, § 103 RdNr. 6; *Pflug,* AG 1986, 305, 307 ff.; *Pletzsch,* S. 54 ff., 66 ff., 116; vgl. schon *Oetker,* ZZP 14 (1890), 1, 33 f.; *Kaatz,* S. 8 ff.; *Seuffert,* S. 190 („Hat der andere Teil den Anspruch auf Schadensersatz im Konkurs verfolgt, so kann er nach Beendigung des Konkurses nicht auf den ursprünglichen Anspruch zurückgreifen. Hat er den Ersatzanspruch nicht im Konkurse verfolgt, so kann er den ursprünglichen Anspruch gegen den Gemeinschuldner verfolgen.“); *Schlosser,* RdNr. 343; *Stürner,* ZZP 94 (1981), 298; OLG Jena, SeuffA 47 Nr. 87 (S. 126 f.); *Windel,* JURA 2002, 230, 233.

420 K/P-*Tintelnot,* InsO, § 103 RdNr. 12b.

421 Vgl. *Häsemeyer,* InsR, 3. Aufl., RdNr. 20.07: „Wer der Ausübung des Verwalterwahlrechts oder schon der Eröffnung des Insolvenzverfahrens materiellrechtliche Wirkungen auf nicht abgewickelte Verträge zuschreibt, **zerstört materiellrechtliche Zusammenhänge**, die insolvenzrechtlich-haftungsrechtlich zu respektieren sind.“ (Hervorhebung im Original).

422 *Häsemeyer,* InsR, 3. Aufl., RdNr. 20.07.

423 *Häsemeyer,* InsR, 3. Aufl., RdNr. 20.16.

Aufrechnungsbefugnis des Schuldners, der gegen den Erfüllungsanspruch des Schuldners nach Maßgabe des § 94 InsO aufrechnen könne und nicht hieran durch § 96 Abs. 1 Nr. 1 InsO gehindert sei[424]. Auch blieben Verfügungen des Schuldners über seine Forderung vor Eröffnung des Insolvenzverfahrens – wie insbesondere Sicherungszessionen – wirksam[425].

Allerdings könne die Erfüllungswahl des Insolvenzverwalters wegen evidenter Insolvenzzweckwidrigkeit nach einer Ansicht unwirksam sein, wenn sie einem Sicherungszessionar zu einer werthaltigen Forderung oder einem Insolvenzgläubiger zu einer werthaltigen Aufrechnungslage verhelfe[426]. Viele Vertreter der „haftungsrechtlichen Theorie" differenzieren allerdings bei Vorleistungen des Schuldners im Hinblick auf die Wirksamkeit von Sicherungszessionen und die Aufrechenbarkeit des Erfüllungsanspruchs der Masse ebenso wie der BGH seit 1995[427].

Zur Begründung wird ebenfalls die Werthaltigkeit der zedierten Forderung bzw. der Aufrechnungslage[428] bei Verfahrenseröffnung angeführt. Außerdem wird zunehmend unter dem Begriff der „insolvenzrechtlichen Surrogation"[429] zwischen dem schon vor Verfahrenseröffnung erfüllten und dem noch nicht erfüllten Teil des Vertrages differenziert, so dass bei Vorleistungen des Schuldners – ebenso wie nach der „Durchsetzbarkeitstheorie" – von einer Vertragsspaltung hinsichtlich der Rechtsfolgen – Aufrechnungsausschluss bzw. Unwirksamkeit einer Vorausverfügung – ausgegangen wird. Die Gegenansicht gesteht der Masse in diesen Konstellationen lediglich Bereicherungsansprüche zu[430].

Als weitere Konsequenz der rein haftungsrechtlichen Interpretation von Verfahreneröffnung und Erfüllungsablehnung blieben akzessorische Kreditsicherheiten, die für die materiellrechtlich unverändert fortbestehenden Erfüllungsansprüche bestellt worden sind, unberührt[431]. Schließlich habe der Vertragspartner jedenfalls – wenn er keine „Forderung wegen der Nichterfüllung" zur Tabelle angemeldet

---

424 *Bork*, FS Zeuner, S. 297, 310 ff.; vgl. *Bork*, JZ 1996, 51, 51; *Gerhardt*, FS Merz, S. 117, 129 ff.; vgl. allerdings auch *Marotzke*, 3. Aufl., RdNr. 4.74, der insoweit auf ex tunc-Wirkung der Aufrechnung nach § 389 BGB verweist. Dies führe dazu, dass das Erfüllungsverlangen mangels Forderung der Masse nachträglich als unbegründet zu qualifizieren und das schon Geleistete nach Bereicherungsgrundsätzen rückforderbar sei. Was gilt aber, wenn der Vertragspartner – ganz bewusst – nicht gegen den „letzten Euro" der Forderung der Masse aufrechnet? *Marotzke* möchte dann ausnahmsweise einen Widerruf bzw. eine Anfechtung des Erfüllungsverlangens zulassen. Dies ist allerdings aus dogmatischer Sicht fraglich.

425 *Häsemeyer*, InsR, 3. Aufl., RdNr. 20.07.

426 *Häsemeyer*, InsR, 3. Aufl., RdNr. 20.20; *ders.*, JR 1992, 423, 424 f.; *ders.*, FS 50 Jahre BGH, S. 725, 731; ablehnend *Adam*, S. 79 ff.

427 BGHZ 129, 336, 338 ff.; insoweit zustimmend *Häsemeyer*, 50 Jahre BGH, S. 725, 734; kritisch hingegen *Paulus*, WuB VI B. § 17 KO, 2.95.

428 *Wieser*, JZ 2003, 231, 232 f. schlägt bei einer wertlosen Aufrechnungslage eine teleologische Reduktion des § 94 InsO vor. Soweit der Schuldner vor Verfahrenseröffnung vorgeleistet habe, sei eine Aufrechnung gegen den entsprechenden Teil des Anspruchs auf die Gegenleistung möglich. Vgl. allerdings auch *Kreft*, ZIP 1997, 865, 868 ff.

429 Ausführlich hierzu *Harder*, S. 165 ff.; *Marotzke*, ZZP 115 (2002), 507, 512 ff.

430 Vgl. *Bork*, FS Zeuner S. 297, 312 m.w.N.; *Gerhardt*, FS Merz, 117, 131.

431 *Bork*, FS Zeuner, S. 297, 313.

hat[432] – die Möglichkeit, nach Verfahrensaufhebung wieder seinen ursprünglichen Erfüllungsanspruch gegen den Schuldner durchzusetzen[433].

VI. Kritische Würdigung der „Theorien“

Im Folgenden sollen die dargestellten „Theorien“ über die Wirkungen von Verfahrenseröffnung und Ausübung bzw. Verwirkung des Verwalterwahlrechts kritisch betrachtet werden. Zu diesem Zwecke wird auf den klassischen Auslegungskanon zurückgegriffen. Besonderes Gewicht gebührt insofern der teleologischen Auslegung des § 103 InsO. Hierbei gilt es den Gerechtigkeitswert der verschiedenen dogmatischen Ansätze in den wichtigsten Fallgruppen – Aufrechnungsmöglichkeiten und Sicherungsabtretungen nach Erfüllungswahl – zu analysieren.

1. Wortlaut

§ 103 InsO normiert in seinem Absatz 1 durch die Formulierung „[...] so kann der Insolvenzverwalter [...] die Erfüllung vom anderen Teil verlangen.“ positivrechtlich das Erfüllungswahlrecht des Verwalters. Demgegenüber begründet der Wortlaut des Absatzes 2 („Lehnt der Verwalter die Erfüllung ab, [...]“) nicht erst das Recht des Verwalters, die Erfüllung zu verweigern, sondern setzt es voraus[434]. Trotz der amtlichen Überschrift der Norm, die vom „Wahlrecht des Insolvenzverwalters“ spricht, ergibt die Zusammenschau der Wortlaute der beiden Absätzen also, dass nur das Erfüllungsverlangen des Verwalters – und nicht auch das Recht, die Erfüllung abzulehnen – seine Rechtsgrundlage in § 103 InsO hat. Die Worte des Gesetzes drängen folglich zu der Annahme, dass sich das Recht des Verwalters, den Vertrag nicht zu erfüllen, als Folge der Verfahrenseröffnung darstellt. Gestützt wird diese Deutung zudem durch § 103 Abs. 2 S. 3 InsO, nach dem bei unterlassener Wahlrechtsausübung nach einer entsprechenden Aufforderung des Vertragspartners die Erfüllung des Vertrages nicht mehr verlangt werden kann. Schließt nämlich die fehlende Reaktion des Verwalters auf die Aufforderung die positive Wahl im Sinne des Erfüllungsverlangens aus, so muss es sich bei der dann ergebenden Rechtsfolge, nämlich der Nichterfüllung des Vertrages, um den vom Gesetz vorausgesetzten Regelfall handeln.

Unter der Prämisse, dass sich das Recht des Verwalters zur Nichterfüllung nicht erst aus § 103 InsO ergibt, sondern dass die „Nichterfüllung“ – d.h. die verhältnismäßige Herabsetzung der Forderung im Verhältnis der Gläubiger zueinander – die der Insolvenz eigentüm-

---

432 Die Rechtslage für den Fall, dass der Gläubiger eine „Forderung wegen der Nichterfüllung“ zur Tabelle angemeldet hat, ist Gegenstand der Erörterungen unter D)II.3.

433 *Häsemeyer,* InsR, 3. Aufl., RdNr. 20.07, 25.14 m.w.N., *Musielak,* AcP 179 (1979), 189, 195. Gleiches gilt dann freilich auch für den Erfüllungsanspruch des Schuldners gegen den Vertragspartner.

434 Str., vgl. insoweit oben unter B)I.1.b).

liche Folge ist[435], erscheint es wenig stringent, der Erfüllungsablehnung materiellrechtliche Gestaltungswirkung beizumessen. Der nur die Normierung des positiven Wahlrechts für nötig haltende Wortlaut wäre widersprüchlich, wenn er einerseits die Rechtsfolgen der negativen Wahlrechtsausübung als die typische Folge der Verfahrenseröffnung voraussetzen und andererseits an die Erfüllungsablehnung endgültige Rechtsfolgen für die materielle Rechtslage knüpfen würde[436]. Wenn die Nichterfüllung des Vertrages schon aus der Verfahrenseröffnung folgt, kann es nicht richtig sein, der diese kraft Gesetzes eingetretene Rechtsfolge bestätigenden Erklärung des Insolvenzverwalters eine Gestaltungswirkung zuzuschreiben. Die „Gestaltungstheorie" ist demnach nicht mit dem Wortlaut des § 103 InsO zu vereinbaren[437].

Aus der das Recht des Verwalters zur Erfüllungsablehnung voraussetzenden grammatikalischen Deutung der Norm kann indes noch keine Aussage darüber getroffen werden, ob die Verfahrenseröffnung als Ereignis, aus dem das Recht zur Nichterfüllung des Insolvenzverwalters folgt, eine rein haftungsrechtliche Beschränkung der Durchsetzbarkeit des Erfüllungsanspruchs des Vertragspartners bezüglich der Masse für die Zeit der Verfahrensdauer bewirkt oder ob sie sich darüber hinaus nachhaltig auf die materielle Rechtslage zwischen den Vertragsparteien auswirkt. Zwar wurde in diesem Zusammenhang darauf hingewiesen, dass man nur etwas verlangen könne, was der andere Teil auch wirklich schulde, so dass bei Zugrundelegung der „Erlöschenstheorie" das Erfüllungswahlrecht keinen Sinn mache[438]. Dem ist jedoch entgegenzutreten, denn nach der „Erlöschenstheorie" verfügt der Insolvenzverwalter ja gerade über die Möglichkeit, neue unbelastete Ansprüche durch seine Erklärung entstehen zu lassen[439]. Er begründet also nach dieser Ansicht zunächst neue Erfüllungsansprüche und verlangt dann quasi „im gleichen Zuge" die Erfüllung des Anspruchs der Aktivmasse. Dies lässt sich nach dem natürlichen Wortsinn m.E. noch als Erfüllungsverlangen verstehen. Gegen die „Erlöschenstheorie" wird weiter vorgebracht, dass § 103 Abs. 2 S. 2 InsO den Fortbestand der Erfüllungsansprüche bis zum Fristablauf voraussetze[440]. Allerdings lässt sich § 103 Abs. 2 S. 2 InsO aus Sicht der „Erlöschenstheorie" so verstehen, dass dem Insolvenzverwalter nach Ablauf der Frist die Möglichkeit genommen ist, einseitig im Wege der Novation die Erfüllungsansprüche „wieder aufleben" zu lassen.

Eine grammatikalische Auslegung kommt daher zu folgendem Ergebnis:

Der Wortlaut des § 103 InsO widerspricht allein der Ansicht, die der Erfüllungsablehnung des Verwalters eine materiellrechtliche Gestaltungswirkung zuschreibt; darüber hinaus ist er indifferent[441].

---

435 Nachweise oben unter B)I.1.b).

436 Vgl. *Bork,* FS Zeuner, S. 297, 303, der den Wortlaut jedoch letztlich für indifferent hält.

437 Vgl. *Pape,* Kölner Schrift, 2. Aufl., S. 531, 541; *Pflug,* AG 1986, 305, 306 f.

438 Vgl. *Marotzke,* EWIR 1988, 285, 286; *Sundermann,* WuB VI B. § 15 KO 1.89.; kritisch *Bork,* FS Zeuner, S. 297, 302; a.A. *Kreft,* ZIP 1997, 865, 867.

439 *Livonius,* S. 12.

440 *Ringstmeier,* S. 76.

441 Ähnlich *Livonius,* S. 12 f.; vorsichtiger *Bork,* FS Zeuner, S. 297, 303; *Kreft,* ZIP 1997, 865, 867: keine „zwingenden Argumente gegen Rechtsprechung des Bundesgerichtshofes".

2. Entstehungsgeschichte

Die Entstehungsgeschichte des § 103 InsO kann nicht isoliert betrachtet werden, sondern nur unter Heranziehung der Entstehungsgeschichte des § 17 KO[442].

Nach den Motiven der Konkursordnung[443] besteht das Verwalterwahlrecht darin, „die Erfüllung des Vertrages zu verlangen oder es bei der Nichterfüllung desselben zu belassen“[444]. Dies spricht klar gegen die Annahme, dass der Erfüllungsablehnung Gestaltungswirkung zukomme[445], denn wenn gerade die Nichterfüllung des Vertrages infolge der Verfahrenseröffnung der Regelfall ist, so macht es keinen Sinn, einer diese Folge bestätigenden Erklärung Gestaltungswirkung beizumessen[446]. Dafür, dass schon die Eröffnung des Konkursverfahrens eine materiellrechtliche Gestaltungswirkung zeitigen sollte, finden sich keine Anhaltspunkte in den Motiven zur KO[447]. Anscheinend gingen die Väter der KO von einer bloß haftungsrechtlichen Bedeutung sowohl der Verfahrenseröffnung als auch der Erfüllungsablehnung aus[448]. Allerdings ist die Bedeutung der Entstehungsgeschichte der KO für die Auslegung des § 103 InsO sehr begrenzt, da die Motive zur KO nicht vor dem Hintergrund der verschiedenen Rechtsfolgen des Streits verfasst sind. Auch der Gesetzgeber der InsO hat sich insoweit bedeckt gehalten und den Streit weiterhin der Rechtsprechung und Rechtswissenschaft überantwortet[449].

Eine historische Auslegung ergibt mithin Folgendes:

Die „Gestaltungstheorie“ widerspricht den (erkennbaren) Vorstellungen des Gesetzgebers der KO. Auch die von der „Erlöschenstheorie“ angenommene materiellrechtliche Umgestaltung schon infolge der Eröffnung des Insolvenzverfahrens ist nur schwer mit den Motiven zur KO in Einklang zu bringen. Aufgrund der Erkenntnisse von Rechtsprechung und Rechtswissenschaft und den Veränderungen in der Rechtswirklichkeit in den letzten 125 Jahren ist die Aussagekraft einer historischen Auslegung allerdings begrenzt[450].

---

442 *Livonius,* S. 19.
443 Siehe hierzu schon oben unter B)I.1.b).
444 Motive, S. 67; „Nichterfüllung“ bedeutet hier soviel wie „konkursmäßige Erfüllung“, d.h. die Umwandlung in eine Geldforderung und die bloß quotenmäßige Erfüllung.
445 K/P-*Tintelnot,* InsO, § 103 RdNr. 9; *Livonius,* S. 19; vgl. auch *Henckel,* FS Kirchhof, S. 191, 196.
446 *Bork,* FS Zeuner, S. 297, 304; *Heilmann,* KTS 1985, 639, 640 ff.
447 Vgl. *Marotzke,* 3. Aufl., RdNr. 3.48 ff.; ähnlich *Livonius,* S. 20 („keine eindeutige Antwort“).
448 Ähnlich *Pflug,* AG 1986, 305, 308; a.A. *Pape,* Kölner Schrift, 2. Aufl., S. 531, 541; N/R-*Balthasar,* InsO, § 103 RdNr. 7; *Kreft,* ZIP 1997, 865, 867.
449 Vgl. *Kepplinger,* S. 81; *Marotzke,* 3. Aufl., RdNr. 3.48 ff.; ähnlich *Rendtorff,* S. 94.
450 A.A. wohl *Marotzke,* der sich in seiner Habilitationsschrift mit dem Titel „Gegenseitige Verträge in Konkurs und Vergleich“ (aktuell ist die 3. Auflage mit dem Titel: „Gegenseitige Verträge im neuen Insolvenzrecht“) sehr ausführlich mit den Motiven des Gesetzgebers der Konkursordnung auseinandergesetzt hat.

3. Systematik

Bei einer Betrachtung des § 103 InsO im System der übrigen Regelungen über die „Erfüllung der Rechtsgeschäfte" in der Insolvenz (Zweiten Abschnitt des Dritten Teils der InsO) fallen zunächst Ungereimtheiten der „Erlöschentheorie" auf.

So verwundert es etwa, wenn in den §§ 115–117 InsO das Erlöschen einzelner Rechtsgeschäfte spezialgesetzlich geregelt ist, obwohl das Erlöschen der Erfüllungsansprüche bei gegenseitigen beiderseitig noch nicht erfüllten Austauschverträgen ohne eine derartige gesetzliche Anordnung als Folge der Verfahrenseröffnung eintreten soll[451]. Jedoch ließe sich dieser Widerspruch noch damit erklären, dass in den Fällen der §§ 115 ff. InsO nicht nur die einzelnen Ansprüche als Schuldverhältnisse im engeren Sinne erlöschen, sondern auch das Schuldverhältnis im weiteren Sinn. Die Vertreter der „Erlöschenstheorie" haben nämlich immer betont, dass nicht der gegenseitige Vertrag selbst in Folge der Verfahrenseröffnung erlischt, sondern nur die wechselseitigen noch nicht erfüllten Ansprüche[452].

Sowohl die „Erlöschenstheorie" als auch die „Gestaltungstheorie" sind nur schwer mit der Regelung des § 201 Abs. 1 InsO zu vereinbaren, wonach die Insolvenzgläubiger grundsätzlich nach Aufhebung des Verfahrens ihre restlichen Forderungen[453] gegen den Schuldner unbeschränkt geltend machen können (sog. Recht der freien Nachforderung)[454]. Lehnt der Insolvenzverwalter die Erfüllung ab oder unterlässt er die Ausübung seines Wahlrechts, so dürften die Parteien nach Verfahrensaufhebung wegen der von dieser Theorie angenommenen materiellrechtlichen Umgestaltung des Schuldverhältnisses konsequenterweise nicht mehr auf ihre ursprünglichen Erfüllungsansprüche zurückgreifen, auch wenn es nicht zu einer Verfahrensteilnahme des Vertragspartners gekommen ist[455]. Dies wird aber von den meisten Anhängern der „Erlöschenstheorie" anders gesehen[456]. Diese vertreten für den Fall, dass es nicht zu einer rechtskräftigen Feststellung der „Forderung wegen

---

451 *Bork,* FS Zeuner, S. 299, 306; K/P-*Tintelnot,* InsO, § 103 RdNr. 12; *Kepplinger,* S. 97; *Marotzke,* 3. Aufl., RdNr. 3.44; *Roth,* FS Rolland, S. 305, 308; *Smid,* WuB VI B. § 17 KO 1.92 betont in diesem Zusammenhang zu Recht, dass es sich bei der von der „Erlöschenstheorie" angenommenen Novation der Erfüllungsansprüche im Falle der positiven Wahlrechtsausübung um ein im geltenden Recht äußerst selten vorkommendes Rechtsinstitut handelt, so dass diese Konstruktion „systematisch gewagt" erscheint.

452 Kritisch hierzu *Henckel,* FS Kirchhof, S. 191, 197, der in Fn. 23 fragt: „Welche Funktion soll der Vertrag dann noch haben?"

453 Jedenfalls wenn mangels eines positiven Saldos keine „Forderung wegen der Nichterfüllung" bestand, muss es sich bei der Restforderung um den noch offenen Erfüllungsanspruch handeln.

454 Vgl. *Bork,* FS Zeuner, S. 297, 307; *Pflug,* AG 1986, 305, 309; *Marotzke,* 3. Aufl., RdNr. 3.58; *Rendtorff,* S. 81 f.; a.A. wohl *Kreft,* ZIP 1997, 865, 867: „Es ist nicht ausgemacht, dass ein durch die Konkurseröffnung herbeigeführtes endgültiges Erlöschen über den Konkurs hinaus stets als interessenwidrig zu werten ist."

455 Ein solches Ergebnis wäre insbesondere wegen des Gebots der Verhältnismäßigkeit von insolvenzbedingten Eingriffen in privatautonome zweiseitige Rechtsbeziehungen erheblichen Bedenken ausgesetzt. Mit der Verfahrensaufhebung entfällt nämlich die temporäre Überlagerung der zweiseitigen Rechtsbeziehungen durch die allseitige Haftungsordnung Insolvenzrecht. Vgl. hierzu oben unter A)III.

456 Vgl. *Brandes,* RWS-Forum 9, S. 1, 10; *Kreft,* ZIP 1997, 865, 867.

der Nichterfüllung" zur Tabelle gekommen ist[457], überwiegend ein „Wiederaufleben" der gegenseitigen noch nicht erfüllten Ansprüche[458]. Eine materiellrechtliche Umgestaltung eines Schuldverhältnisses bedarf aber immer aus Gründen der Rechtssicherheit einer gesetzlichen Grundlage bzw. der Einigung der Vertragsparteien[459]. Eine ein „Wiederaufleben" der ursprünglichen Erfüllungsansprüche anordnende Rechtsgrundlage fehlt hier aber[460], anders als etwa in den Fällen der § 144 Abs. 1 und § 255 Abs. 1 InsO. Dies belegt die dogmatische Unhaltbarkeit sowohl der „Erlöschenstheorie" als auch der „Gestaltungstheorie"[461].

Demgegenüber fügt sich die jüngst in der „Durchsetzbarkeitstheorie" formulierte Ansicht der höchstrichterlichen Rechtsprechung zu § 103 InsO – jedenfalls von den Rechtsfolgen her betrachtet[462] – problemlos in die Systematik der InsO ein. Die Klarstellung, dass der Insolvenzverwalter durch sein Wahlrecht nicht auf den materiellrechtlichen Bestand der Erfüllungsansprüche einwirkt, sondern nur über dessen „spezifische Qualität" im Verfahren entscheidet, kann die grundsätzliche Möglichkeit der Parteien, nach Verfahrensaufhebung wieder die ursprünglichen Erfüllungsansprüche durchzusetzen, wenn es nicht zu einer Anmeldung bzw. rechtskräftigen Feststellung der „Forderung wegen der Nichterfüllung" gekommen ist[463], widerspruchsfrei erklären.

Zudem lässt sich die von der „Durchsetzbarkeitstheorie" vorgenommene Differenzierung bezüglich des Fortbestehens von Aufrechnungslagen und Verfügungen des Schuldners über seine Forderung vor Eröffnung des Verfahrens aus dem in § 105 S. 1 InsO enthaltenen Rechtsgedanken entnehmen[464]. § 105 S. 1 InsO regelt direkt den Fall, dass der Vertragspartner vor Verfahrenseröffnung eine Teilleistung erbracht hat und bestimmt, dass er trotz der Erfüllungswahl des Insolvenzverwalters mit dem entsprechenden Teil seines Anspruchs auf die Gegenleistung Insolvenzgläubiger ist. § 105 S. 1 InsO enthält demnach den Gedanken, dass es im Fall der Erfüllungswahl zu einer „Vertragsspaltung" hinsichtlich der Rechtsfolgen kommen kann. Mithin geht die Norm davon aus, dass die Masse bei einer Erfüllungswahl des Insolvenzverwalters nur soweit leisten muss, als ihr selbst der entsprechende Teil der Gegenleistung des Vertragspartners zugute kommt. Dem kommt es gleich, wenn man Verfügungen über den Teil des Anspruchs auf die Gegenleistung, welcher der Leistung der Masse entspricht, im Falle der Erfüllungswahl als unwirksam ansieht und gegen diesen Teil auch keine Aufrechnung zulässt. Die „Durchsetzbarkeitstheorie" lässt sich daher zumindest in dieser Hinsicht systematisch auf die Regelung des § 105 S. 1 InsO stützen.

---

457 Hierzu später ausführlich unter D)II.2.
458 Vgl. *Kreft,* ZIP 1997, 865, 867.
459 *Smid,* WuB VI B. § 17 KO 1.92.
460 *Bork,* FS Zeuner, S. 297, 308; *Musielak,* AcP 179 (1979), 189, 195; *Pletzsch,* S. 44 ff.; vgl. schon RGZ 79, 209, 211 f.
461 *Bork,* FS Zeuner, S. 297, 308.
462 Zur Kritik der hierfür verwendeten dogmatischen Begründung später unter 5.
463 Zur Frage, wann die materiellrechtliche Umgestaltung des Schuldverhältnisses in die „Forderung wegen der Nichterfüllung" eintritt, später unter D)II.
464 MünchKomm-*Kreft,* InsO, § 103 RdNr. 47.

Die „haftungsrechtliche“ Ansicht wird gestützt durch die Regelungen der §§ 115 ff. InsO, die ein materiellrechtliches Erlöschen anders als § 103 InsO ausdrücklich vorsehen[465]. Zudem kann sie einwandfrei erklären, dass die Parteien nach Aufhebung des Verfahrens wieder ihre wechselseitigen Erfüllungsansprüche geltend machen können, wenn es nicht zu einer Anmeldung bzw. rechtskräftigen Feststellung der „Forderung wegen der Nichterfüllung“ gekommen ist. *Marotzke* stützt eine rein haftungsrechtliche Sicht sowohl von Verfahrenseröffnung als auch von der Ausübung des Wahlrechts auf die abschließende Regelung der §§ 129 ff. InsO, die nicht durch eine Auslegung des § 103 InsO im Sinne eines „Superanfechtungsrechts“ unterwandert werden dürfe[466].

Verfügungen des Schuldners über seinen Erfüllungsanspruch vor Verfahrenseröffnung sowie geschützte Aufrechnungslagen müssten daher auch im Falle der Erfüllungswahl durch den Insolvenzverwalter vorbehaltlich des § 96 Abs. 1 Nr. 3 InsO wirksam bleiben. Als Ausgleich bestehe beim Vorliegen eines Insolvenzanfechtungsgrundes ein lediglich schuldrechtlicher Anspruch gegen den Zessionar auf Rückübertragung des Anspruchs bzw. auf Herausgabe des Erlangten, § 143 Abs. 1 InsO. Wenn man über das Wahlrecht des § 103 InsO Verfügungen des Schuldners vor Verfahrenseröffnung – insbesondere Sicherungszessionen – wirkungslos werden und geschützte Aufrechnungslagen entfallen ließe, sei es nicht zu erklären, weshalb im Falle der Eigenverwaltung zwar der Sachwalter das „normale“ Anfechtungsrecht (§ 280 InsO) ausübe, dem Schuldner jedoch das „Superanfechtungsrecht“ des § 103 InsO überlassen bliebe[467].

M.E. ist der Umstand, dass im Falle der Eigenverwaltung dem Schuldner das Wahlrecht des § 103 zusteht (§ 279 InsO), hingegen nur der Sachwalter zur Insolvenzanfechtung befugt ist (§ 280 InsO), auch bei Zugrundelegung der „Erlöschenstheorie“ zu rechtfertigen. Die Überantwortung der Insolvenzanfechtung auf den Sachwalter hat ihren Grund nämlich nicht in den weitergehenden Eingriffen in Rechte Dritter gegenüber dem Wahlrecht aus § 103 InsO, sondern in der Gefahr, dass der Schuldner andernfalls die Anfechtung einer von ihm vorgenommenen benachteiligenden Rechtshandlung unterlässt, etwa um einer ihm nahestehenden Person den hierdurch erlangten Vorteil zu erhalten[468]. *Marotzkes* diesbezüglicher Einwand kann daher nicht durchdringen. Die Gefahr einer Aufweichung der Grenzen der §§ 129 ff. InsO bestünde m.E. nur, wenn dem Vertragspartner bzw. einem Sicherungsnehmer durch das Erfüllungsverlangen des Insolvenzverwalters eine Rechtsposition genommen würde, die auch ohne das Erfüllungsverlangen einen wirtschaftlichen Wert gehabt hätte. Ob dies der Fall ist, werden die nachfolgenden teleologischen Ausführungen zeigen. Allerdings ändert dies nichts daran, dass eine materiellrecht-

---

465 Vgl. *Bork*, FS Zeuner, S. 297, 305 f.

466 *Marotzke*, 3. Aufl., RdNr. 3.58; *Häsemeyer*, InsR, 3. Aufl., RdNr. 20.07; K/P-*Tintelnot*, InsO, § 103 RdNr. 12; vgl. schon *Förster-Eccius*, § 117 Anm. 3, S. 801, 892; *Zelck*, S. 30 ff., der dem Wortlaut des § 15 KO a.F. „an Stelle des Gemeinschuldners“ entnimmt, dass der Konkursverwalter (und damit letztlich die von der Masse partizipierende Gläubigergemeinschaft) hinsichtlich der Verfügungen über die Forderung nicht besser dastehen dürfe, als der Gemeinschuldner selbst.

467 *Marotzke*, 3. Aufl., RdNr. 3.58.

468 K/P-*Pape*, InsO, § 280 RdNr. 3; nach Begr. zu § 341 RegE (BR-Drucks. 1/92, S. 225) ist der Sachwalter zur Ausübung des Anfechtungsrechts geeigneter als der Schuldner.

liche Wirkung sowohl der Eröffnung des Insolvenzverfahrens als auch der Erfüllungsablehnung auf die noch offenen Erfüllungsansprüche als systemwidrig abzulehnen ist.

Nach einer systematischen Auslegung bleibt insgesamt Folgendes festzuhalten: Sowohl die „Erlöschenstheorie" als auch die „Gestaltungstheorie" verstricken sich bei einer systematischen Untersuchung in kaum auflösbare Widersprüche[469]. Hingegen fügen sich die „Durchsetzbarkeitstheorie" und die „haftungsrechtliche Theorie" in die Gesamtsystematik Insolvenzrecht und insbesondere in den Zweiten Abschnitt des Dritten Teils der InsO ein. Eine Entscheidung zwischen diesen beiden Sichtweisen kann sich deshalb nur aus einer teleologischen Auslegung des § 103 InsO ergeben, wobei besonderes Augenmerk auf die unterschiedlichen Interessen der von dem Verwalterwahlrecht betroffenen Personen zu legen sein wird.

4. Teleologische Auslegung

Entscheidendes Auslegungskriterium für ein Gesetz ist letztlich sein Sinn und Zweck[470], denn ein Gesetz darf niemals um seiner selbst willen Geltung beanspruchen, sondern nur zur Verfolgung eines legitimen Zwecks.

Die einzelne Norm darf bei der teleologischen Auslegung nicht isoliert betrachtet werden. Vielmehr gilt es, den Kontext zu dem hinter den Normen eines Regelungsbereiches stehenden Interessenkonflikt herzustellen, so dass die Auslegung der einzelnen Vorschriften ein in sich stimmiges Ganzes ergibt. Hierzu ist die Ermittlung aller durch den Regelungsbereich tangierten Interessen erforderlich[471]. Erst wenn diese Interessen im Wege sorgfältiger Gewichtung und wechselseitiger Abwägung optimal ausgeglichen, d.h. derart in das Auslegungsergebnis der einzelnen Normen geflossen sind, dass die Gesamtregelung mit den Einzelregelungen im größtmöglichen Einklang steht, ist das Ergebnis der teleologischen Auslegung gefunden.

a) Ratio legis von § 103 InsO?

Die ratio legis des in § 103 InsO geregelten Verwalterwahlrechts war bzw. ist z.T. auch heute noch umstritten[472]. Während einige Autoren[473] insoweit einen möglichst langen Schutz des Gläubigers als primären Zweck der Norm ansehen, vertreten andere gerade die gegenläufige Ansicht, indem sie den Schutz der Masse in den Vordergrund stellen[474]. Eine weitere Ansicht sieht die ratio der Vorschrift in der ausgleichenden Bewältigung von Gläubigergleichbehandlung als Insolvenzzweck und funktionellem Synallagma[475]. Teilweise wird auch einfach angenommen, die

---

469 So auch *Bork*, FS Zeuner, S. 299, 308 f.; vorsichtiger *Livonius*, S. 13 ff.
470 Vgl. statt vieler *Larenz*, 6. Aufl., S. 333 ff.
471 Vgl. *Larenz*, 6. Aufl., S. 333 f.
472 Vgl. hierzu *Henckel*, ZZP 99 (1986), 419, 420 ff.
473 *Brox*, JuS 1984, 657, 668; Jaeger-*Lent*, KO, 8. Aufl., § 17 Anm. 9.
474 BGHZ 116, 156, 159; LG Heilbronn, MDR 1992, 149; *Huber*, BB 1964, 731, 733 f.
475 *Adam*, S. 1; *Kreft*, ZIP 1997, 865, 871.

§§ 103 ff. InsO dienen der Verteilungsgerechtigkeit sowie der Realisierung von Vermögenswerten in der Insolvenz und sollen eine Unternehmensfortführung in der Insolvenz erleichtern[476].

Um den Sinn und Zweck des Verwalterwahlrechts bestimmen zu können, muss man zunächst untersuchen, wessen Interessen durch diese Bestimmung in welche Richtung berührt werden. Zu diesem Zweck wurde in der Vergangenheit vielfach (hypothetisch) danach gefragt, wie die Beteiligten ohne die Regelung dastünden[477]. Nähme man an, die Einrede des nicht erfüllten Vertrages sei auch ohne die Regelung des § 103 InsO insolvenzfest[478], so würde dies dafür sprechen, den Sinn und Zweck der Norm vordergründig in dem Schutz der Masse und nicht in dem des Vertragspartners zu sehen, denn dieser wäre dann ja ohnehin schon geschützt[479]. Im Umkehrschluss wäre es ein Indiz dafür, dass § 103 InsO vornehmlich dem Vertragspartner des Schuldners in der Insolvenz zu dienen bestimmt ist, wenn § 320 BGB nicht per se insolvenzfest wäre[480].

Die im Anwendungsbereich des § 103 InsO befindlichen Rechtsprobleme lassen sich m.E. nicht durch die soeben dargestellte Überlegung lösen[481]. Letztlich ist es nämlich irrelevant, ob man den Schutz des funktionellen Synallagmas in der Insolvenz als von § 103 InsO vorausgesetzt oder diesen als erst durch § 103 InsO bewirkt ansieht. Wichtig ist nur, dass die Alternative – volle Leistung gegen Quote – absolut indiskutabel und daher – soweit ersichtlich – nie ernsthaft in Erwägung gezogen worden ist[482].

Das Insolvenzrecht greift zugunsten des Grundsatzes par conditio creditorum in die einzelnen Vertragsverhältnisse des Schuldners mit seinen Gläubigern ein. Hierdurch werden diese in grundrechtlich geschützten Eigentumspositionen betroffen, nämlich in der Durchsetzbarkeit ihrer Forderungen[483], da diese nun – jedenfalls zeitweise – nicht mehr nominal durchsetzbar sind. Die InsO stellt für die Insolvenzgläubiger insofern eine (grundsätzlich zulässige) Inhalts- und Schrankenbestimmung des Eigentums dar. Allerdings gilt zugunsten der Gläubiger als sog. Schranken-Schranke der Verhältnismäßigkeitsgrundsatz[484], d.h., dass in die Rechte des Einzelnen nur soweit eingegriffen werden darf, wie dies zur Erreichung des mit der eigentumsrelevanten Maßnahme verfolgten legitimen Zwecks erforderlich und geboten ist. Die eigentumsrelevante Maßnahme muss folglich das relativ mildeste Mittel zur Erreichung des Zwecks darstellen. Nähme man an, der Vertragspartner müsste voll leisten und würde im Gegenzug nur den quotal auf seine Forderung in Geld

---

476 *Pape*, Kölner Schrift, 2. Aufl., S. 531, 534; Uhlenbruck *Uhlenbruck*, InsO, 12. Aufl., § 103 RdNr. 1 f.
477 *Kepplinger*, S. 59 ff.; *Marotzke*, 3. Aufl., RdNr. 2.6 ff.; *Pletzsch*, S. 36 ff.
478 Für die Insolvenzfestigkeit von § 320 BGB *Huber*, BB 1964, 731, 733 ff.; *Henckel*, ZZP 99 (1986) 419, 423 f.; *Kaatz*, S. 5; *Kepplinger*, S. 59 ff.; *Marotzke*, 3. Aufl., RdNr. 2.8 ff.; *Pletzsch*, S. 49 ff.; gegen die Insolvenzfestigkeit BGHZ 58, 246, 248 ff.; *Brandes*, RWS-Forum 9, 1997, S. 1, 2; Jaeger-*Lent*, KO, 8. Aufl., § 17 Anm. 9.
479 Vgl. *Marotzke*, 3. Aufl., RdNr. 2.6.
480 Vgl. *Pletzsch*, S. 36.
481 Ähnlich Gottwald-*Huber*, 2. Aufl., § 34 RdNr. 10 („Für die Praxis ist es deshalb weitgehend ohne Bedeutung, ob man die Fortwirkung des Leistungsverweigerungsrechts unmittelbar aus § 320 BGB oder nur über § 103 InsO herleitet."); *Jauernig*, 21. Aufl., S. 226; vgl. auch *Brandes*, RWS-Forum 9, S. 1, 3 der insoweit offensichtlich auch eine Stellungnahme für nicht erforderlich hält.
482 Vgl. schon *Oetker*, ZZP 14 (1890) 1, 18.
483 BVerfGE 45, 142, 179; 68, 193, 22; 83, 201, 208.
484 Vgl. hierzu die Ausführungen unter A)III.

umgerechneten Betrag erhalten, so würde man den Vertragspartner dazu zwingen, seine Leistung ohne die vertraglich ausbedungene Gegenleistung zu erbringen, obwohl er sich lediglich dazu verpflichtet hat, nur gegen diese zu leisten („do ut des")[485]. Dies ließe sich auch nicht mehr mit dem Insolvenzzweck rechtfertigen, denn dieser erfordert gerade die Gleichbehandlung der Insolvenzgläubiger. Eine Beanspruchung des Vertragspartners über seine Obligation hinaus in Form der Leistung (nach Verfahrenseröffnung!) gegen Erbringung der Quote würde daher eine nicht sachlich zu rechtfertigende Ungleichbehandlung (in Form eines „Sonderopfers") dieses Insolvenzgläubigers im Verhältnis zu den anderen Insolvenzgläubigern bedeuten[486]. Die Alternative, von dem Vertragspartner entgegen seiner vertraglichen Verpflichtung volle Leistung gegen bloße Quote zu verlangen, wäre deshalb unverhältnismäßig und mithin verfassungswidrig.

Die Insolvenzfestigkeit des funktionellen Synallagmas ist deshalb schon aus verfassungsrechtlichen Gründen geboten. Unerheblich ist insofern, ob man den Schutz als durch § 103 InsO schon vorausgesetzt oder erst bewirkt ansieht. Jedenfalls ist der Schutz des Vertragspartners stets neben dem Schutz der Masse in den problematischen Fallgruppen zu beachten, in denen die Auslegung des § 103 InsO relevant wird.

Nach der hier vertretenen Ansicht erscheint es nahe liegend, dass auch die Interessen Dritter – insbesondere die von Sicherheitsnehmern – bei der Auslegung des § 103 InsO insoweit zu berücksichtigen sind, wie diese schutzwürdig sind. Zwar darf es durch die Insolvenzfestigkeit von Kreditsicherheiten nicht zu einer Aushöhlung der Masse kommen[487]. Jedoch würde andererseits die Nichtberücksichtigung der Interessen der Kreditgeber fatale Folgen für die Fremdkapitalbeschaffung von Unternehmen haben, was sich aus makroökonomischen Aspekten heraus verbietet[488]. Zwangseingriffe durch das Insolvenzrecht müssen die bestehende zivilrechtliche Güter- und Haftungsordnung sowie die Wirtschaftsordnung beachten. Da Kreditsicherheiten für die Funktionsfähigkeit unserer Wirtschaft unabdinglich sind und das materielle Zivilrecht deshalb insbesondere auch den Bestand publizitätsloser Sicherungsmittel, wie der Sicherungszession, anerkennt, muss auch die Insolvenzordnung dem Sicherungsbedürfnis der Kreditnehmer Rechnung tragen. In der Insolvenz zeigt sich der Wert der Kreditsicherheit[489], von dem wiederum die Vergabe und die Kosten für künftige Kredite abhängen.

Die vorstehenden Überlegungen haben Folgendes ergeben:

Die Lösung der Probleme, die im Anwendungsbereich des § 103 InsO entstehen, können nur dann gerecht und zweckmäßig gelöst werden, wenn man sowohl die

---

485 Anders als bei den Gläubigern, die ein (nicht insolvenzfestes) Zurückbehaltungsrecht gem. § 273 BGB haben. Dieses rührt nämlich nicht aus der vertraglichen Abrede selbst her, sondern beruht letztlich auf dem Grundsatz von Treu und Glauben.

486 *Livonius*, S. 24 m.w.N.

487 Dies war gerade eine Hauptursache des „Konkurses des Konkurses", vgl. *Kilger*, KTS 1975, 142, 148 ff.

488 Vgl. zur „Ordnungsaufgabe des Insolvenzrechts in der sozialen Marktwirtschaft": Begr. zum RegE InsO, BR-Drucks., *Uhlenbruck*, S. 231.

489 Vgl. *Smid*, Kreditsicherheiten, § 1 RdNr. 4 ff.

Schutzinteressen des Vertragspartners als auch die der Masse sowie die dritter Sicherheitsnehmer in eine teleologische Auslegung mit einfließen lässt.

Anhand dieses Befundes ist nun in den in der Praxis relevantesten Fallgruppen der Aufrechnung und der Sicherungsabtretung zu untersuchen, welcher theoretische Ansatz den gerechtesten Ausgleich der gegenläufigen Interessen der Betroffenen bewerkstelligen kann.

b) Aufrechnungsmöglichkeiten nach Erfüllungswahl

Der Ausschluss von Aufrechnungsmöglichkeiten[490] nach Erfüllungswahl des Insolvenzverwalters, wie er sich bei Zugrundelegung sowohl der „Erlöschenstheorie" als auch – wenn auch abgeschwächt – nach der „Durchsetzbarkeitstheorie" ergibt[491], ist als nicht interessengerecht kritisiert worden[492]. Begründet wurde der Ausschluss der Aufrechnung nach Erfüllungswahl von den Vertretern der „Erlöschenstheorie" damit, dass die Erfüllungswahl eine Novation der Ansprüche bewirke, so dass der Vertragspartner „erst nach der Eröffnung des Insolvenzverfahrens etwas zur Masse schuldig geworden", mithin der Aufrechnungsausschlussgrund des § 96 Abs. 1 Nr. 1 InsO einschlägig sei[493]. Dies führt allerdings bei Gefolgschaft der „Erlöschenstheorie" dazu, dass die Masse beim Erfüllungsverlangen des Insolvenzverwalter besser dasteht, als der Schuldner gestanden hätte, wenn es nicht zum Insolvenzverfahren gekommen wäre[494]. Das Interesse des Vertragspartners, gegen den Erfüllungsanspruch der Masse aufrechnen zu können, vollständig zu missachten, erscheint bei Vorleistungen des Schuldners auch vor dem Hintergrund der Insolvenzrechtsreform, die sich dem Kampf gegen die Massearmut, dem „Konkurs des Konkurses"[495], zum Ziel gesetzt hat, als verfehlt[496]. Es ist daher der Frage nachzugehen, in welchem Umfang Aufrechnungslagen im Allgemeinen insolvenzbeständig sind, um

---

490 Vgl. hierzu ausführlich *Adam*, S.2 ff. m.w.N.

491 Nach dem Wandel in der höchstrichterlichen Rechtsprechung („inoffiziell" durch BGHZ 129, 336) ist über einen derartigen Aufrechnungsfall noch nicht entschieden worden. Angesichts der zu den Vorausabtretungen ergangenen Entscheidungen, ist allerdings zu erwarten, dass der BGH eine Aufrechnung gegen den Teil der Forderung der Masse nicht zulässt, der nicht einer Vorleistung des Schuldners in der Zeit vor Eröffnung des Insolvenzverfahrens entspricht.

492 *Bork,* FS Zeuner, S. 297, 310 f.

493 Kritik gegen diese Konstruktion bei *Smid,* WuB VI B. § 17 KO 1.92.

494 Vgl. *Bork,* FS Zeuner, S. 297, 310; *Gerhardt,* FS Merz, S. 117, 126; *Henckel*, FS Kirchhof, S. 191, 197 vermutet in diesem Zusammenhang zu Recht, dass der BGH durch die Konstruktion des Erlöschens der beiderseitigen Erfüllungsansprüche die „ständig schwindende Effizienz des Konkursrechts angesichts der steigenden Zahl mangels zureichender Masse abgelehnten Eröffnungsanträge" eindämmen wollte. *Marotzke,* 3. Aufl., RdNr. 4.35 spricht von einer reinen „Zweckkonstruktion" bzw. von „einer Art Zauberformel" (RdNr. 4.82), *Bork,* JZ 1996, 51 von einem „Trick" und *Smid,* WuB VI B. § 17 KO 1.92 bezeichnet die Konstruktion der einseitigen Neubegründung der Leistungs- und Gegenleistungspflichten mit der Erfüllungswahl des Konkursverwalters als „systematisch gewagt".

495 Instruktiv *Kilger,* KTS 1975, 142 ff.

496 Vgl. BGHZ 129, 336, 339 ff.; *Gerhardt,* FS Merz, S. 117, 129; *Brandes,* RWS-Forum 9, S. 1, 5 verweist darauf, dass die Verwalter in der Praxis vor der Erfüllungswahl häufig Aufrechnungsverbote mit den Vertragspartnern vereinbaren. Interessant sind deshalb nur die Fälle, „in denen der Vertragspartner sich darauf nicht einlässt oder der Verwalter vergisst, es zu vereinbaren."

dann im Besonderen zu fragen, ob bei der dem § 103 InsO unterfallenden Konstellation eine vom Regelfall abweichende Beurteilung geboten ist.

Das Gesetz bestimmt in § 94 InsO, dass eine gesetzliche oder vertragliche Aufrechnungsmöglichkeit eines Insolvenzgläubigers durch das Verfahren nicht berührt wird. Ausnahmen bzw. Einschränkungen von diesem Grundsatz sind in den §§ 95, 96 InsO enthalten. Allerdings ist umstritten, ob diese Einschränkungen abschließend sind[497]. Verneint man dies, so steht nach einer Ansicht der Weg zu einem aus der ratio von § 103 InsO folgenden, ungeschriebenen Aufrechnungsverbot offen[498]. Der Ausschluss der Aufrechnung gegen den Anspruch der Masse ließe sich bei einer solchen Sichtweise mit dem übergeordneten Grundsatz der Gläubigergleichbehandlung rechtfertigen[499]. Gegen die Aufrechnung gegen den Erfüllungsanspruch der Masse sprechen – soweit nicht der Schuldner vor Verfahrenseröffnung Teilleistungen erbracht hat – gewichtige Gründe.

Schon der Wortlaut des § 103 Abs. 1 InsO („... die Erfüllung vom anderen Teil verlangen.“) spricht gegen die Möglichkeit, den Erfüllungsanspruch der Masse der Aufrechnung auszusetzen. Wichtiger ist insoweit aber eine teleologische Betrachtung des § 103 InsO. Gegen den Ausschluss der Aufrechnung bei Erfüllungswahl wurde eingewendet, die Masse dürfe nicht besser dastehen als der Schuldner ohne die Insolvenz[500]. Der schuldnerische Erfüllungsanspruch sei außerhalb der Insolvenz der Aufrechnung ausgesetzt, deshalb müsse im Insolvenzverfahren das Gleiche gelten[501].

Dieser Einwand kann nicht durchdringen[502]. Der Vertragspartner des Schuldners ist bei Verfahrenseröffnung ein Insolvenzgläubiger und als solcher nur zur quotalen Befriedigung im Insolvenzverfahren berechtigt. § 103 Abs. 1 InsO i.V.m. § 55 Abs. 1 Nr. 2 Var. 1 InsO ist insofern eine Ausnahme. Das Verwalterwahlrecht über die Erfüllung der gegenseitigen „schwebenden“ Verträge stellt einen Kompromiss zwischen Gläubigergleichbehandlung und funktionellem Synallagma dar. Der Anspruch des Vertragspartners, der ursprünglich nur eine einfache Insolvenzforderung war, wird zu Lasten der Gläubigergemeinschaft zu einer Masseforderung aufgewertet, da diese ihren Anspruch auf die Gegenleistung anders nicht durchsetzen kann. Die Bevorzugung des Vertragspartners hinsichtlich der Befriedigung seiner Forderung verfolgt also nur einen Zweck: Der Masse die Gegenleistung zu verschaffen. Anders lässt sich die Ungleichbehandlung des Vertragspartners im Falle der Erfüllungswahl gegenüber den sonstigen Insolvenzgläubigern nicht rechtfertigen. Entscheidend ist daher nicht, ob der Vertragspartner ohne das Insolvenzverfahren hätte aufrechnen können. Es geht insoweit nämlich nicht um das zweiseitige materiell-

---

497 Dafür *Bork*, JZ 1996, 51 ff.; dagegen etwa *Adam*, S. 7 ff., 27, 39; vgl. auch *Wieser*, JZ 2003, 231, 232 f., der den Ausschluss der Aufrechnung gegen das Erfüllungsverlangen des Insolvenzverwalters mit einer teleologischen Reduktion des § 94 InsO begründet. Soweit der Schuldner vor Verfahrenseröffnung nicht vorgeleistet habe, werde der Vertragspartner „durch das Aufrechnungsverbot nicht schlechter gestellt, als er bei rechtzeitiger Aufrechnung gestanden hätte.“

498 *Adam*, S. 84 ff.

499 *Adam*, S. 88 ff.

500 *Bork*, FS Zeuner, S. 297, 310; *ders.*, JZ 1996, 51 ff.; *Marotzke*, EWiR 1988, 285, 286.

501 *Bork*, JZ 1996, 51, 52 f.

502 Ebenso *Kreft*, ZIP 1997, 865, 868.

rechtliche Schuldverhältnis, sondern um die Ausgleichshaftung der Gläubiger untereinander. Vielmehr ist danach zu fragen, wie der Vertragspartner ohne die Erfüllungswahl im Insolvenzverfahren dastehen würde[503]. In diesem Fall hätte der Vertragspartner eine sonstige, ihm zustehende Insolvenzforderung auch nicht durch eine Aufrechnung gegen den Erfüllungsanspruch der Masse aufwerten können. Der Wert des Erfüllungsanspruchs der Masse wird nämlich insolvenzbedingt mit dem Gegenanspruch des Vertragspartners saldiert, so dass dieser dann allenfalls eine „Forderung wegen der Nichterfüllung" als einseitige Differenzforderung quotal durchsetzen kann[504].

Der Widerspruch der Aufrechnung gegen das Erfüllungsverlangen des Insolvenzverwalters zur par conditio creditorum ist auch für den Vertragspartner erkennbar. Dieser kann nicht verlangen, so gestellt zu werden, wie er ohne die Insolvenz dastünde, sondern nur so, wie es ihm im Verhältnis zu den anderen Gläubigern zusteht. Die Haftungsmasse der Gläubigergemeinschaft darf aber nur soweit durch die Aufwertung des Erfüllungsanspruchs des Vertragspartners zur Masseverbindlichkeit belastet werden, wie sie im Gegenzug die versprochene Gegenleistung erhält[505]. Würde darüber hinaus noch der Erfüllungsanspruch der Masse der Aufrechnung mit einer Insolvenzforderung ausgesetzt sein, so würde der Vertragspartner noch auf einen weiteren Anspruch nominale und nicht bloß quotale Befriedigung erhalten. Durch die Erfüllungswahl würde dem Vertragspartner dann die nominale Befriedigung von zwei Forderungen – der Erfüllungsanspruch aufgrund des gegenseitigen Vertrages und die Aktivforderung – ermöglicht, die zur Zeit der Verfahrenseröffnung Insolvenzforderungen waren. Dies ist auch unter Berücksichtigung der schutzwürdigen Interessen des Vertragspartners evident insolvenzzweckwidrig. Da auch im Bereich des materiellen Rechts Aufrechnungsverbote ohne eine ausdrückliche Regelung aus Treu und Glauben hergeleitet werden können[506], ergibt sich der Ausschluss der Aufrechnung gegen das Erfüllungsverlangen m.E. schon aus § 103 Abs. 1 InsO i.V.m. § 1 S. 1 InsO, jedenfalls soweit der Schuldner nicht vor Verfahrenseröffnung Teilleistungen erbracht hat[507].

Weiter ist zu fragen, ob es dem Sinn und Zweck des § 103 InsO entspricht, die Aufrechnung gegen die Forderung der Masse nach dem Erfüllungsverlangen des Insolvenzverwalters insoweit zuzulassen, wie die Forderung der Masse das Äquivalent einer schon vor Verfahrenseröffnung erbrachten Teilleistung des Schuldners darstellt[508]. Dieses Ergebnis würde sich bei einer konsequenten Anwendung der

---

503 Vgl. zum „Werthaltigkeitsargument" *Adam*, S. 88 ff.

504 Ob mit der „Forderung wegen der Nichterfüllung" aufgerechnet werden kann ist strittig, wohl aber zu bejahen, vgl. MünchKomm-*Kreft*, InsO, § 103 RdNr. 23 m.w.N; *Tintelnot*, KTS 2004, 339 ff.

505 In der Praxis vereinbaren die Insolvenzverwalter häufig vor der Erfüllungswahl individualvertragliche Aufrechnungsverbote.

506 Vgl. B/R-*Dennhardt*, BGB, § 387 RdNr. 37 f.

507 Insoweit war die Aufrechnungslage schon werthaltig, so dass es nicht zu rechtfertigen ist, diese durch die Erfüllungswahl des Insolvenzverwalters wieder aufzuheben. Vgl. *Adam*, S. 84 ff.

508 Vgl. BGHZ 129, 336, 338 ff.

„Durchsetzbarkeitstheorie" ergeben. Zwar fehlt es insoweit ebenfalls an einer positivrechtlichen Regelung, die den teilweisen Ausschluss der Aufrechnung vorsieht, doch hat jedenfalls der Gedanke einer derartigen „Vertragsspaltung" in § 105 S. 1 InsO gesetzlichen Niederschlag gefunden[509]. § 105 S. 1 InsO[510] enthält unmittelbar den Gedanken, dass sich der Vertragspartner in Höhe der von ihm vor Verfahrenseröffnung erbrachten Teilleistungen des Schutzes des funktionellen Synallagmas begeben hat und deshalb insoweit trotz des Erfüllungsverlangens durch den Insolvenzverwalter wie ein einfacher Insolvenzgläubiger behandelt werden muss.

Wenn die Schutzwürdigkeit des Vertragspartners im Falle der Erbringung eigener Vorleistungen nach dem Gesetz abnimmt, so erscheint es nur konsequent anzunehmen, dass die Schutzwürdigkeit des Vertragspartners bei Erbringung von Vorleistungen durch den Schuldner zunimmt. Gegen den dieser Vorleistung entsprechenden Teil des Anspruchs auf die Gegenleistung muss dann die Aufrechnung mit einer Insolvenzforderung zulässig sein, weil der entsprechende Wert schon vor der Verfahrenseröffnung aus dem Vermögen des Schuldners ausgeschieden und die Aufrechnungslage mithin zu diesem Zeitpunkt „werthaltig" gewesen ist[511]. Die Interessen der Gläubigergemeinschaft werden bei dieser Auslegung insofern nicht missachtet, als nur der Teil des Anspruchs der Masse der Aufrechnung ausgesetzt ist, der im Falle des Erfüllungsverlangens dem Teil der Leistung entspricht, der nicht mit Mitteln der Masse erbracht wird.

Da sich der Schuldner in Höhe des vor Verfahrenseröffnung erbrachten Wertes des Schutzes des funktionellen Synallagmas begeben hat[512], wäre es unbillig, die Masse im Hinblick auf den entsprechenden Teil des Anspruchs auf die Gegenleistung durch einen Ausschluss der Aufrechenbarkeit zu schützen[513]. Dies ließe sich auch nicht mehr mit dem Sinn und Zweck des § 103 Abs. 1 InsO rechtfertigen[514]. Der Teil des Anspruchs auf die Gegenleistung hingegen, der dem Teil der Leistung entspricht, welcher mit Mitteln der Masse erbracht wird, ist dann nicht einer Aufrechnung ausgesetzt. Mithin wird das Äquivalent zur Leistung der Masse vollends in den Dienst der Gläubigerbefriedigung gestellt, nicht aber das Äquivalent für eine vor Verfahrenseröffnung erbrachte (nicht anfechtbare) Teilleistung des Schuldners[515]. Zu unterscheiden ist im Hinblick auf die Aufrechnungsmöglichkeit des Vertragspart-

---

509 *Brandes,* RWS-Forum 9, 1997, S. 1, 9; MünchKomm-*Kreft,* InsO, § 103 RdNr. 47; *Kreft,* ZIP 1997, 865, 869; *Henckel,* FS Kirchhof, S. 191, 199; kritisch *Bork,* JZ 1996, 51, 52.

510 Ausführlich *Wiegmann,* S. 17 ff.

511 Gedanke der „insolvenzrechtlichen Surrogation"; vgl. hierzu *Harder,* S. 165 ff.

512 Hat der Schuldner vor der Eröffnung des Insolvenzverfahrens seinerseits voll geleistet, so ist die aus dem gegenseitigen Vertrag stammende Forderung der Aufrechnung ausgesetzt. Ein „Alles oder Nichts"-Prinzip dergestalt, dass nur bei vollständiger Leistung des Schuldners vor Verfahrenseröffnung die Aufrechnung gegen die Forderung der Aktivmasse insgesamt zulässig ist, bei einer teilweisen Vorleistung hingegen gar nicht, erscheint unbillig. Insbesondere das „Werthaltigkeitsargument" spricht insoweit für eine „fließende" nach der Höhe der Vorleistung des Schuldners differenzierende Bewertung der Zulässigkeit der Aufrechnung.

513 *Brandes,* RWS-Forum 9, 1997, S. 1, 8 betont in diesem Zusammenhang zu Recht den Charakter der Insolvenzaufrechnung als „pfandrechtsähnliches Vorzugsrecht"; *Wieser,* JZ 2003, 231, 232 f.

514 BGHZ 155, 87, 98: „Zweck des Wahlrecht ist es nicht, bereits vor Insolvenzeröffnung verwirklichte wirtschaftliche Dispositionen des Schuldners zugunsten der Masse ungeschehen zu machen." Vgl. auch *Kreft,* ZIP 1997, 865, 869.

515 Vgl. *Brandes,* RWS-Forum 9, S. 1, 7 ff.

ners also zwischen dem vom Schuldner vor Verfahrenseröffnung schon erfüllten Teil des Vertrages und dem noch nicht erfüllten Teil.

Die „Durchsetzbarkeitstheorie“ kann daher jedenfalls im Hinblick auf die Aufrechnung gegen die Forderung der Masse im Falle der Erfüllungswahl durch den Insolvenzverwalter den von § 103 InsO intendierten gerechten Interessenausgleich bewirken.

c) *Sicherungsabtretungen nach Erfüllungswahl*

Bezieht man die Interessen von Sicherungsnehmern mit ein, denen nach § 51 Nr. 1 Var. 2 InsO ein Absonderungsrecht zusteht, so hat man zunächst zu klären, unter welchen Voraussetzungen insbesondere die Sicherungszession insolvenzfest ist. Die Sicherungsabtretung hat in der heutigen Kreditsicherungspraxis eine große Bedeutung[516]. Sie tritt in vielen Formen auf, wie etwa als Einzelzession, als verlängerter Eigentumsvorbehalt, als Globalzession oder beim Factoring[517]. Sicherungszessionen können etwa wegen Übersicherung, Sittenwidrigkeit oder weil der Schuldner zur Zeit der Einigung nicht mehr verfügungsbefugt war, unwirksam sein. Sicherungszessionen können zudem nach Maßgabe der §§ 129 ff. InsO angefochten werden; insoweit ist insbesondere die sog. Deckungsanfechtung bedeutsam. In solchen Fällen stellt sich die Frage, wem die Forderung nach der Erfüllungswahl des Insolvenzverwalters zusteht, nicht, da sie nach dem Gesetz ausdrücklich der Aktivmasse (schuldrechtlich, vgl. § 143 Abs. 1 InsO) zugeordnet wird. Kommt man aber zu dem Ergebnis, dass die Forderung an und für sich wirksam und auch nicht nach §§ 129 ff. InsO anfechtbar zediert wurde, so ist zu klären, ob die hinter § 103 InsO stehende Interessenlage für den Fall der Erfüllungswahl durch den Insolvenzverwalter hier noch die Überwindung dieses Sicherungsrechts zugunsten der Masse gebietet.

Gegen die Wirkungslosigkeit von Sicherungszessionen im Falle der Erfüllungswahl durch den Insolvenzverwalter, wie sie sich insbesondere bei Gefolgschaft der „Erlöschenstheorie“ ergibt, sind vielfältige Einwände erhoben wurden. So vereitele die Vernichtung von Sicherungsabtretungen über die Anfechtungstatbestände hinaus den effektiven Einsatz von Vertragswerten, dem Sicherungsmittel gerade des „kleinen Schuldners“[518]. Nach *Marotzke* wird das Wahlrecht aus § 103 InsO insbesondere als „Superanfechtungsrecht“ benutzt, das die zu eng empfundenen Grenzen der Insolvenzanfechtung in den §§ 129 ff. InsO überwinden soll[519]. Dies erscheine umso bedenklicher, als dies nur für die Forderungen aus nicht erfüllten Verträgen, nicht hingegen für solche aus erfüllten Verträgen gelte[520]. Allerdings lässt diese Sichtweise unberücksichtigt, dass die zur Sicherheit zedierten Forderungen des Schuldners aus einem gegenseitigen Vertrag für den Zessionar wirtschaftlich betrachtet häufig wertlos sind, da der Schuldner in vielen Fällen die ihm obliegende Gegenleistung gar nicht oder erst in geringem Umfang erbracht hat, so dass dem Vertragspartner gegenüber dem Zessionar insoweit nach §§ 320, 404 BGB die Einrede des

---

516 *Ringstmeier,* S. 11.

517 *Marotzke,* ZIP 1987, S. 1293 ff.; *Ringstmeier,* S. 11 f.; ausführlich zu den Auswirkungen des Verwalterwahlrechts auf Zessionen: *Obermüller,* Kölner Schrift, 2. Aufl., S. 985 ff.; *Livonius,* S. 72 ff.

518 K/P-*Tintelnot,* InsO, § 103 RdNr. 12.

519 *Marotzke,* 3. Aufl., RdNr. 3.58.

520 Vgl. *Ringstmeier,* S. 36.

nicht erfüllten Vertrages zusteht[521]. Weist man nun dem Zessionar im Falle der Erfüllungswahl durch den Insolvenzverwalter die gesamte Forderung gegen den Vertragspartner zu, so würde mit Mitteln der Masse die Einrede des nicht erfüllten Vertrages abgelöst werden. Dem Zessionar würde dann ein Vermögenswert verschafft, der noch nicht vorhanden war[522]. Die Kosten hierfür hätte die Gemeinschaft der Gläubiger zu tragen[523]. Dies ist ein Ergebnis, das sich offensichtlich nicht mit dem in § 1 S. 1 InsO festgelegten Ziel des Insolvenzverfahrens und dem Kampf gegen Massearmut im Insolvenzverfahren vereinbaren lässt.

Fraglich ist, ob dieser erste Befund eine uneingeschränkte Zuweisung der zedierten Forderung zur Masse im Falle der Erfüllungswahl durch den Insolvenzverwalter erfordert. Mit Blick auf die Schranken, denen Sicherungsnehmer durch das materielle Recht und das Insolvenzanfechtungsrecht ausgesetzt sind, könnte man nun geneigt sein, bei einer Erfüllungswahl durch den Insolvenzverwalter immer der Masse die volle Forderung zuzusprechen. Allerdings lässt eine derartige Auslegung wirtschaftliche Aspekte außer Betracht[524]. So kann es etwa sein, dass der Schuldner schon vor Verfahrenseröffnung einen Großteil der ihm obliegenden Leistung erbracht hat, so dass die Ablösung der Einrede des nicht erfüllten Vertrages, mit dem die zedierte Forderung belastet ist, nur relativ geringe Mittel erfordert. Eine solche Forderung stellt einen bestimmten wirtschaftlichen Wert dar, der sich entsprechend dem vertraglich ausbedungenen Äquivalenzverhältnis nach der vom Schuldner erbrachten Teilleistung errechnet. Würde man diesen Wert durch die Erfüllungswahl dem Sicherungsnehmer einseitig zugunsten der Masse entziehen, würde man das Vertrauen der Kreditgeber erschüttern. In diesem Zusammenhang ist auch der Einwand *Marotzkes* zu unterstützen, durch das Wahlrecht des § 103 InsO dürfe nicht das Insolvenzanfechtungsrecht der §§ 129 ff. InsO ausgehöhlt werden. Dies geschieht aber – wenn man unabhängig von den vom Schuldner vor Verfahrenseröffnung erbrachten (unanfechtbaren) Teilleistungen – die zur Sicherheit zedierte Forderung durch die Erfüllungswahl des Insolvenzverwalters wieder ganz der Masse zuordnet. Ist die Teilleistung des Schuldners wirksam und nicht anfechtbar aus seinem Vermögen ausgeschieden, so ist nicht einzusehen, weshalb nun etwas anderes für den entsprechenden Teil der zedierten Gegenforderung geltend soll.

Konsequenterweise ist es anzunehmen, dass der entsprechende Teil der zedierten Gegenforderung nun auch nicht im Falle der Erfüllungswahl zur Aktivmasse gehört. Dieser Teil der Gegenforderung stellt nämlich ein rechtsgeschäftliches Surrogat für einen Vermögenswert dar, der nach der gesetzlichen Wertung – insbesondere der §§ 129 ff. InsO – nicht der Beschlagnahme zugunsten der gemeinschaftlichen Haftungsverwirklichung unterliegt. Die Ablehnung dieses „Surrogationsgedankens"[525] brächte eine ungerechtfertigte Benachteiligung der Sicherungsnehmer

---

521 *Brandes,* RWS-Forum 9, S. 1, 4 f.
522 *Ringstmeier,* S. 43.
523 *Ringstmeier,* S. 44.
524 Vgl. *Gerhardt,* FS Merz, S. 117, 125 ff.
525 *Harder,* S. 165 ff.; *Marotzke,* ZZP 115 (2002), 507, 512 ff.

mit sich, denen Forderungen aus gegenseitigen beiderseitig noch nicht vollständig erfüllten Verträgen abgetreten wurden, gegenüber Sicherungsnehmern, denen sonstige Forderungen abgetreten wurden. Auf der anderen Seite dürfen die Sicherungszessionare nicht insofern bevorzugt werden, als ihnen der Teil einer zedierten Forderung zugewiesen wird, bei dem der entsprechende Teil des Anspruchs auf die Gegenleistung mit Mitteln der Masse erbracht wird. Hierdurch würde dann wieder der Sicherheitsnehmer in ungerechtfertigter Weise zu Lasten der par conditio creditorum privilegiert werden. Deshalb kommt ein gerechtes Ergebnis nicht umhin, insoweit wieder den in § 105 S. 1 InsO enthaltenen Gedanken einer „Vertragsspaltung“ auf die hier in Rede stehenden Sicherungszessionen anzuwenden. Die Vertreter der „Durchsetzbarkeitstheorie“ unterscheiden insofern überzeugend zwischen dem vor Verfahrenseröffnung vom Schuldner erfüllten Vertragsteil und dem Vertragsteil, der infolge der Erfüllungswahl des Insolvenzverwalters mit Mitteln der Masse erfüllt wird und bei dem dann logischerweise auch der entsprechende Teil des Anspruchs auf die Gegenleistung der Masse zugute kommen soll[526].

Auch die Vertreter der „haftungsrechtlichen Theorie“ kommen überwiegend zu dem Ergebnis, dass der Zessionar nicht durch das Erfüllungsverlangen begünstigt werden dürfe. Als Konsequenz nehmen sie allerdings nicht die (dingliche) Unwirksamkeit des nicht werthaltigen Teils der abgetretenen Forderung an. Vielmehr schulde der Zessionar für die Beseitigung der Einrede aus §§ 404, 320 BGB einen Ausgleich nach Bereicherungsrecht. Nach dieser Ansicht würde allerdings die Masse ein doppeltes Insolvenzrisiko tragen, nämlich einmal das der Insolvenz des Vertragspartners[527] und das der Insolvenz des Zessionars. Dies behindert die Realisierung von Vermögenswerten zu Gunsten der Masse, die gerade durch § 103 InsO ermöglicht werden soll. M.E. ist daher die Lösung des BGH, der die Unwirksamkeit der Abtretung des nicht werthaltigen Teils der Forderung annimmt, die vorzugswürdige.

5. Kritik an der dogmatischen Konstruktion der „Durchsetzbarkeitstheorie“

Nachdem nachgewiesen ist, dass die vom BGH begründete „Durchsetzbarkeitstheorie“ in den verschiedenen problematischen Konstellationen ein ausgewogenes, den divergierenden Interessen der Beteiligten gerecht werdendes Ergebnis zu liefern imstande ist, muss nun geprüft werden, ob die dogmatische Konstruktion dieser Theorie auch das billige Ergebnis zu tragen vermag.

526 *Kreft,* ZIP 1995, 865, 868 ff.
527 In diesem Fall könnte sich der Zessionar als Bereicherungsschuldner auf den Wegfall der Bereicherung gem. § 818 Abs. 3 BGB berufen.

Dies wird insbesondere von *Henckel*[528] verneint. Die Formulierung des BGH, die noch offenen Ansprüche verlören im Insolvenzverfahren ihre Durchsetzbarkeit[529], treffe nicht das, was der IX. Zivilsenat gemeint habe[530]. Insbesondere sei es nicht richtig, dass auch der noch offene Masseanspruch seine Durchsetzbarkeit infolge Verfahrenseröffnung verliere, da der Insolvenzverwalter aufgrund seines Wahlrechts nach § 103 Abs. 1 InsO jederzeit die Erfüllung des Vertrages verlangen könne[531]. Der Anspruch der Masse habe deshalb, so *Henckel*, seine Durchsetzbarkeit nicht verloren. Ferner sei die Einschränkung des Verlustes der Durchsetzbarkeit „soweit es sich nicht um Ansprüche auf die Gegenleistung für schon erbrachte Leistung handelte", schwer verständlich[532].

Henckel stellt deshalb (m.E. zu Recht) Folgendes fest: Die fehlende Durchsetzbarkeit des Anspruchs des Vertragspartners infolge der Verfahrenseröffnung ergibt sich aus seiner Stellung als Insolvenzgläubiger[533]. Der Anspruch des Schuldners, der nun der Masse zusteht, bleibt durch die Verfahrenseröffnung unverändert[534].

Die auch von *Henckel* für richtig gefundenen Ergebnisse, insbesondere im Hinblick auf die problematischen Fallgruppen der Aufrechnung und Sicherungsabtretung[535], müssten daher dogmatisch anders begründet werden; insbesondere sei die Annahme, die Erfüllungsansprüche seien z.T. (entsprechend der Vorleistungen vor Verfahrenseröffnung) als neu entstanden zu behandeln, unschlüssig und passe nicht zur Ablehnung der Erlöschenstheorie[536].

Henckel schlägt insoweit Folgendes vor:

Soweit es um den Ausschluss der Wirkungen der Erfüllungswahl für den Teil der Forderung des Vertragspartners gehe, der seiner vor Verfahrenseröffnung erbrachten Leistung entspreche, ergebe sich dieses Ergebnis problemlos aus § 105 S. 1 InsO[537]. Streiten kann man insoweit nur darüber, ob diese Vorschrift, wie *Henckel* meint, rechtspolitisch verfehlt ist[538].

Soweit es um die Wirksamkeit von Sicherungsabtretungen vor Verfahrenseröffnung geht, begründet *Henckel* das für richtig befundene Ergebnis des BGH damit, dass sich der Wert dieses Sicherungsmittels nach den vor Verfahrenseröffnung erbrachten Teilleistungen des Schuldners bestimme[539]. Soweit der Schuldner vor Verfah-

---

528 *Henckel*, FS Kirchhof, S. 191, 198 ff.; vgl. auch *Marotzke*, ZZP 115 (2002), 507, 510 ff.; *Wieser*, JZ 2003, 231, 232; a.A. *Graf/Wunsch*, ZIP 2002, 2117, 2120, die von einer „dogmatisch sicherlich zutreffenden Sichtweise des BGH" sprechen und behaupten, dass eine Novation auch Ansprüche betreffen könne, „die bis dato bestanden haben".
529 So BGHZ 150, 353.
530 *Henckel*, FS Kirchhof, S. 191, 198.
531 *Henckel*, FS Kirchhof, S. 191, 199.
532 *Henckel*, FS Kirchhof, S. 191, 199.
533 So auch *Marotzke*, ZZP 115, 507, 510.
534 Vgl. *Marotzke*, ZZP 115 (2002), 507, 510 f.; HK-*Marotzke*, InsO, 3. Aufl., § 103 RdNr. 2.
535 *Henckel*, FS Kirchhof, S. 191, 200 f.
536 *Henckel*, FS Kirchhof, S. 191, 200; a.A. *Graf/Wunsch*, ZIP 2002, 2117, 2120: „Eine Novation kann auch Ansprüche betreffen, die bis dato bestanden haben, [...]".
537 *Henckel*, FS Kirchhof, S. 191, 201 f.
538 *Henckel*, FS Kirchhof, S. 191, 202 ff.; *Häsemeyer*, InsR, 3. Aufl., RdNr. 20.27.
539 *Henckel*, FS Kirchhof, S. 191, 206 f.

renseröffnung noch nicht geleistet habe, würde der Sicherungszessionar bei einer Leistung der Masse an den Vertragspartner ungerechtfertigterweise bereichert werden[540]. Diese Betrachtungsweise erscheint zunächst schlüssig, denn die an den Zessionar abgetretene Forderung ist insoweit wirtschaftlich wertlos, als sie nach §§ 320, 404 BGB einredebehaftet ist[541]. Allerdings begründet eine bereicherungsrechtliche Würdigung der Leistung der Masse an den Vertragspartner noch nicht, weshalb die Sicherungszession insoweit nach der Erfüllungswahl unwirksam wird, wie die Forderung nicht durch entsprechende Teilleistungen des Schuldners vor Verfahrenseröffnung „werthaltig" geworden ist[542]. Ein bloß bereicherungsrechtlicher Ausgleichsanspruch gegen den Zessionar ist nach hiesiger Ansicht insbesondere wegen des damit verbundenen doppelten Insolvenzrisikos für die Masse unzumutbar. Fraglich ist, wie sich die Unwirksamkeit der Abtretung des nicht werthaltigen Teils der Forderung dogmatisch begründen lässt.

Dieses richtige Ergebnis könnte sich aus einer Auslegung des § 103 Abs. 1 InsO im Zusammenhang mit dem Rechtsgedanken des § 105 S. 1 InsO ergeben. Nach § 103 Abs. 1 InsO kann „[...] der Insolvenzverwalter [...] die Erfüllung vom anderen Teil verlangen" Diese Formulierung scheint bei oberflächlicher Betrachtung dafür zu sprechen, dass der Insolvenzverwalter immer, d.h. auch trotz einer vorherigen Sicherungsabtretung, die Erfüllung zur Masse verlangen kann. Eine solche Sichtweise würde allerdings die gesetzlichen Grenzen für einen unwirksamen Rechtserwerb in § 91 InsO unterlaufen und ist deshalb abzulehnen.

Nimmt man nun allerdings § 105 S. 1 InsO zu Hilfe und entnimmt dieser Norm trotz des engen, nur die Vorleistungen des Vertragspartners erfassenden Wortlauts, den Gedanken einer „Vertragsspaltung", so ergibt sich quasi „spiegelbildlich" folgendes Bild: Nur soweit der Schuldner vor Verfahrenseröffnung Teilleistungen erbracht hat, steht der entsprechende Teil des Anspruchs auf die Gegenleistung trotz des Grundsatzes in § 103 Abs. 1 InsO, dass der Insolvenzverwalter die Erfüllung (zur Masse) verlangen kann, im Falle einer Vorausverfügung des Schuldners über seinen Anspruch trotz der Erfüllungswahl nicht der Masse, sondern dem Sicherungsnehmer zu. Eine derartige Auslegung des § 105 S. 1 InsO ist insbesondere deshalb geboten, weil anderenfalls, wenn man nämlich den einer Leistung der Masse entsprechenden Anteil des Anspruchs auf die Gegenleistung einem Dritten zusprechen wollte, der in § 1 S. 1 InsO normierte Leitgedanke des Insolvenzverfahrens in sein Gegenteil verkehrt würde. Aus einem Ereignis nach Verfahrenseröffnung, nämlich der Erfüllungswahl durch den Insolvenzverwalter[543], würde man sonst einen Son-

540 *Henckel*, FS Kirchhof, S. 191, 207.

541 Nach RGZ 63, 361, 363 f. stand deshalb der Masse ein Bereicherungsanspruch (nach § 812 Abs. 1 S. 1 2.Var. BGB) gegen den Zessionar zu.

542 Eine überzeugende Begründung hierfür hat auch der BGH bisher mit seiner „Durchsetzbarkeitstheorie nicht geleistet. Einwände gegen die dogmatische Konstruktion der „bereicherungsrechtlichen Lösung" bei *Harder*, S. 162 ff.

543 Insoweit ist nicht auf die Sicherheitsabtretung als einem vor Verfahrenseröffnung eingetretenen Ereignis abzustellen, da diese für sich genommen, soweit die Einredemöglichkeit des Vertragspartners nach §§ 320, 404 BGB reicht, dem Sicherungsnehmer noch keinen wirtschaftlichen Vorteil bringt.

dervorteil eines Einzelnen (des Sicherheitsnehmers) zu Lasten der Gläubigergleichbehandlung herleiten.

Deshalb entzieht die Erfüllungswahl des Insolvenzverwalters nach § 103 Abs. 1 InsO dem Sicherungszessionar die abgetretene Forderung, soweit wie diese nicht das Äquivalent für eine Teilleistung des Schuldners vor Verfahrenseröffnung darstellt. Nur soweit die Masse leistet, steht ihr trotz einer vorherigen Sicherungszession der Anspruch auf die Gegenleistung zu. Soweit es um den seitens des Schuldners nicht erfüllten Teil des Vertrags geht, setzt sich das Interesse der Masse durch, soweit es um den seitens des Schuldners schon erfüllten Teil des Vertrags geht, setzt sich das Interesse des Sicherheitszessionars durch. Der dingliche „Anfechtungscharakter" der Erfüllungswahl ist gerechtfertigt, weil dem Zessionar nur eine wirtschaftlich wertlose Rechtsposition entzogen wird und es der Masse insoweit nicht zugemutet werden kann, auf einen bloßen Bereicherungsanspruch verwiesen zu werden.

Dieses Ergebnis ist auch mit einer Analogie zu § 110 Abs. 1 InsO[544] zu begründen. Nach dieser Vorschrift ist eine Vorausverfügung des Schuldners als Vermieter vor Verfahrenseröffnung „nur wirksam, soweit sie sich auf die Miete oder Pacht für den zur Zeit der Eröffnung des Verfahrens laufenden Kalendermonat bezieht." Zwar könnte man auf den ersten Blick meinen, diese Vorschrift enthalte eine nicht analogiefähige Sondervorschrift für Mietverträge. Jedoch besteht für die Frage nach der Wirksamkeit von Vorausverfügungen bei Vorleistungen des Schuldners im Anwendungsbereich des § 103 InsO eine planwidrige Regelungslücke. Der Gesetzgeber ging offenbar davon aus, dass sich dieses Problem bei gegenseitigen Austauschverträgen nicht stellen werde, da die Ansprüche aus diesen Verträgen – anders als die aus Dauerschuldverhältnissen, vgl. § 108 Abs. 1 InsO – auch dann erlöschen, wenn sie vor Verfahrenseröffnung abgetreten wurden und bei einer Erfüllungswahl vollen Umfangs an die Masse zurückfallen. Die Änderung der Rechtsprechung, die nun einen Einfluss der Verfahrenseröffnung auf den materiellrechtlichen Bestand der noch nicht erfüllten Ansprüche verneint, erfordert eine Regelung betreffend die Wirksamkeit von Vorausverfügungen des Schuldners, wenn dieser vor Verfahrenseröffnung vorgeleistet hat. Die Regelung des § 110 Abs. 1 InsO trifft diesbezüglich die Regelung, dass die Vorausverfügungen des insolventen Vermieters soweit wirksam sind, wie der Teil des abgetretenen Anspruchs das Äquivalent für bereits erbrachte Leistungen des Vermieters darstellt. Dies entspricht dem überzeugenden „Werthaltigkeitsargument" bzw. der Überlegung, dass das Äquivalent für Leistungen der Masse dieser unbeschadet einer Vorausverfügung über die entsprechende Forderung zugute kommen soll. Zudem ist der gegenseitige Austauschvertrag gem. § 103 InsO aufgrund der weiten Auslegung des Begriffs der Teilbarkeit in § 105 S. 1 InsO[545] (und dem Fortbestehen der Erfüllungsansprüche nach der neueren Recht-

---

544 Ähnlich auch § 114 Abs. 1 InsO. Vgl. Braun-*Kroth*, InsO, 2. Aufl., § 103 RdNr. 61.
545 Erforderlich ist lediglich, dass sich Teilleistungen feststellen und berechnen lassen (so BGHZ 145, 245, 253). Soweit eine Leistung ausnahmsweise nicht teilbar ist, sollte man bezüglich

sprechung) jedenfalls dann mit der Interessenlage beim Miet- oder Pachtvertrag vergleichbar, wenn der Insolvenzverwalter die Erfüllung des Vertrages gewählt hat. Mithin ergibt sich die Unwirksamkeit einer Vorausverfügung des Schuldners über seinen Erfüllungsanspruch bei einer Erfüllungswahl des Insolvenzverwalters alternativ aus § 110 Abs. 1 InsO analog, soweit der Teil des Anspruchs, über den verfügt wurde, nicht einer Vorleistung des Schuldners vor Verfahrenseröffnung entspricht.

De lege ferenda wäre insoweit eine Klarstellung wünschenswert.

Henckel vertritt für die weitere problematische Fallgruppe der Aufrechnung gegen die Forderung der Masse die Ansicht, dass die Wertsteigerung einer Aufrechnungslage infolge der Erfüllungswahl des Insolvenzverwalters den Vertragspartner zu Unrecht bereichere[546]. Dem ist entgegenzuhalten, dass die Aufrechnung hier schon insoweit ausgeschlossen ist, wie die Forderung der Masse nicht das vertragliche Äquivalent für eine vor Verfahrenseröffnung erbrachte Teilleistung des Schuldners darstellt[547]. Der (teilweise) Aufrechnungsausschluss ergibt sich – wie auch die Unwirksamkeit der Vorausverfügung – aus der Erfüllungswahl des Insolvenzverwalters nach § 103 Abs. 1 InsO i.V.m. dem Rechtsgedanken des § 105 S. 1 InsO unter Berücksichtigung des Insolvenzzwecks aus § 1 S. 1 InsO[548]. Eine Aufrechnung gegen den Teil des Anspruchs auf die Gegenleistung, welcher der Leistung der Masse entspricht, würde einen Sondervorteil des Einzelnen auf Kosten der Gläubigergemeinschaft bewirken und ist deshalb wegen evidenten Verstoßes gegen § 1 S. 1 InsO unwirksam[549]. Ein Blick auf den Rechtsgedanken des § 110 Abs. 3 InsO bestätigt dies[550]. Ebenso wie die Aufrechnung im allgemeinen materiellen Privatrecht den Schranken des § 242 BGB unterliegt, wird die Aufrechnung in der Insolvenz durch den Insolvenzzweck begrenzt, soweit es sich um evidente Verstöße gegen die par conditio creditorum handelt, bei denen es an der Schutzbedürftigkeit des Insolvenzgläubigers fehlt.

---

der Wirksamkeit der Vorausverfügung eine „insolvenzrechtliche Surrogation“ annehmen, vgl. hierzu ausführlich *Harder*, S. 165 ff.; ablehnend *Weber*, S. 122 ff.

546 *Henckel*, FS Kirchhof, S. 191, 207.

547 Vgl. *Wieser*, JZ 2003, 231, 232 f.

548 A.A. *Bork*, JZ 1996, 51, 52, der allerdings verkennt, dass es insoweit nicht um eine Analogie zu § 105 S. 1 InsO, sondern um einen Umkehrschluss geht. Die Rechtsfolge des § 105 S. 1 InsO soll nämlich nicht auf einen nicht geregelten Fall übertragen werden, sondern es soll die diametrale Rechtsfolge für den umgekehrten Fall des § 105 S. 1 InsO – teilbare Vorleistungen des Schuldners – gefunden werden. Nach § 105 S. 1 InsO ist das funktionelle Synallagma zugunsten des Vertragspartners nur soweit geschützt, wie es zur Zeit der Verfahrenseröffnung tatsächlich noch besteht. Da sich eine Meistbegünstigung der Masse nicht aus dem Sinn und Zweck des Verwalterwahlrechts herleiten lässt (BGHZ 155, 87, 98), entspricht es dem in § 105 S. 1 InsO zum Ausdruck gekommen Rechtsgedanken, das Masseinteresse nur insoweit zu bevorzugen, wie das funktionelle Synallagma zur Zeit der Verfahrenseröffnung noch zugunsten der Masse bestand.

549 Ähnlich *Wieser*, JZ 2003, 231, 232 f., der insoweit eine teleologische Reduktion des § 94 InsO vorschlägt. *Wieser* betont in diesem Zusammenhang, dass dem Vertragspartner durch den Ausschluss der Aufrechnung gegenüber der Rechtslage bei Erfüllungsablehnung keine Nachteile entstehen.

550 Zur Übertragbarkeit dieser Regelung vgl. die soeben gemachten Ausführungen zu § 110 Abs. 1 InsO analog.

6. Zusammenfassung

Aus vorstehenden Überlegungen ergibt sich Folgendes: Allein die „Durchsetzbarkeitstheorie" ist in der Lage, einen gerechten Ausgleich der sich im Anwendungsbereich des § 103 InsO gegenüberstehenden Interessen der Masse, des Vertragspartners und dritter Sicherheitsnehmer zu bewirken. Die „Gestaltungstheorie" ist schon mit der Entstehungsgeschichte des § 17 KO und der Gesetzessystematik schlichtweg unvereinbar. Die „Erlöschenstheorie", wohl als Versuch, dem „Konkurs des Konkurses" entgegenzutreten, zu werten[551], kann neben systematischen Widersprüchen insbesondere den schützenswerten Interessen des Vertragspartners sowie denen von Sicherheitsnehmern nicht gerecht werden. Die „haftungsrechtliche Theorie" bewirkt die uneingeschränkte Zulässigkeit von Aufrechnungen gegen den Erfüllungsanspruch der Masse sowie die Wirksamkeit von Verfügungen über diesen Anspruch vor Verfahrenseröffnung[552], ohne dass danach differenziert wird, inwieweit diese Forderung durch Leistungen des Schuldners vor Verfahrenseröffnung schon „werthaltig" geworden ist[553]. Ein bloß bereicherungsrechtlicher Ausgleichsanspruch der Masse benachteiligt die Interessen der Gläubigergemeinschaft – insbesondere angesichts des damit verbundenen doppelten Insolvenzrisikos – und ist daher nicht interessengerecht.

Allerdings kann die dogmatische Konstruktion der „Durchsetzbarkeitstheorie", deren Ergebnisse – wie soeben dargelegt – freilich interessengerecht sind, nicht vollends überzeugen[554]. Der Sache nach geht es nämlich nicht um die „Durchsetzbarkeit" der beiderseitigen Erfüllungsansprüche; so ändert die Verfahrenseröffnung jedenfalls nichts an der Durchsetzbarkeit des Erfüllungsanspruchs der Masse[555]. Der Erfüllungsanspruch des Vertragspartners erleidet dasselbe Schicksal wie die Ansprüche der anderen Insolvenzgläubiger auch, er ist nämlich grundsätzlich nur noch quotal (und mit dem entsprechenden Gegenleistungsanspruch verrechnet) durchsetzbar[556]. Diesen Umstand bezeichnete der historische Gesetzgeber der KO mit „Nichterfüllung". Gemeint ist hiermit die konkursmäßige, also sich nur nach der KO bzw. InsO richtende Art der Erfüllung des Einzelnen entsprechend seiner Berechtigung im Verhältnis zu den übrigen Gläubigern. Deshalb wäre die in ihren Rechtsfolgen für richtig erkannte „Durchsetzbarkeitstheorie" in ihrer dogmatischen Konstruktion nach meinem Dafürhalten wie folgt zu formulieren:

- Weder durch die Eröffnung des Insolvenzverfahrens noch durch die Ausübung des Verwalterwahlrechts nach § 103 InsO wird auf den materiellrechtlichen Bestand der gegenseitigen beiderseits noch nicht erfüllten Ansprüche eingewirkt.

---

551 Vgl. hierzu *Henckel*, FS Kirchhof, S. 191, 197.
552 Natürlich vorbehaltlich der Möglichkeit einer Insolvenzanfechtung.
553 Anders allerdings die Vertreter des „Surrogationsgedankens": *Harder*, S. 165 ff.; *Marotzke*, ZZP 115 (2002), 507, 512 ff.
554 Vgl. zur Kritik *Henckel*, FS Kirchhof, S. 191, 199; *Marotzke*, ZZP 115 (2002), 507, 511.
555 *Henckel*, FS Kirchhof, S. 191, 199.
556 *Henckel*, FS Kirchhof, S. 191, 199 f.

- Wählt der Insolvenzverwalter die Erfüllung des Vertrages, so gebührt der den mit Mitteln der Masse erbrachten Leistungen entsprechende Teil des Anspruchs auf die Gegenleistung in jedem Fall der Masse[557].
- Gegen diesen Teil des Aktivanspruchs der Masse ist eine Aufrechnung unzulässig. Dies ergibt sich nicht aus § 96 Abs. 1 Nr. 1 InsO, sondern e contrario aus § 105 S. 1 InsO i.V.m. § 103 Abs. 1 InsO und dem Insolvenzzweck aus § 1 S. 1 InsO.
- Aus dem gleichen Grund bzw. aufgrund einer Analogie zu § 110 Abs. 1 InsO ist eine vor Verfahrenseröffnung vorgenommene Verfügung des Schuldners über den entsprechenden Teil des Anspruchs auf die Gegenleistung unwirksam, wenn der Insolvenzverwalter die Erfüllung des Vertrages wählt.

557 Freilich steht der Masse bei Fehlen einer Vorausverfügung oder Aufrechnung auch der darüber hinaus gehende Erfüllungsanspruch zu.

D. Auswirkungen des Wahlrechts auf die Rechtslage nach Aufhebung des Verfahrens infolge vollzogener Schlussverteilung gem. § 200 Abs. 1 InsO

Ein Insolvenzverfahren darf als allseitige Haftungsordnung[558] nur solange die Rechtsverhältnisse des Schuldners zu seinen einzelnen Gläubigern überlagern, wie dies durch den Insolvenzzweck – gemeinschaftliche Befriedigung der Gläubiger (§ 1 S. 1 InsO) – geboten ist[559]. Deshalb sieht § 200 Abs. 1 InsO die Aufhebung des Insolvenzverfahrens durch das Insolvenzgericht per Beschluss vor, sobald die Schlussverteilung vollzogen ist. Bei dieser Art der Verfahrensaufhebung gilt – anders als bei Aufhebung des Verfahrens infolge rechtskräftigen Insolvenzplans (§ 258 Abs. 1 InsO) – der „Grundsatz der freien Nachforderung" (§ 201 Abs. 1 InsO). Demnach können die Insolvenzgläubiger grundsätzlich „ihre restlichen Forderungen gegen den Schuldner unbeschränkt geltend machen."[560] Dies gilt allerdings nur, soweit der Schuldner als natürliche Person nicht gegenüber den Insolvenzgläubigern gem. §§ 286 ff. InsO restschuldbefreit wird[561], § 201 Abs. 3 InsO. Ist der Schuldner hingegen eine juristische Person, so wird diese als Unternehmensträgerin nach Aufhebung des Insolvenzverfahrens häufig liquidiert werden, so dass sich mangels eines Schuldners dann die Frage der Nachhaftung nicht mehr stellt.

Auf der Grundlage der gefundenen Ergebnisse über die Bedeutung des Verwalterwahlrechts betreffend die beiderseits nicht abgewickelten gegenseitigen Verträge im Insolvenzverfahren sind im Folgenden die Auswirkungen desselben auf die nach Verfahrensaufhebung durch Schlussverteilung zwischen Schuldner und Vertragspartner bestehende Rechtslage zu untersuchen. Namentlich sind die das Insolvenzverfahren überdauernden Rechtsfolgen für die Parteien bei Erfüllungswahl, Erfüllungsablehnung bzw. Verwirkung des Wahlrechts sowie bei unterlassener Wahlrechtsausübung durch den Verwalter zu klären. Es stellt sich somit folgende Frage:

Kann der Vertragspartner und/oder der Schuldner nach Aufhebung des Insolvenzverfahrens wieder die Erfüllung entsprechend den ursprünglichen Vereinbarungen fordern?

---

558 *Häsemeyer,* InsR, 3. Aufl., RdNr. 1.13, 2.14, 12.02, 20.04; Smid-*Smid,* InsO, 2. Aufl., § 1 RdNr. 22.

559 Vgl. *Häsemeyer,* InsR, 3. Aufl., RdNr. 25.14.

560 Das Prozessverbot nach § 87 InsO sowie das Vollstreckungsverbot nach § 89 InsO entfallen. § 201 InsO gilt nach § 215 Abs. 2 S. 2 InsO für die Einstellungsgründe nach den §§ 207, 211, 212 und 213 entsprechend.

561 Vgl. Smid-*Smid,* InsO, 2. Aufl., § 103 RdNr. 56.

I. Rechtslage bei vorheriger Erfüllungswahl durch den Verwalter

Wählt der Insolvenzverwalter die Erfüllung des gegenseitigen Vertrages, so wertet dies den Erfüllungsanspruch des Vertragspartners gem. § 55 Abs. 1 Nr. 2 Var. 1 InsO zur Masseforderung auf. Dieser ist sodann im Verfahren vorweg nach § 53 InsO Zug um Zug gegen Erbringung der Gegenleistung aus der Insolvenzmasse zu befriedigen. Regelmäßig wird dies reibungslos vonstatten gehen, so dass sich wegen der Erfüllung des Vertrages die Frage nach einer etwaigen Nachhaftung gar nicht mehr stellt.

Sollte ausnahmsweise die Masseforderung des Vertragspartners während des Verfahrens nicht getilgt werden, etwa bei Unzulänglichkeit der Insolvenzmasse gem. §§ 207 ff. InsO oder bei Nichtberücksichtigung einer Masseverbindlichkeit bis zur Schlussverteilung oder Nachtragsverteilung[562], so ist zu klären, ob dann der Schuldner nach Aufhebung des Insolvenzverfahrens für diese unbeschränkt haftet. Dies könnte mit Verweis auf den nur die Insolvenzgläubiger nennenden Wortlaut des § 201 Abs. 1 InsO bezweifelt werden. Es wird nämlich ganz überwiegend vertreten, dass sich die Nachhaftung des Schuldners für während des Verfahrens begründete und nicht getilgte Masseverbindlichkeiten (§§ 53, 55 InsO) auf die nach Aufhebung des Verfahrens zurückerhaltenen Massegegenstände beschränke[563], also auf einen nach § 199 InsO an den Schuldner herauszugebenden Übererlös und die gem. § 197 Abs. 1 Nr. 3 InsO freigegebenen unverwertbaren Gegenstände der Insolvenzmasse[564]. Diese Beschränkung sei den Massegläubigern zumutbar, da der Insolvenzverwalter im Übrigen für die Erfüllung der Masseverbindlichkeiten nach § 61 InsO hafte[565].

Eine Haftungsbeschränkung für Ansprüche aus gegenseitigen Verträgen, die als Masseverbindlichkeiten gem. § 55 Abs. 1 Nr. 2 1.Var. InsO fortbestehen, lässt sich hiermit jedoch nicht rechtfertigen, da diese Ansprüche vor Verfahrenseröffnung vom Schuldner selbst begründet wurden[566]. Zu einem anderen Ergebnis könnten allenfalls die Vertreter der „Erlöschenstheorie" kommen, nach der die Primäransprüche durch das Erfüllungsverlangen des Verwalters neu entstehen[567]. Es wäre jedoch eine durch nichts zu rechtfertigende Ungerechtigkeit, den Schuldner einerseits für Verbindlichkeiten aus nicht synallagmatischen Verträgen, die Insolvenzforderungen gem. § 38 InsO darstellen, haften zu lassen und ihn andererseits von der Haftung für Verbindlichkeiten aus von ihm geschlossenen synallagmatischen Verträgen i.S.v. § 103 InsO, deren Erfüllung der Verwalter verlangt hat, zu befreien. Auch kann es nicht angehen, dass der Schuldner bei Erfüllungsablehnung nach Verfahrensaufhebung haften würde – die „Forderung wegen der Nichterfüllung" ist gem. § 103 Abs. 2 S. 1 InsO eine Insolvenzforderung –, bei Erfüllungswahl hingegen

---

562 Vgl. *Häsemeyer*, InsR, 3. Aufl., RdNr. 25.28.

563 BGH, NJW 1955, 339, 339; BGH, WM 1964, 1125, 1125; HK-*Irschlinger*, InsO, 3. Aufl., § 201 RdNr. 2; Uhlenbruck-*Uhlenbruck*, InsO, 12. Aufl., § 201 RdNr. 2; kritisch demgegenüber *Häsemeyer*, InsR, 3. Aufl., RdNr. 25.30 m.w.N.

564 FK-*Kießner*, InsO, 3. Aufl., § 201 RdNr. 5.

565 FK-*Kießner*, InsO, 3. Aufl., § 201 RdNr. 5.

566 *Hanisch*, S. 148 ff.; *Häsemeyer*, InsR, 3. Aufl., RdNr. 25.29; *Kilger/K. Schmidt*, KO, 17. Aufl., § 57 Anm. 2; Uhlenbruck-*Uhlenbruck*, InsO, 12. Aufl., § 80 RdNr. 13; vgl. auch schon BGH, NJW 1955, 339; *Lippmann*, JherJB 41 (1900), 112, 230 ff.; *Bötticher*, ZZP 77 (1964), 55 ff.

567 Hiergegen *Lippmann*, JherJB 41 (1900), 112, 230 f.

nicht. Diese Willkürergebnisse, zu denen eine konsequente Anwendung der „Erlöschenstheorie" führt, belegen abermals die dogmatische und praktische Unhaltbarkeit derselben.

Festzuhalten bleibt, dass der Schuldner vorbehaltlich einer Restschuldbefreiung, §§ 201 Abs. 3, 286 ff. InsO bzw. der Liquidation des Rechtsträgers im Falle der Insolvenz einer juristischen Person, auch nach Verfahrensaufhebung für den Erfüllungsanspruch des Vertragspartners aus einem gegenseitigen Vertrag, dessen Erfüllung der Verwalter verlangt hat, unbeschränkt persönlich haftet[568]. Der Schuldner kann nach Verfahrensaufhebung aufgrund des Fortfalls des Insolvenzbeschlags seinerseits die Erfüllung einer versehentlich nicht zur Masse eingezogenen Gegenforderung verlangen.

II. Rechtslage bei Erfüllungsablehnung durch den Verwalter bzw. Verwirkung des Wahlrechts

Komplizierter gestaltet sich die Rechtslage nach Aufhebung des Verfahrens, wenn der Verwalter die Erfüllung des gegenseitigen Vertrages abgelehnt bzw. wenn er das ihm zustehende Wahlrecht nach § 103 Abs. 2 S. 3 InsO verwirkt hat. In diesem Falle ist es von Interesse, ob der Vertragspartner und/oder der Schuldner noch die Erfüllung ihrer ursprünglichen Erfüllungsansprüche verlangen kann/können. Dies wird zumeist davon abhängig gemacht, ob es zu einer rechtskräftigen Feststellung der „Forderung wegen der Nichterfüllung" zur Tabelle bzw. zu einer Erstreckung der Rechtskraft- und Vollstreckungswirkung des Tabellenauszugs über das Verfahrensende hinaus gekommen ist (§ 201 Abs. 2 InsO).

Es wird sich zeigen, dass die Entscheidung in dieser Streitfrage letztlich davon abhängt, welche Wirkungen man der Verfahrenseröffnung, der Erfüllungsablehnung bzw. der Verwirkung des Verwalterwahlrechts, aber auch der Anmeldung bzw. Feststellung einer nach der Differenzmethode errechneten „Forderung wegen der Nichterfüllung" zur Tabelle beimisst.

1. Zugrundelegung der „Gestaltungstheorie"

Legt man der Untersuchung der Rechtslage nach Aufhebung des Insolvenzverfahrens die „Gestaltungstheorie"[569] zugrunde, so ergibt sich folgendes Bild:

Die Erfüllungsansprüche der Parteien verwandeln sich aufgrund der Gestaltungswirkung der Erfüllungsablehnung über das Verfahrensende hinaus in die „Forderung wegen der Nichterfüllung"[570]. Ein Rückgriff auf die ursprünglichen Erfül-

---

568 So auch *Sachs*, S. 32.
569 Siehe oben unter C)II.
570 RGZ 79, 209, 211 f.; RGZ 90, 218, 220; 135, 167, 170; BGH NJW 1962, 2296, 2297; 1982, 768 f.; *Baur*, FS Weber, S. 41, 43 f.; *Dathe*, S. 30, 33 f.; *Glück*, S. 8 f.; *Kalter*, KTS 1973, 16, 21; *ders.*, KTS 1980, 215, 221 f.; Jaeger-*Lent*, KO, 8. Aufl., § 17 RdNr. 48; *Kippenberg*, S.66; *Markmann*, S. 63 f.; *Offtermatt*, S. 22, 143 ff.; *Pletzsch*, S. 20; *Pünder*, S. 76 ff.; *Schad*, S. 127 f.; *Tischbein*, S. 110 ff.; *Wirtz*, S. 40 ff.; vgl. auch RGZ 41, 133 ff.; 56, 238, 239; 64, 204, 207; 90, 218, 220.

lungsansprüche ist sowohl für den Schuldner als auch für seinen Vertragspartner ausgeschlossen[571], denn es fehlt eine Rechtsgrundlage, die ein „Wiederaufleben" der alten Primäransprüche bewirken könnte[572]. Nach der „Gestaltungstheorie" ist die Rechtslage nach Aufhebung des Insolvenzverfahrens nach vollzogener Schlussverteilung leicht zu beantworten. Unabhängig davon, ob der Vertragspartner am Verfahren teilnimmt, schließt schon allein die Erfüllungsablehnung durch den Insolvenzverwalter einen Rückgriff beider Parteien auf die ursprünglichen Erfüllungsansprüche aus. Ausnahmsweise besteht das Rechtsverhältnis allerdings auch nach dieser Ansicht nach Aufhebung des Insolvenzverfahrens in seiner ursprünglichen Gestalt fort, wenn nämlich der Insolvenzverwalter nicht von seinem Wahlrecht Gebrauch gemacht hat und er auch nicht hierzu vom Vertragspartner gem. § 103 Abs. 2 S. 2 InsO aufgefordert worden ist[573].

2. Zugrundelegung der „Erlöschenstheorie"

Fraglich ist, ob sich etwas anderes ergibt, wenn man bei Betrachtung der Rechtslage nach Aufhebung des Insolvenzverfahrens nach vollzogener Schlussverteilung die „Erlöschenstheorie" zugrunde legt.

Dies ist jedenfalls dann nicht der Fall, wenn man diese „Theorie" beim Wort nimmt. Kommt es nämlich schon infolge der Verfahrenseröffnung zu einem materiellrechtlichen Erlöschen der beiderseitigen Erfüllungsansprüche, so ist mangels einer das „Wiederaufleben" dieser Ansprüche vorsehenden Rechtsgrundlage[574] unabhängig von der Verfahrensteilnahme des Vertragspartners ein Rückgriff beider Parteien auf diese ursprünglichen Primäransprüche ausgeschlossen. Nichtsdestotrotz geht die ganz überwiegende Mehrheit der Anhänger der „Erlöschenstheorie" davon aus, dass ein Rückgriff beider Parteien auf die ursprünglichen Erfüllungsansprüche trotz der Erfüllungsablehnung durch den Insolvenzverwalter möglich ist, sofern es nicht zu einer rechtskräftigen Feststellung der „Forderung wegen der Nichterfüllung" zur Tabelle gekommen ist[575]. Hintergrund hierfür ist die Annahme einiger Vertreter der „Erlöschenstheorie", dass die gegenseitigen Erfüllungsansprüche der Vertragsparteien außerhalb des Insolvenzverfahrens durch die Verfahrenseröffnung nicht berührt würden, es also gerade nicht zu einer materiellrechtlichen Umgestaltung dieser Ansprüche in die „Forderung wegen der Nichterfüllung" komme[576]. Diese Argumentation ist inkonsequent und dogmatisch nicht haltbar. Wenn man einerseits von einem „Erlöschen" der gegenseitigen noch nicht erfüllten Ansprüche infolge der Verfahrenseröffnung spricht, kann man nicht andererseits die Wirkung dieses „Erlöschens" auf das Verfahren selbst beschränken. „Erlöschen" ist ein technischer Rechtsbegriff (vgl. § 362 Abs. 1 BGB), der den unbeschränkten und dauerhaften Untergang von Ansprüchen – also den Schuldverhältnissen

571 Statt vieler vgl. *Jaeger*, Lehrbuch, 8. Aufl., S. 38.
572 Vgl. e contrario § 144 Abs. 1 InsO und § 255 Abs. 1 InsO.
573 *Offtermatt*, S. 25; siehe hierzu unter III.
574 Vgl. *Bork*, FS Zeuner, S. 297, 308; *Pletzsch*, S. 44 ff.
575 Jaeger-*Henckel*, KO, 9. Aufl., § 17 RdNr. 160, 162; *Kilger/K. Schmidt*, KO, 17. Aufl., § 17 Anm. 9; *Häsemeyer*, InsR, 3. Aufl., RdNr. 20.07; *Kreft*, ZIP 1997, 865, 867; *ders.*, FS Uhlenbruck, S. 387, 393 f.
576 MünchKomm-*Kreft*, InsO, § 103 RdNr. 3. *Kreft* zitiert in diesem Zusammenhang allerdings *Häsemeyer* (InsR, 3. Aufl., RdNr. 20.07), der gerade nicht Vertreter der „Erlöschenstheorie", sondern der „haftungsrechtlichen" Theorie ist.

i.e.S. – ausdrückt[577]. Wenn nun ein Großteil der Vertreter der „Erlöschenstheorie“ die Wirkung des „Erlöschens“ auf das Insolvenzverfahren beschränken will, so ist das m.E. nur wie folgt zu erklären:

Durch das Wahlrecht des § 103 InsO soll es dem Insolvenzverwalter ermöglicht werden, für die Masse günstige Verträge abzuwickeln[578]. Ein Vertrag würde aber immer dann nicht mehr günstig für die Masse sein, wenn der Vertragspartner im Falle der Erfüllungswahl mit einer sonstigen Insolvenzforderung aufrechnen kann bzw. wenn der Schuldner über seinen Erfüllungsanspruch vor Verfahrenseröffnung verfügt hat. Um dies zu verhindern, bietet sich die Konstruktion an, die wechselseitigen Erfüllungsansprüche zunächst infolge der Verfahrenseröffnung untergehen zu lassen, um diese dann infolge der Erfüllungswahl wieder neu und unbelastet aufleben zu lassen, so dass dann der Aufrechnungsausschlussgrund des § 96 Abs. 1 Nr. 1 InsO einschlägig ist bzw. eine Vorausverfügung „gegenstandslos“ wird. Andererseits wird es als unbillig empfunden, den Vertragspartner auf die „Forderung wegen der Nichterfüllung“ auch für die Zeit nach Aufhebung des Insolvenzverfahrens zu beschränken, wenn der Insolvenzverwalter die Erfüllung abgelehnt und der Vertragspartner nicht am Verfahren teilgenommen hat. Deshalb solle sich nun das „Erlöschen“ auf die Dauer des Insolvenzverfahrens beschränken[579]. Jedoch lässt sich dies nicht mit der allgemeingültigen Definition von „Erlöschen“ vereinbaren. Deshalb muss eine konsequente Anwendung der „Erlöschenstheorie“ zu dem Ergebnis führen, dass im Falle der Erfüllungsablehnung ein Rückgriff auf die ursprünglichen Erfüllungsansprüche für beide Parteien ausgeschlossen ist, da es insoweit keine Rechtsgrundlage gibt, die – wie etwa § 144 Abs. 1 oder § 255 Abs. 1 InsO – ein „Wiederaufleben“ dieser Ansprüche vorsieht[580].

3. Zugrundelegung der „Durchsetzbarkeitstheorie“ bzw. der „haftungsrechtlichen“ Theorie

Anders gestaltet sich hingegen die Rechtslage nach Aufhebung des Insolvenzverfahrens nach vollzogener Schlussverteilung, wenn man einer Betrachtung die „Durchsetzbarkeitstheorie“ bzw. die „haftungsrechtliche“ Theorie zugrunde legt. Bei Zugrundelegung dieser Ansichten können die Parteien jedenfalls dann wieder auf die ursprünglichen Primäransprüche zurückgreifen, wenn der Vertragspartner nicht am Insolvenzverfahren teilgenommen hat[581] und sich aus materiellem Recht (z. B. Rücktritt) nichts anderes ergibt. In diesem Fall werden die wechselseitigen Ansprüche, die das ganze Insolvenzverfahren über materiellrechtlich fortbestanden haben, mit der Aufhebung des Verfahrens wieder „durchsetzbar“[582]. M.a.W. entfällt

577 Vgl. statt vieler Palandt-*Heinrichs*, BGB, 64. Aufl., Überbl. v. § 362 RdNr. 1 f.
578 Siehe oben unter B)III.
579 MünchKomm-*Kreft*, InsO, § 103 RdNr. 3, 47.
580 *Musielak*, AcP 179 (1979), 189, 195; *Pletzsch*, S. 43 f.
581 *Marotzke*, 3. Aufl., RdNr. 3.40 m.w.N.; *Seuffert*, S. 190.
582 Zur Kritik der dogmatischen Konstruktion der „Durchsetzbarkeitstheorie“ vgl. oben unter C)VI.5.

die Überlagerung des zweiseitig-materiellrechtlichen Schuldverhältnisses durch die allseitige Haftungsordnung Insolvenzrecht, so dass die privatautonom getroffenen Vereinbarungen im Zweipersonenverhältnis wieder unbeschränkt gelten[583]. Komplizierter ist die Rechtslage, wenn der Vertragspartner nach der Erfüllungsablehnung durch den Insolvenzverwalter am Verfahren teilgenommen hat. Insoweit stellen sich eine Reihe von Fragen:

Zunächst ist zu untersuchen, ob die Verfahrensteilnahme eine nachhaltige materiellrechtliche Umgestaltung des zwischen dem Schuldner und seinem Vertragspartner bestehenden Schuldverhältnisses bewirken kann[584]. Nimmt man dies an, so stellt sich die Frage, in welchem Zeitpunkt das Schuldverhältnis dauerhaft umgestalt wird. Zudem ist zu klären, ob es zu einer Umgestaltung des Schuldverhältnisses dergestalt kommt, dass die wechselseitigen Erfüllungsansprüche durch die „Forderung wegen der Nichterfüllung" ersetzt werden, oder ob diese Forderung neben die ursprünglichen Erfüllungsansprüche tritt, so dass das Schuldverhältnis erweitert wird. Nimmt man letzteres an, so erscheint die Annahme eines dem Vertragspartner insoweit zustehenden Wahlrechts nahe liegend. Bedeutsam ist zudem auch die Frage nach der Rechtsgrundlage der materiellrechtlichen Umgestaltung.

Lehnt man hingegen eine materiellrechtliche Umgestaltung des Schuldverhältnisses als Folge der Verfahrensteilnahme ab[585], so ist zu klären, ob dann ein Rückgriff der Parteien auf die Erfüllungsansprüche in ihrer ursprünglichen Gestalt möglich ist. Dies wird jedenfalls überwiegend für den Fall verneint, dass es zu einer rechtskräftigen Feststellung der „Forderung wegen der Nichterfüllung" gekommen ist[586]. Ob die hierzu herangezogenen Erklärungen, Erstreckung der materiellen Rechtskraft über das Verfahrensende hinaus[587], also Präklusion des Einwands, es werde eigentlich eine Leistung in natura geschuldet[588], überzeugen, wird sich im Verlauf der folgenden Untersuchungen zeigen.

Vielfach beziehen sich die Vertreter der unterschiedlichen Ansichten nur auf die §§ 41, 45, 46 InsO[589]. Vertritt man allerdings – wie in vorliegender Arbeit – die Ansicht, dass es weder infolge der Verfahrenseröffnung noch infolge der Erfüllungsablehnung durch den Insolvenzverwalter zu einer materiellrechtlichen Umgestaltung des Schuldverhältnisses kommt, so erscheint es nahe liegend, bezüglich der Umwandlung des Schuldverhältnisses in die

---

583 Vgl. *Häsemeyer*, InsR, 3. Aufl., RdNr. 25.14.

584 Vgl. *Krohn*, S. 6; *Fürst*, ZZP 56 (1931), 381, 382 f., der zu Recht kritisiert, dass bei der Begründung, der über das Verfahrensende hinausreichende Wirkungen der Umrechnungen nach §§ 65, 69, 70 KO verfahrenrechtliche und materiellrechtliche Argumente häufig vermischt werden.

585 Begründung siehe unter C)VI.

586 Vgl. RG, JW 1936, 2139; *Grimm*, S. 72; *Mohrbutter*, NJW 1968, 1125 f.; *Musielak*, AcP 179 (1979), 189, 195 f.; *Kilger/K. Schmidt*, KO, 17. Aufl., § 69 Anm. 5.

587 Siehe unter b).

588 Siehe unter b).

589 Vgl. etwa MünchKomm-*Lwowski/Bitter*, InsO, § 45 RdNr. 36 ff.; *Krohn*, S. 6 ff.; *Spellenberg*, S. 161 ff.; *Glück*, S. 7 ff. geht von einer Gestaltungswirkung der Erfüllungsablehnung aus und behandelt deshalb die Forderungen, die § 17 KO unterfallen anders als die Forderungen die in Folge der §§ 65, 69, 70 KO durch die Verfahrenseröffnung umgewandelt werden, vgl. S. 96; *Seuffert*, S. 394 f.

„Forderung wegen der Nichterfüllung" nach § 103 Abs. 2 S. 1 InsO grundsätzlich das Gleiche zu vertreten wie bei den Umwandlungen nach §§ 41, 45, 46 InsO. Hier wie dort geht es nämlich um die Frage, ob und wenn ja, unter welchen Voraussetzungen eine insolvenzmäßige Umwandlung über das Verfahrensende hinaus wirkt[590].

a) Materiellrechtliche Umgestaltung des Schuldverhältnisses?

Die überwiegende Meinung nimmt eine materiellrechtliche Umgestaltung des Schuldverhältnisses an, soweit es zu einer rechtskräftigen Feststellung der „Forderung wegen der Nichterfüllung" gekommen ist[591]. Die durch das Insolvenzverfahren bedingten Umwandlungen der Forderungen sollen dann also über das Verfahrensende hinaus bestehen bleiben. In diesem Zusammenhang wird vielfach von einer sog. „Nachhaltigkeit der Forderungsumwandlung"[592] gesprochen. Zumeist wird diesbezüglich die materiellrechtliche Umgestaltung der wechselseitigen Erfüllungsansprüche in die „Forderung wegen der Nichterfüllung" vertreten, so dass der Vertragspartner nach Aufhebung des Insolvenzverfahrens nur noch einseitig diese Forderung gegen den Schuldner geltend machen könne. Könne der Vertragspartner keine „Forderung wegen der Nichterfüllung" anmelden, weil zu seinen Gunsten kein positiver Saldo bestanden habe[593], so bleibe es freilich dabei, dass beide Seiten nach Verfahrensaufhebung wieder ihre ursprünglichen Erfüllungsansprüche geltend machen können.

aa) Voraussetzungen der materiellrechtlichen Umgestaltung

Zunächst ist zu klären, welche Voraussetzungen an eine nachhaltige materiellrechtliche Umgestaltung der wechselseitigen Erfüllungsansprüche in eine einseitige

---

590 Vgl. *Marotzke,* 3. Aufl., RdNr. 3.35 ff., 5.94; *Krohn,* S. 13; Uhlenbruck-*Uhlenbruck,* InsO, 12. Aufl., § 201 RdNr. 8; differenzierend Jaeger-*Henckel,* InsO, § 45 RdNr. 19 nach dem der Anspruch aus § 103 Abs. 2 S. 1 InsO zwar „anderer Art" sei, als die die durch § 45 InsO gebotene Umrechnung. Allerdings müsse dem Gläubiger „hier wie dort" der Weg freigehalten werden, „die Anmeldung seiner Forderung zurückzuziehen, um sie nach Beendigung des Verfahrens mit dem ursprünglichen Inhalt gegen den Schuldner geltend zu machen." Die Umrechnungswirkung nach § 45 InsO entfalte allerdings erst dann Bindungswirkung über das Verfahrensende hinaus, wenn die Feststellung „auch dem Schuldner gegenüber bindend geworden ist". Demgegenüber genüge für die Umwandlung der gegenseitigen Ansprüche in den einseitigen Anspruch nach § 103 Abs. 2 S. 1 InsO die bloße Berücksichtigung im Verfahren.

591 Vgl. (für die Umwandlungen nach den §§ 65, 69, 70 KO) RG, JW 1936, 2139; *Grimm,* S. 72; *Krohn,* S. 6 ff.; *Mohrbutter,* NJW 1968, 1125 f.; *Musielak,* AcP 179 (1979), 189, 195 f.; *Kilger/K. Schmidt,* KO, 17. Aufl., § 69 Anm. 5.

592 Vgl. *Häsemeyer,* InsR, 3. Aufl., RdNr. 25.12; *Krohn,* S. 6 ff.

593 Anders *Marotzke* (3. Aufl., RdNr. 5.34 ff.), der annimmt, der Vertragspartner könne jedenfalls seinen vollen Erfüllungsanspruch zur Tabelle anmelden und sei nicht etwa auf die Geltendmachung des Differenzanspruchs beschränkt. Dies ist insofern missverständlich, als bei Anmeldung der Forderung eine Sachprüfung nicht stattfindet, so dass der Insolvenzverwalter nach § 175 Abs. 1 S. 1 InsO alle angemeldeten Forderungen in die Tabelle einträgt, soweit die Angaben nach § 174 Abs. 2 und 3 gemacht worden sind (vgl. die berechtigte Kritik von *Henckel,* ZZP 99 (1986), 419, 429 f.). Aus oben unter B)V.3.a)bb)(2) genannten Gründen ist bei Berechnung der „Forderung wegen der Nichterfüllung" aber stets die Differenzmethode zugrunde zulegen. Deshalb ist die angemeldete Insolvenzforderung nur insoweit berechtigt, als der Wert der geschuldeten, aber nicht erbrachten Gegenleistung in Abzug gebracht worden ist.

„Forderung wegen der Nichterfüllung“ zu stellen sind. Durch folgende Ereignisse könnte eine materiellrechtliche Umwandlung des Schuldverhältnisses bewirkt werden:

- die Anmeldung der „Forderung wegen der Nichterfüllung“ zur Tabelle
- die Feststellung dieser Forderung zur Tabelle
- der Eintritt der Voraussetzungen des § 201 Abs. 2 InsO
- die Empfangnahme der ersten Abschlagszahlung

(1) Umgestaltung schon infolge der Anmeldung der Forderung?

Einige Autoren gehen davon aus, dass es schon infolge der Anmeldung der „Forderung wegen der Nichterfüllung“ zu einer materiellrechtlichen Umgestaltung des Schuldverhältnisses komme[594]. Zur Begründung wird z.T. angeführt, dass die ursprüngliche Leistung in natura und die „Forderung wegen der Nichterfüllung“ in einem Wahlschuldverhältnis zueinander stünden[595]. Die Anmeldung der „Forderung wegen der Nichterfüllung“ sei als Ausübung dieses Wahlschuldverhältnisses zu deuten, so dass diese Leistung nach § 263 Abs. 2 InsO „als die von Anfang an allein geschuldete“ gelte[596]. Unabhängig von der Feststellung dieser Forderung zur Tabelle schließe schon die Anmeldung einen Rückgriff der Parteien auf den ursprünglichen Schuldinhalt nach Aufhebung des Insolvenzverfahrens aus[597]. Auch der Vertragspartner, dessen „Forderung wegen der Nichterfüllung“ aufgrund eines Gläubiger- oder Verwalterwiderspruchs nicht zur Tabelle festgestellt werde oder der seine Anmeldung zurückgenommen habe, sei nach Verfahrensaufhebung auf ebendiese Differenzforderung beschränkt[598]. Die Kritik gegen diese Ansicht richtet sich im Wesentlichen dagegen, dass sie das Wahlschuldverhältnis zwischen dem Erfüllungsanspruch und der „Forderung wegen der Nichterfüllung“ nur behauptet und nicht begründet.

---

594 *Prahl*, ZInsO 2005, 568, 569; *Mehl*, S. 15; MünchKomm-*Kreft*, InsO, § 103 RdNr. 22; nach *Kaatz*, S. 18, 34, ist das Recht zur Umwandlung des Vertrages untrennbar mit der Teilnahme am Konkurs verbunden. Obwohl das Gesetz die Umwandlung nicht besonders ausdrücke, müsse diese als feststehend gelten, „da auch die andere Vertragspartei unmöglich berechtigt sein kann, nach Belieben zwischen Erfüllung und Schadensersatz wegen Nichterfüllung zu schwanken.“ (S. 18); *Kalter*, KTS 1973, 16, 22 ff.; *Schlosser*, RdNr. 343; wohl auch schon *Seuffert*, Lehrbuch des Konkursrechts, 1899, S. 190, 435.

595 *Mehl*, S. 15; kritisch *Marotzke*, 3. Aufl., RdNr. 5.94 Fn. 324 nachdem eher eine der „Gesamtschuld ähnelnde Haftungslage“ vorliegt.

596 Vgl. *Mehl*, S. 15.

597 *Huber*, ZInsO 2005, 449, 451; *Mehl*, S. 15; MünchKomm-*Kreft*, InsO, § 103 RdNr. 22; *Prahl*, ZInsO 2005, 568, 569; *Schlosser*, RdNr. 343.

598 *Schlosser*, RdNr. 343.

(2) Umgestaltung infolge der Feststellung der Forderung?

Eine weitere Ansicht nimmt an, dass zu der materiellrechtlichen Umgestaltung des ursprünglichen Schuldverhältnisses in die „Forderung wegen der Nichterfüllung" einerseits nicht schon die Anmeldung dieser Forderung genüge, andererseits aber auch nicht die Voraussetzungen des § 201 Abs. 2 InsO vorliegen müssten, sondern dass die Feststellung der Forderung im Sinne des § 178 Abs. 1 InsO ausreichend sei [599]. Unabhängig davon, ob der Schuldner einen Widerspruch eingelegt habe und ob dieser infolge einer Rücknahme desselben bzw. einer obsiegenden Feststellungsklage beseitigt worden sei, käme es dann zu einer materiellrechtlichen, über das Verfahrensende hinausreichenden Umgestaltung des Schuldverhältnisses in die „Forderung wegen der Nichterfüllung" [600]. Demgegenüber könne ein (nicht zurückgenommener bzw. überwundener) Gläubiger- bzw. ein Verwalterwiderspruch eine solche materiellrechtliche Umgestaltung verhindern. Hauptangriffspunkt gegen diese Ansicht ist ihr Unvermögen, die von ihr angenommene materiellrechtliche Umgestaltung des Schuldverhältnisses auf eine diese Rechtsfolge ausdrücklich vorsehende Rechtsnorm zu stützen.

(3) Umgestaltung erst bei Vorliegen der Voraussetzungen des § 201 Abs. 2 InsO?

Wie bereits erwähnt, geht die überwiegende Ansicht davon aus, dass es erst dann zu einer materiellrechtlichen Umgestaltung des Schuldverhältnisses über das Verfahrensende hinaus komme, wenn zuvor die „Forderung wegen der Nichterfüllung" zur Tabelle rechtskräftig festgestellt geworden sei und auch der Schuldner diese nicht bestritten habe bzw. ein Schuldnerwiderspruch durch Rücknahme oder durch eine obsiegende Feststellungsklage beseitigt worden sei [601]. Dieser Ansicht liegt also die Annahme zugrunde, dass es erst bei Vorliegen der Voraussetzungen einer Erstreckung der Rechtskraft- und Vollstreckungswirkung der Tabelleneintragung

---

599 Vgl. zu diesem Ansatz BGH, NJW 1976, 2264; *Fitting*, S. 305; *Glück*, S. 82 ff. (Begründung: Ausübung einer materiellrechtlichen Ersetzungsbefugnis); Jaeger-*Weber*, KO, 8. Aufl., § 164 Anm. 11; Jaeger-*Henckel*, KO, 9. Aufl., § 17 RdNr. 161; Jaeger-*Henckel*, InsO, § 45 RdNr. 19; *Musielak*, AcP 179 (1979), 189, 196; *Oetker*, Grundbegriffe, S. 450; wohl auch HK-*Eickmann*, InsO, 3. Aufl., § 45 RdNr. 8; Uhlenbruck-*Uhlenbruck*, InsO, 12. Aufl., § 45 RdNr. 6; ablehnend (für Fremdwährungsforderungen im Konkurs) *K. Schmidt*, FS Merz, S. 533, 542 ff.; MünchKomm-*Lwowski/Bitter*, InsO, § 45 RdNr. 42; MünchKomm-*Hintzen*, InsO, § 201 RdNr. 13.

600 Jaeger-*Henckel*, KO, 9. Aufl., § 17 RdNr. 161; Jaeger-*Weber*, KO, 8. Aufl., § 164 Anm. 11.

601 RG, JW 1936, 2139; *Mohrbutter*, NJW 1968, 1125 f.; *Kilger/K. Schmidt*, KO, 17. Aufl., § 69 Anm. 5; K/P-*Holzer*, InsO, § 45 RdNr. 8 f.; *Krohn*, S. 6 ff.; *Seuffert*, S. 394 f.; hiergegen *Marotzke*, 3. Aufl., RdNr. 5.94 Fn. 329 m.w.N.: „M.E. führt kein Weg daran vorbei, dass der Schuldner durch das Nichtbestreiten der zur Tabelle angemeldeten Forderung (§§ 144 II, 164 II KO/§§ 184, 201 II InsO) nicht den Gläubiger, sondern nur sich selbst binden kann für den Fall, dass der Gläubiger an der insolvenzrechtlichen Modifizierung (§§ 65, 69, 70 KO/§§ 41, 45, 46 InsO) seiner nach § 144 I KO bzw. § 178 I InsO festgestellten Forderung festhält". Der Gläubiger solle, so *Marotzke*, das Recht haben, „unter Verzicht auf diese Vollstreckungsmöglichkeit [scil.: §§ 201 Abs. 2, 178 InsO] wieder auf die ursprüngliche Forderung zurückzugreifen."

über das Verfahrensende hinaus (§ 201 Abs. 2 InsO) zu einer entsprechenden materiellrechtlichen Umgestaltung kommen könne[602]. Der Fortbestand der ursprünglichen Erfüllungsansprüche sei mit der über das Verfahrensende hinausreichenden Rechtskraft- und Vollstreckungswirkung nicht zu vereinbaren[603]. Diese Sichtweise bewirkt, dass die Parteien nur dann nach Aufhebung des Insolvenzverfahrens auf die ursprünglichen Erfüllungsansprüche zurückgreifen können, wenn der Vertragspartner nicht über das Verfahrensende hinaus aus dem Tabelleneintrag wegen der „Forderung wegen der Nichterfüllung“ vollstrecken kann. Die h.M. lässt sich daher offensichtlich von Zweckmäßigkeitsgründen und dem Bestreben nach Rechtssicherheit leiten, wenn sie die materiellrechtliche Umgestaltung des Schuldverhältnisses aus der Erstreckung der Rechtskraft- und Vollstreckungswirkung der Tabelleneintragung über das Verfahrensende hinaus folgert[604]. Allerdings bleiben die Vertreter dieser Ansicht insoweit ebenfalls eine Rechtsgrundlage für die materiellrechtliche Umgestaltung schuldig.

(4) Umgestaltung bei Empfangnahme der ersten Abschlagszahlung?

Eine weitere Ansicht[605] nimmt eine nachhaltige, d.h. über das Verfahrensende hinausreichende Umwandlung der gegenseitigen Erfüllungsansprüche in die „Forderung wegen der Nichterfüllung“ erst dann an, wenn der Vertragspartner auf diese Forderung eine Abschlagszahlung erhalten habe. Erst ab diesem Zeitpunkt bestünden nämlich Probleme bei der Rückabwicklung, wenn man dem Vertragspartner noch das Recht zugestehen wollte, nach Verfahrensaufhebung wieder auf seinen ursprünglichen Erfüllungsanspruch zurückzugreifen[606]. Angesichts der für den Vertragspartner unklaren Lage in der Insolvenz dürfe der Rückgriff auf den ursprünglichen Erfüllungsanspruch daher erst ab der Empfangnahme einer ersten Abschlagszahlung abgeschnitten werden.

---

602 Vgl. RGZ 93, 209, 213; 112, 297 ff.; *Kilger/K. Schmidt*, KO, 17. Aufl., § 164 Anm. 1.a); ähnlich BGHZ 108, 123, 127 ff.; ablehnend *Arend*, ZIP 1988, 69, 72.

603 Vgl. RGZ 93, 209, 213; 112, 297, 300 f. Trotz dieser prozessualen Argumentation wird von einer dauernden Forderungsumwandlung und nicht bloß von entgegenstehender materieller Rechtskraft ausgegangen.

604 Vgl. *Glück*, S. 2, der insoweit den Gedanken der Prozessökonomie sowie die „Vermeidung der Schwierigkeiten, die entstehen, wenn die im Konkurs enthaltene Teilbefriedigung mit der nach dem Konkurs noch zu beanspruchenden Restbefriedigung nicht übereinstimmt“ anführt.

605 *Förster/Eccius*, 7. Aufl., § 117 Fn. 3; *Lippmann*, JherJB 41 (1900), 112, 230 ff.; vgl. auch *Marotzke*, 3. Aufl., RdNr. 5.94 Fn. 329, der ab Inempfangnahme der ersten Abschlagszahlung von einer Bindung an die insolvenzrechtliche Umwandlung der Forderung ausgeht („Hinsichtlich des *Schuldners* lässt sich dies mit dem Rechtsgedanken des § 264 I HS. 2 BGB, hinsichtlich des *Gläubigers* mit dem Verbot des venire contra factum proprium begründen.“).; vgl. auch *K. Müller*, NJW 1968, 225, 229 allerdings nur für den Spezialfall der persönlichen Haftung des Gesellschafters bei dem Konkurs der OHG; vgl. ferner *Schultze*, S. 81. Ablehnend (für die Umwandlungsvorschriften der §§ 65, 69, 70 KO) *Krohn*, S. 23 f.

606 Kritisch *Krohn*, S. 23 f.: „Die Schwierigkeiten, die bei Teilbefriedigung und Aufrechterhaltung der ursprünglichen Forderung auftauchen, sind zu überwinden.“

bb) Art der materiellrechtlichen Umgestaltung

Folgt man der Ansicht, die eine materiellrechtliche Umgestaltung des Schuldverhältnisses durch eines der vorgenannten Ereignisse annimmt, so ist weiter zu klären, in welcher Weise das Schuldverhältnis umgestaltet wird. Hierbei kommen folgende zwei Alternativen in Betracht:

- die „Forderung wegen der Nichterfüllung" ersetzt die ursprünglichen Erfüllungsansprüche; anstelle der gegenseitigen Primäransprüche tritt also eine einseitige Differenzforderung
- die „Forderung wegen der Nichterfüllung" ergänzt die ursprünglichen Erfüllungsansprüche; neben die gegenseitigen Primäransprüche tritt also eine einseitige Differenzforderung, wobei der Vertragspartner nach Verfahrensaufhebung die Wahl hat, ob er es beim insolvenzrechtlichen Abwicklungsmodus belassen oder ob er die Erfüllung des Vertrages entsprechend der ursprünglichen Vereinbarung verlangen möchte

(1) Ersetzung der gegenseitigen Primäransprüche?

Die ganz überwiegende Meinung sieht die gegenseitigen Primäransprüche als durch die „Forderung wegen der Nichterfüllung" ersetzt an[607]. Die materiellrechtliche Umgestaltung sei also die Umwandlung der ursprünglichen Erfüllungsansprüche in die Differenzforderung[608]. Demnach sei ein Rückgriff auf die ursprünglichen Erfüllungsansprüche im Falle der materiellrechtlichen Umgestaltung ausgeschlossen, weil diese dann untergegangen – oder besser: in der „Forderung wegen der Nichterfüllung" aufgegangen – seien. Es könne insbesondere nicht angehen, dass der Vertragspartner durch eine Wahlmöglichkeit zwischen dem Erfüllungsanspruch in seiner ursprünglichen Gestalt und der „Forderung wegen der Nichterfüllung" auf Kosten des Schuldners „spekulieren" könne[609].

---

607 *Marotzke,* 3. Aufl., RdNr. 5.94 mit umfangreichen Nachweisen, aus denen jedoch z.T. nicht eindeutig hervorgeht, ob eine materiellrechtliche Umwandlung der gegenseitigen Erfüllungsansprüche in die einseitige „Forderung wegen der Nichterfüllung" stattfindet oder ob der Rückgriff auf die Erfüllungsansprüche nach Verfahrensaufhebung aus prozessualen Gründen (insb. entgegenstehende materielle Rechtskraft des Tabelleneintrags) verwehrt ist. Vgl. für die Umwandlungen nach § 45 InsO: Jaeger-*Henckel,* InsO, § 45 RdNr. 19; *Krohn,* S. 6 ff.

608 Ausdrücklich für den Fall des § 103 Abs. 2 S. 1 InsO: Jaeger-*Henckel,* InsO, § 45 RdNr. 19.

609 Vgl. MünchKomm-*Lwowski/Bitter,* InsO, § 45 RdNr. 44 a.E., die allerdings nicht von einer materiellrechtlichen Umgestaltung des Schuldverhältnisses ausgehen, sondern von der Präklusion der Einwendung, es werde eine andere Leistung geschuldet, als die in der Tabelle festgestellte Forderung.

(2) Ergänzung der gegenseitigen Primäransprüche?

Allerdings wurde gegenüber der h.M. folgende Sichtweise vertreten[610]: Die materiellrechtliche Umgestaltung des Schuldverhältnisses – spätestens durch die rechtskräftige Feststellung der „Forderung wegen der Nichterfüllung" – sei nicht als Inhaltsänderung dergestalt anzusehen, dass die ursprünglichen Erfüllungsansprüche erlöschen und dass stattdessen die „Forderung wegen der Nichterfüllung" entstehe, sondern dass das Schuldverhältnis um diese Forderung erweitert werde[611] bzw. dem Vertragspartner eine entsprechende Ersetzungsbefugnis zustehe[612]. Zwischen dem ursprünglichen Erfüllungsanspruch und der in der Tabelle festgestellten Differenzforderung bestehe dann ein Verhältnis elektiver Konkurrenz (bzw. der Vertragspartner hätte eine entsprechende Ersetzungsbefugnis), wobei das diesbezügliche Wahlrecht dem Vertragspartner zukomme[613]. Die Ausübung dieses Wahlrechts könne man nicht schon in der Anmeldung der „Forderung wegen der Nichterfüllung" zur Tabelle erblicken, sondern erst in einem Verhalten nach Aufhebung des Insolvenzverfahrens (z.B. Betreiben der Zwangsvollstreckung aus der Tabelleneintragung), denn erst ein solches Verhalten ließe den Schluss zu, der Vertragspartner wolle sich endgültig auf die einseitige Differenzforderung beschränken[614]. Demnach könne der Vertragspartner nach Aufhebung des Insolvenzverfahrens trotz der rechtskräftigen Feststellung der „Forderung wegen der Nichterfüllung" zur Tabelle auch wieder seinen ursprünglichen Erfüllungsanspruch einfordern. Tue er dies, so habe er allerdings das quotal im Insolvenzverfahren Erlangte Zug um Zug (§ 273 BGB) herauszugeben bzw. müsste er sich dieses anrechnen lassen[615].

(3) Möglichkeit einer „Feststellung beschränkt auf die Haftung der Masse"?

Eine Bindung der Insolvenzgläubiger an die Tabellenfeststellung über das Verfahrensende hinaus will *Häsemeyer*[616] dadurch vermeiden, indem er es ihnen gestattet,

610 Vgl. nur *Schultze*, S. 80: „Erweiterung der Forderung". Das gleiche Ergebnis – Wahlrecht des Gläubigers nach Verfahrensaufhebung – wird allerdings von einer Reihe von Autoren – z.B. *Häsemeyer*, InsR, 3. Aufl., RdNr. 25.16 ff.; *Fürst*, ZZP 56 (1931), 381 ff., 390; *Rintelen*, ZHR 61 (1908), 147 – für interessengerecht befunden und lediglich anders begründet.

611 *Schultze*, S. 80; vgl. auch *Fürst*, ZZP 56 (1931), 381, 389 f. (für die Umrechnungen nach §§ 65, 69, 70 KO), der allerdings „verfahrensrechtlich" argumentiert und annimmt, dass § 164 Abs. 2 KO nur den Schuldner, nicht aber auch den Gläubiger bindet; ablehnend *Krohn*, S. 13, nachdem bei den Wirkungen der Rechtskraft des Tabelleneintrags nicht mit „zweierlei Maß" gemessen werden dürfe.

612 Vgl. *Glück*, S. 82 ff., der allerdings die Ausübung der Ersetzungsbefugnis schon in der Anmeldung der Differenzforderung zur Tabelle sieht.

613 Nach Jaeger-*Weber*, KO, 8. Aufl., § 164 Anm. 10 fehlt allerdings für eine Wahlbefugnis des Gläubigers „jeder gesetzlicher Anhalt."

614 Vgl. insoweit die „verfahrensrechtliche" Argumentation von *Fürst*, ZZP 56 (1931), 381, 390.

615 Vgl. *Häsemeyer*, InsR, 3. Aufl., RdNr. 25.22; vgl. schon *Rintelen*, ZHR 61 (1908), 147, 181.

616 InsR, 3. Aufl., RdNr. 25.11 ff.; ebenso N/R-*Westphal*, InsO, §§ 201, 202 RdNr. 14.

die Anmeldung der verfahrensbedingt umgewandelten Forderung[617] auf deren Berücksichtigung im Insolvenzverfahren zu beschränken[618]. Es komme dann nur zu einer „Feststellung beschränkt auf die Haftung der Masse", so dass keine einen Rückgriff auf den ursprünglichen Forderungsinhalt ausschließende Rechtskrafterstreckung über das Verfahrensende hinaus eintrete. Die Alternative zwischen dem Verzicht entweder auf den ursprünglichen Anspruch oder auf die Insolvenzquote als Folge der Forderungsfeststellung leuchte nicht ein[619]. Weder aus den Umwandelungsregelungen der §§ 41 ff. InsO noch aus dem Forderungsfeststellungsverfahren gem. §§ 174 ff. InsO ergebe sich eine über das Verfahrensende hinausgehende Inhaltsänderung. Die Vorschriften beträfen nämlich nur das Verfahren der Haftungsgesamtabwicklung zum Zwecke der Gleichbehandlung der Gläubiger und würden daher keine darüber hinausreichenden Wirkungen auf die einzelnen Schuldverhältnisse zwischen Gläubiger und Schuldner rechtfertigen[620].

Häsemeyer ist offensichtlich bestrebt, den Eingriff in das zweiseitige Schuldverhältnis durch die allseitige Haftungsordnung Insolvenzrecht unter das Primat der Verhältnismäßigkeit zu stellen. Auch dürfe die „Nachhaltigkeit" der Forderungsumwandlung bzw. -feststellung nicht zu einer teilweisen Restschuldbefreiung unter Umgehung ihrer gesetzlichen Voraussetzungen führen. Aus der Rechtskraft- und Vollstreckungswirkung der Tabelle gem. §§ 201 Abs. 2, 184 InsO lasse sich keine verfahrensmäßige Beschränkung und Umwandlung der Forderung auch für die Nachhaftung ableiten[621]. Wenn § 201 Abs. 2 S. 1 InsO es dem Schuldner ermögliche, durch einen Widerspruch die Titelwirkung der Tabelle nach Verfahrensaufhebung auszuschließen, so müsse zwecks prozessualer Chancengleichheit und um die Konkurrenz des Tabellenauszugs mit anderen Vollstreckungstiteln aufzulösen, auch dem Gläubiger diese Möglichkeit zugebilligt werden[622]. Zu diesem Zwecke sei es dem Gläubiger zu gestatten, seine Forderung beschränkt auf deren Berücksichtigung im Insolvenzverfahren anzumelden, was durch einen entsprechenden Eintrag in der Tabelle („Feststellung beschränkt auf die Haftung der Masse") kenntlich gemacht werden könne[623]. Der Gläubiger könne also seine Forderung auf die Haftung der Insolvenzmasse feststellen lassen und wegen der Nachhaftung einen Titel über den ursprünglichen Forderungsinhalt erstreiten[624]. Obsiege der Gläubiger bei der Durchsetzung der Nachhaftung, so müsse er sich den im Verfahren als Quote erlangten Betrag auf seine Forderung anrechnen lassen; insoweit könne der Schuldner aufrechnen bzw. stehe ihm ein Zurückbehaltungsrecht nach §§ 273, 274 BGB zu[625]. Habe sich allerdings der Gläubiger durch unbeschränkte Anmeldung (und der Schuldner durch unterlassenen bzw. überwundenen Widerspruch) auf die Feststellung

---

617 *Häsemeyer,* InsR, 3. Aufl., RdNr. 25.14 bezieht seine Argumentation konsequenterweise nicht nur auf die Umwandlungsregelungen der §§ 41 ff. InsO, sondern auch auf die „Abwicklungsregelungen für schwebende Geschäfte (§§ 103 ff. InsO)". Zur Begründung verweist er überzeugend auf den gleichlaufenden Zweck dieser Vorschriften, nämlich die Haftungsverwirklichung. Vgl. auch *Marotzke,* 3. Aufl., RdNr. 3.35 ff., 5.94.

618 *Häsemeyer,* InsR, 3. Aufl., RdNr. 25.18 ff.

619 *Häsemeyer,* InsR, 3. Aufl., RdNr. 25.13; N/R-*Westphal,* InsO, §§ 201, 202 RdNr. 14.

620 *Häsemeyer,* InsR, 3. Aufl., RdNr. 25.13 f.

621 *Häsemeyer,* InsR, 3. Aufl., RdNr. 25.17.

622 *Häsemeyer,* InsR, 3. Aufl., RdNr. 25.18; vgl. auch N/R-*Westphal,* InsO, §§ 201, 202 RdNr. 14.

623 So *Häsemeyer,* InsR, 3. Aufl., RdNr. 25.18.

624 *Häsemeyer,* InsR, 3. Aufl., RdNr. 25.20.

625 *Häsemeyer,* InsR, 3. Aufl., RdNr. 25.22.

im Insolvenzverfahren auch für die Nachhaftung eingelassen, so werde hierdurch die ursprüngliche Forderung endgültig materiellrechtlich abgeändert[626].

b) Keine materiellrechtliche Umgestaltung des Schuldverhältnisses?

Eine auf dem Vormarsch befindliche Ansicht verneint die materiellrechtliche Umgestaltung des Schuldverhältnisses selbst dann, wenn es zu einer rechtskräftigen Feststellung einer Forderung in ihrer insolvenzbedingt modifizierten Form zur Tabelle gekommen ist[627]. Die Möglichkeit der Parteien, auf die ursprünglichen Erfüllungsansprüche zurückzugreifen, wird ebenfalls zumeist davon abhängig gemacht, ob es zu einer Erstreckung der Rechtskraft- und Vollstreckungswirkung über das Verfahrensende hinaus nach § 201 Abs. 2 InsO gekommen ist[628].

Die rechtskräftige Feststellung der Forderung zur Tabelle könne nach dieser Ansicht keine materiellrechtliche Umwandlung in Gestalt einer nachhaltigen Inhaltsänderung zur Folge haben[629]. Insoweit fehle es nämlich an einer ausdrücklichen positivrechtlichen Regelung[630]. Auch stehe einer materiellrechtlichen Deutung die unterschiedliche Wirkung der Forderungsfeststellung auf den Insolvenzverwalter und die Gläubiger auf der einen und dem Schuldner auf der anderen Seite entgegen. Wenn ein Widerspruch des Schuldners nach § 178 Abs. 1 S. 2 InsO keinen Einfluss auf die Feststellung der Forderung im Verfahren, sondern nur auf die Nachhaftung habe, belege dies, dass die Feststellungswirkung nur prozessuale, nicht aber materiellrechtliche Wirkung zeitige[631].

Die materielle Rechtskraft der Tabelleneintragung stehe allerdings einer Klage, gerichtet auf den ursprünglichen Schuldinhalt, entgegen, wenn sich die Rechtskraft nach § 201 Abs. 2 InsO über das Verfahrensende hinaus erstrecke[632]. Zwar komme es insoweit nicht zu einer Umgestaltung der materiellen Rechtslage[633] infolge des Eintritts der materiellen Rechtskraft der Tabelleneintragung[634], jedoch verbiete die

---

626 Vgl. *Häsemeyer*, InsR, 3. Aufl., RdNr. 25.27.
627 Vgl. für die Forderungsumwandlung nach § 45 InsO (bzw. § 69 KO): *Arend,* ZIP 1988, 69, 72 f., 76; *Grothe,* Fremdwährungsverbindlichkeiten, S. 773, 782 ff.; Jaeger-*Weber,* KO, 8. Aufl., § 164 Anm. 10; *K. Schmidt,* FS Merz, S. 533, 542 ff.; MünchKomm-*Lwowski/Bitter,* InsO, § 45 RdNr. 42; vgl. auch schon *Fürst,* ZZP 56 (1931), 381, 389 f.; *Rintelen,* ZHR 61 (1908), 147, 175 ff., 182.
628 Vgl. etwa *Arend,* ZIP 1988, 69, 73; Jaeger-*Weber,* KO, 8. Aufl., § 164 Anm. 10 m.w.N.
629 MünchKomm-*Lwowski/Bitter,* InsO, § 45 RdNr. 42.
630 MünchKomm-*Lwowski/Bitter,* InsO, § 45 RdNr. 42.
631 MünchKomm-*Lwowski/Bitter,* InsO, § 45 RdNr. 42.
632 *Arend,* ZIP 1988, 69, 73; Jaeger-*Weber,* KO, 8. Aufl., § 164 Anm. 10; a.A. *Grothe,* Fremdwährungsverbindlichkeiten, S. 773, 783: Rechtskraft beziehe sich nur auf den Bestand des Anspruchs und nicht auf seine „Gestalt"; ähnlich auch schon *Rintelen,* ZHR 61 (1908), 147, 178: „Verschiedenheit des Leistungsbegehrens" bedeute eine Grenze für die Rechtskraftwirkung.
633 Vgl. zur grundsätzlichen Unterscheidung von Prozessrecht und materiellem Recht *Henckel,* S. 1 ff., 175 ff.; *Rimmelspacher,* S. 5 ff.
634 So die heute herrschende prozessuale Rechtskrafttheorie. Die materielle Rechtskrafttheorie, nach der die Rechtskraft die materielle Rechtslage ändert, wird heute kaum noch vertreten. Vgl. MünchKomm-*Gottwald,* ZPO, 2. Aufl., § 322 RdNr. 7 ff. m.w.N.; abweichend *Krohn,* S. 6 ff., der bei den Forderungsumwandlungen nach den §§ 65, 69, 70 KO i.V.m. der Wirkung des § 164 Abs. 2 KO ausnahmsweise der Rechtskraft materiellrechtliche Gestaltungswirkung beimisst.

rechtskräftige Tabelleneintragung den Rückgriff auf den ursprünglichen Schuldinhalt. Der Vorteil gegenüber der Ansicht, die bei Eintritt dieses Ereignisses eine materiellrechtliche Umwandlung annimmt, bestehe darin, dass bezüglich der Haftung von akzessorischen Sicherheitsgebern der ursprüngliche Schuldinhalt der maßgebliche bleibe[635], was insbesondere für den akzessorisch haftenden Bürgen nach h.M. der Fall sei[636].

Die Geltendmachung des Anspruchs in seiner ursprünglichen Form nach Verfahrensaufhebung sei also ausgeschlossen, weil der Einwand, es werde eine andere Leistung – nämlich die in natura – geschuldet, präkludiert sei[637]. Nur durch diese Deutung könne der von § 201 Abs. 2 InsO intendierten Rechtssicherheit und Prozessökonomie gedient werden[638]. Diese Regelung bezwecke nämlich auch den Schutz des Schuldners, indem sie verhindere, dass auf seine Kosten spekuliert werde, was bei einem fakultativen Rückgriff auf den ursprünglichen Schuldinhalt möglich sei[639].

Schließlich sei auch der Gesetzgeber von dieser Präklusionswirkung des Tabelleneintrags ausgegangen[640]. Einschränkungen von skizzierten Grundsätzen bestünden allerdings bei einer nur teilweise erfolgten Anmeldung und Feststellung der Forderung zur Tabelle[641].

c) *Stellungnahme*

Zwecks Stellungnahme zu der aufgezeigten Problematik ist wie folgt zu verfahren:

Zunächst ist zu klären, ob es zu einer materiellrechtlichen, d.h. über das Verfahrensende hinausreichenden Umgestaltung der ursprünglichen Erfüllungsansprüche in die „Forderung wegen der Nichterfüllung" kommen kann – und wenn ja – infolge welchen Ereignisses diese Gestaltungswirkung eintritt. Danach ist zu prüfen, ob die materiellrechtliche Umgestaltung bzw. die materielle Rechtskraft der Forderungsfeststellung zur Tabelle einen Rückgriff der Parteien auf die ursprünglichen Erfüllungsansprüche ausschließt oder ob insoweit ein Wahlrecht des Vertragspartners besteht bzw. ob dieser die Anmeldung der „Forderung wegen der Nichterfüllung" auf die Haftung der Masse beschränken kann.

aa) Materiellrechtliche Umgestaltung des Schuldverhältnisses?

Die Auswirkungen des Verwalterwahlrechts nach § 103 InsO auf die Rechtslage nach Aufhebung des Insolvenzverfahrens stehen in Abhängigkeit zu den Wirkungen von Verfahrenseröffnung und Erfüllungsablehnung sowie zu der Rechtsnatur der „Forderung wegen

---

635 *Arend*, ZIP 1988, 69, 74; Jaeger-*Weber*, KO, 8. Aufl., § 164 Anm. 10 a.E. m.w.N.
636 MünchKomm-*Lwowski/Bitter*, InsO, § 45 RdNr. 42.
637 MünchKomm-*Lwowski/Bitter*, InsO, § 45 RdNr. 44.
638 MünchKomm-*Lwowski/Bitter*, InsO, § 45 RdNr. 44 mit Verweis auf *Glück*, S. 74 f.
639 *Glück*, S. 75 unter Berufung auf Motive II, S. 384.
640 MünchKomm-*Lwowski/Bitter*, InsO, § 45 RdNr. 44 m.w.N.
641 MünchKomm-*Lwowski/Bitter*, InsO, § 45 RdNr. 46; vgl. auch *Fürst*, ZZP 56 (1931), 381, 383 f.; *Krohn*, S. 22.

der Nichterfüllung"[642]. Die Konsequenz aus der „Gestaltungs-" bzw. „Erlöschenstheorie" ist – wie bereits aufgezeigt[643] – eine materiellrechtliche Umgestaltung des Schuldverhältnisses über das Verfahrensende hinaus, so dass im Falle der Erfüllungsablehnung durch den Insolvenzverwalter ein Rückgriff auf den ursprünglichen Forderungsinhalt für beide Parteien unabhängig von einer Verfahrensteilnahme des Vertragspartners ausgeschlossen sein muss. Geht man indes – wie in dieser Arbeit vertreten[644] – vom fehlenden Einfluss sowohl der Verfahrenseröffnung als auch der Erfüllungsablehnung durch den Insolvenzverwalter auf die materielle Rechtslage zwischen dem Schuldner und seinem Vertragspartner aus, so ist weiter zu fragen, ob eine materiellrechtliche Umgestaltung des Schuldverhältnisses infolge eines anderen Ereignisses möglich ist. Die Beantwortung dieser Frage steht in Abhängigkeit zu der Rechtsnatur der „Forderung wegen der Nichterfüllung"[645].

(1) Rechtsgrundlage der „Forderung wegen der Nichterfüllung" ist §§ 280 Abs. 1, 3, 283 BGB

Wie bereits dargelegt[646], handelt es sich bei der „Forderung wegen der Nichterfüllung" um einen Schadensersatzanspruch wegen nachträglicher vom Schuldner zu vertretender Unmöglichkeit gem. §§ 280 Abs. 1, 3, 283 BGB, wenn die Voraussetzungen für diesen Anspruch bis spätestens zur Erfüllungsablehnung durch den Insolvenzverwalter vorliegen. Dies wird allerdings nur ausnahmsweise der Fall sein. Da die ursprüngliche Leistungsverpflichtung aus Gründen der Rechtssicherheit auch nicht wieder auflebt, wenn die Leistung infolge einer unerwarteten Entwicklung wieder möglich wird[647], kommt es dann durch den Eintritt der Unmöglichkeit zu der materiellrechtlichen Umgestaltung des Schuldverhältnisses. Das Gleiche muss gelten, wenn die Unmöglichkeit erst nach der Erfüllungsablehnung des Insolvenzverwalters – insbesondere infolge der Verwertung der geschuldeten Speziessache – eintritt, so dass es sich bei der „Forderung wegen der Nichterfüllung" dann nicht um einen Anspruch aus §§ 280 Abs. 1, 3, 283 BGB handelt[648].

Festzuhalten ist daher Folgendes:

Unabhängig davon, ob ein Schadensersatzanspruch wegen Unmöglichkeit im Insolvenzverfahren geltend gemacht werden kann, bleibt es dabei, dass der Eintritt der Unmöglichkeit in jedem Fall einen Rückgriff auf den ursprünglichen Erfüllungsanspruch ausschließt[649]. Ist also vor Aufhebung des Insolvenzverfahrens die Leis-

---

642 *Schlosser*, RdNr. 343.
643 Siehe oben unter 1. bzw. 2.
644 Siehe oben unter C)VI.
645 Vgl. hierzu ausführlich oben unter B)V.3.a).
646 Siehe oben unter B)V.3.a)aa)(2)(a).
647 RGZ 158, 321, 331; BGH, LM § 275, Nr. 4; B/R-*Grüneberg*, BGB, § 275 RdNr. 24.
648 Die „Forderung wegen der Nichterfüllung" wird nur dann durch einen Schadensersatzanspruch aus §§ 280 Abs. 1, 3, 283 BGB „ausgefüllt", wenn alle Tatbestandsmerkmale dieser Anspruchsgrundlage bis spätestens zur Zeit der Erfüllungsablehnung durch den Insolvenzverwalter vorliegen. Siehe hierzu oben unter B)V.3.a)aa)(2)(a),(b).
649 Vgl. *Glück*, S. 44, der allerdings als Vertreter der „Gestaltungstheorie" bei den § 17 KO unter-

tung des Schuldners (oder die des Vertragspartners) unmöglich geworden, so kann selbstverständlich nur noch der Schadensersatzanspruch[650] nach Verfahrensaufhebung geltend gemacht werden.

(2) Rechtsgrundlage der „Forderung wegen der Nichterfüllung" ist §§ 280 Abs. 1, 3, 281 BGB

Häufiger als um einen Schadensersatzanspruch gem. §§ 280 Abs. 1, 3, 283 BGB wird es sich bei der „Forderung wegen der Nichterfüllung" um einen solchen aus §§ 280 Abs. 1, 3, 281 BGB handeln[651]. Dann kommt es zu einer materiellrechtlichen Umgestaltung des Schuldverhältnisses jedenfalls nicht schon infolge des Eintritts des Schuldnerverzugs. Nach überwiegender Ansicht stehen der ursprüngliche Erfüllungsanspruch des Gläubigers und der Schadensersatzanspruch aus §§ 280 Abs. 1, 3, 281 BGB zunächst zueinander im Verhältnis elektiver Anspruchskonkurrenz[652]. Die beiden Ansprüche stehen also im Schuldverhältnis i.w.S. nebeneinander. Der Erfüllungsanspruch erlischt allerdings, wenn der Gläubiger Schadensersatz statt der Leistung im Sinne von § 281 Abs. 4 BGB verlangt[653]. Das Schadensersatzverlangen als rechtsgeschäftsähnliche Erklärung zeitigt also eine dem Rücktritt vergleichbare Wirkung[654]. Dies verleitet zu der Annahme, dass es zu einer materiellrechtlichen Umgestaltung des Schuldverhältnisses schon infolge der Anmeldung der „Forderung wegen der Nichterfüllung" gem. § 174 Abs. 1 InsO kommt, sofern es sich bei dieser um einen Schadensersatzanspruch aus §§ 280 Abs. 1, 3, 281 BGB handelt[655].

Allerdings muss diese Annahme sowohl einer dogmatischen als auch einer Billigkeitsprüfung standhalten. Insoweit ist Folgendes zu bedenken: Die Anmeldung der „Forderung wegen der Nichterfüllung" richtet sich an den Insolvenzverwalter und enthält zunächst einmal nur ein Verlangen nach anteiliger Befriedigung aus der

---

fallenden Schuldverhältnissen die materiellrechtliche Umgestaltung schon als Folge der Erfüllungsablehnung ansieht.

650 Auch wenn dieser entsprechend den Ausführungen unter B)V.3.a)aa) im Insolvenzverfahren nicht berücksichtigungsfähig war. Selbst wenn nur eine nach den Nennwertprinzip berechnete „Forderung wegen der Nichterfüllung" zur Tabelle festgestellt worden ist, kann der Vertragspartner nach Aufhebung des Insolvenzverfahrens noch einen etwaigen entgangenen Gewinn vom Schuldner persönlich ersetzt verlangen, denn hierüber wurde im Feststellungsverfahren nicht rechtskräftig entschieden.

651 Siehe oben unter B)V.3.a)(2)(c).

652 Palandt-*Heinrichs*, BGB, 64. Aufl., § 281 RdNr. 50; a.A. *Schwab*, JR 2003, 133, 135.

653 Palandt-*Heinrichs*, BGB, 64. Aufl., § 281 RdNr. 50a.

654 BT-Drucks. 14/6040 S. 140.

655 Wie oben unter B)V.3.a)aa) festgestellt, ist die Rechtsgrundlage der „Forderung wegen der Nichterfüllung" grundsätzlich in den insolvenzrechtlichen Umgestaltungsvorschriften i.V.m. der ursprünglichen Rechtsgrundlage zu erblicken. Allerdings kann diese „insolvenzrechtliche Forderung" durch eine bürgerlichrechtliche Schadensersatzforderung „ausgefüllt" werden, wenn die Tatbestandsmerkmale der Anspruchsgrundlage (mit Ausnahme der Fälligkeit des Primäranspruchs) bis spätestens zur Zeit der Erfüllungsablehnung durch den Insolvenzverwalter vorliegen.

Insolvenzmasse[656]. Unschädlich ist es allerdings, dass der Vertragspartner in aller Regel annimmt, sein angemeldeter Schadensersatzanspruch werde nicht vollständig befriedigt werden. Eine Beschränkung des Schadensersatzverlangens auf die Haftung der Masse ist nicht vorgesehen und widerspräche der gesetzgeberischen Intention, durch Schaffung des § 281 Abs. 4 BGB Rechtssicherheit zugunsten des Schuldners zu gewährleisten[657]. Die Anmeldung einer „Forderung wegen der Nichterfüllung", die im Einzelfall durch einen Schadensersatzanspruch gem. §§ 280 Abs. 1, 3, 281 BGB „ausgefüllt" wird, enthält also ein Schadensersatzverlangen i.S.v. § 281 Abs. 4 BGB. Fraglich kann allenfalls sein, ob dieses schon durch die Anmeldung der Forderung beim Insolvenzverwalter gegenüber dem Schuldner wirksam wird.

Der Schuldner selbst wird durch die Anmeldung nicht – jedenfalls nicht ausdrücklich – zur Schadensersatzleistung aus seinem insolvenzfreien Vermögen aufgefordert. Deshalb könnte man meinen, durch die Anmeldung der „Forderung wegen der Nichterfüllung" zur Tabelle tritt nicht die Rechtsfolge des § 281 Abs. 4 BGB – das Erlöschen der gegenseitigen Erfüllungsansprüche[658] – ein. Eine solche Sichtweise verkennt allerdings, dass das Schadensersatzverlangen in der Insolvenz nicht gegenüber dem Schuldner selbst erklärt werden muss.

Zunächst ist es schon generell[659] nicht unproblematisch, für den Eintritt der Rechtsfolge des § 281 Abs. 4 BGB zu verlangen, dass das Schadensersatzverlangen gegenüber dem Schuldner erklärt wird. Anders als bei anderen Erklärungen, die eine rechtsgestaltende Wirkung haben – z.B. Anfechtung (vgl. § 143 Abs. 1 BGB), Aufrechnung (vgl. § 388 S. 1 BGB), Rücktritt (vgl. § 349 BGB) als Gestaltungsrechte; Fristsetzung nach § 281 Abs. 1 S. 1 BGB, Aufforderung nach § 177 Abs. 2 BGB – verlangt der Wortlaut des § 281 Abs. 4 BGB nämlich gerade nicht die Erklärung gegenüber dem Schuldner[660]. Auch wenn der Zugang des Schadensersatzverlangens beim Schuldner dennoch i.E. außerhalb eines Insolvenzverfahrens zu fordern ist[661], genügt im eröffneten Insolvenzverfahren der Zugang beim Insolvenzverwalter.

Der Insolvenzverwalter ist kraft seines Amtes für den Empfang gestaltender Erklärungen[662] (z.B. der Aufrechnungserklärung eines Insolvenzgläubigers[663]), die sich auf Gegenstände der Masse beziehen, zuständig[664]. Ebenso wie die Ausübung

---

656 *Marotzke*, 3. Aufl., RdNr. 5.95 m.w.N.
657 Vgl. BT-Drucks. 14/6040, S. 140.
658 Palandt-*Heinrichs*, BGB, 64. Aufl., § 281 RdNr. 51; Staudinger-*Otto*, BGB, 2004, § 281 RdNr. D7 ff.
659 Also außerhalb eines Insolvenzverfahrens.
660 Und dies, obwohl das Gesetz ansonsten auf die Vorschriften über den Rücktritt verweist (§ 281 Abs. 5 BGB). Vgl. auch Begr. des RegE, BT-Drucks. 14/6040, S. 140.
661 Vgl. MünchKomm-*Ernst*, BGB, 4. Aufl., § 281 RdNr. 94; Palandt-*Heinrichs*, BGB, 64. Aufl., § 281 RdNr. 50a.
662 Bei dem Schadensersatzverlangen gem. § 281 Abs. 4 BGB handelt es sich zwar um kein Gestaltungsrecht, jedoch um eine rechtsgeschäftsähnliche Handlung, an die das Gesetz gestaltende Wirkung – Untergang der Erfüllungsansprüche – knüpft.
663 HK-*Eickmann*, InsO, 3. Aufl., § 94 RdNr. 17.
664 Vgl. Weisemann/Smid-*Weisemann/Nisters*, § 12 RdNr. 66.

eines materiellen Gestaltungsrechts (z.B. Anfechtung, Rücktritt) durch den Insolvenzverwalter die Rechtsposition des Schuldners auch dann nachhaltig beeinflusst, wenn dieser hiermit nicht einverstanden ist, wird der Schuldner von den Wirkungen einer gestaltenden Erklärung betroffen, die der Vertragspartner gegenüber dem Verwalter abgegeben hat. Dies gilt auch für das Schadensersatzverlangen nach § 281 Abs. 4 BGB, das zwar eine rechtsgeschäftsähnliche Handlung ist, jedoch eine dem Rücktritt vergleichbare Gestaltungswirkung entfaltet[665]. Die persönliche Bindung des Schuldners an die veränderte Rechtslage ergibt sich aus der Massezugehörigkeit des gegenseitigen Vertrages sowie aus dem Umstand, dass Erklärungen, die eine materiellrechtliche Gestaltungswirkung zeitigen, nicht nur auf die Haftung der Masse beschränkt wirken, sondern darüber hinaus das zweiseitige Schuldverhältnis nachhaltig umgestalten („Einheitlichkeit der Gestaltungswirkung").

Zu beachten ist allerdings auch die Schutzwürdigkeit des Schuldners im Hinblick auf Erklärungen, die seine Rechtstellung über das Verfahrensende hinaus betreffen, die also seinen schuld- und haftungsrechtlichen Status außerhalb des Insolvenzverfahrens verändern. Die Wirkung des Schadensersatzverlangens darf deshalb erst in dem Zeitpunkt eintreten, in dem der Schuldner unter regelmäßigen Umständen von der Forderungsanmeldung Kenntnis erlangt. Der Schuldner muss wissen, was zwischen ihm und dem Vertragspartner künftig „Recht" ist.

Der Schuldner wird häufig erst im Prüfungstermin von den einzelnen Forderungsanmeldungen Kenntnis erlangen. Jedoch wird es im Einzelfall durchaus vorkommen, dass der Schuldner bereits vor dem Prüfungstermin Kenntnis von der Forderungsanmeldung nimmt[666]. Demnach könnte man annehmen, dass die Wirksamkeit des Schadensersatzverlangens bereits zu diesem Zeitpunkt eintritt. Ein Erlöschen der ursprünglichen Erfüllungsansprüche[667] schon vor dem Prüfungstermin wäre dann also möglich. Hiergegen wurde eingewendet, dass es nicht interessengerecht sei, den Vertragspartner auch dann von der Geltendmachung des ursprünglichen Erfüllungsanspruchs auszuschließen, wenn dieser seine Anmeldung vor der Feststellung zurücknehme oder wenn das Insolvenzverfahren mangels Masse gem. § 207 InsO vor dem Prüfungstermin eingestellt werde[668]. Der Vertragspartner wäre dann an sein Schadensersatzverlangen gebunden, obwohl es zu keinem Prüfungstermin – geschweige denn zu einer Feststellung der Forderung – gekommen ist.

Dieses Ergebnis lasse sich jedoch vermeiden, wenn man die Erlöschenswirkung des Schadensersatzverlangens erst zu dem Zeitpunkt eintreten lässt, in dem der Vertragspartner seine Anmeldung nicht mehr zurücknehmen kann[669]. Die Insolvenzgläubiger können ihre

---

665 Vgl. Begr. des RegE, BT-Drucks. 14/6040, S. 140.

666 Insbesondere, wenn der Insolvenzverwalter ihn nach § 97 InsO zwecks Vorprüfung der Berechtigung einer angemeldeten Forderung in Anspruch nimmt oder der Schuldner die Tabelle bei der Geschäftstelle des Insolvenzgerichts einsieht.

667 Vgl. Staudinger-*Otto*, BGB, 2004, § 281 RdNr. D7 ff.

668 Vgl. BGH, NJW 1976, 2264, 2265; Jaeger-*Henckel*, KO, 9. Aufl., § 17 RdNr. 160.

669 Jaeger-*Henckel*, KO, 9. Aufl., § 17 RdNr. 161; vgl. (bez. der Umwandlung nach § 69 KO) *Glück*, S. 53 f.; *Kalter*, KTS 1973, 16, 22 ff. nimmt hingegen eine Umwandlung schon infolge der Anmeldung der Forderung an.

Forderungsanmeldungen bis zur Feststellung[670] der jeweiligen Forderung zurücknehmen[671]. Deshalb erscheint es bei oberflächlicher Betrachtung billig zu sein, die Erlöschenswirkung des Schadensersatzverlangens bezüglich der ursprünglichen Erfüllungsansprüche nur dann eintreten zu lassen, wenn zu diesem Zeitpunkt die entsprechende Forderungsanmeldung noch vorliegt. Die „Forderung wegen der Nichterfüllung" könnte bei dieser Sichtweise als unter der Bedingung ihrer Feststellung angemeldet anzusehen sein. Fraglich ist, ob dieses Ergebnis auch dogmatisch begründbar ist. In diesem Zusammenhang muss darauf hingewiesen werden, dass Erklärungen, die eine Gestaltungswirkung zeitigen, grundsätzlich bedingungsfeindlich sind.

Das Schadensersatzverlangen gem. § 281 Abs. 4 BGB steht freilich unter der Bedingung, dass der Schadensersatzanspruch auch besteht[672]. Ansonsten geht das Schadensersatzverlangen „ins Leere"[673]. Hingegen ist es nicht zulässig, das Schadensersatzverlangen davon abhängig zu machen, dass es zu einer Feststellung der „Forderung wegen der Nichterfüllung" kommt. Wenn nämlich das Schadensersatzverlangen unter der Bedingung der Feststellung der Forderung zur Tabelle gestellt wird, dann steht auch die Anmeldung der Forderung selbst unter dieser Bedingung, denn die Anmeldung enthält ja das Schadensersatzverlangen. Die Anmeldung, die von ihrer verfahrensrechtlichen Bedeutung einer Klageschrift entspricht[674], darf indessen aus Gründen der Rechtssicherheit von keiner – auch von keiner innerprozessualen – Bedingung abhängig gemacht werden[675], denn durch sie wird das verfahrensrechtliche Verhältnis des Insolvenzgläubigers zur Masse erst begründet[676]. Deshalb kann auch kein Vergleich zu der nach der ganz h.M. zulässigen Eventualaufrechnung im Prozess gezogen werden, bei der das Prozessrechtsverhältnis schon besteht.

Jedoch könnte man, um ein Gleichlaufen der Rücknehmbarkeit der Anmeldung mit dem Schadensersatzverlangen i.S.v. § 281 Abs. 4 BGB zu erreichen, die Widerrufbarkeit des Schadensersatzverlangens in Erwägung ziehen. Eine Willenserklärung wird gem. § 130 Abs. 1 S. 2 BGB nicht wirksam, wenn dem Empfänger vorher oder gleichzeitig ein Widerruf zugeht. Zwar handelt es sich bei dem Schadensersatzverlangen gem. § 281 Abs. 4 BGB nicht um eine Willenserklärung, sondern um eine rechtsgeschäftsähnliche Handlung[677], jedoch finden auf solche Handlungen anerkannterweise grundsätzlich die Vorschriften über die Willenserklärungen entsprechende Anwendung[678], so auch § 130 BGB[679]. Deshalb wird die Auslegung der Rücknahme der Forderungsanmeldung nach dem objektiven Empfängerhorizont gem. §§ 133, 157 BGB regelmäßig den gleichzeitigen Widerruf des Schadensersatzverlangens nach § 281 Abs. 4 BGB ergeben. Problematisch ist allerdings, dass der Empfän-

670 Der Zeitpunkt der Feststellung hängt vom Vorliegen und Überwinden von Gläubiger- und Verwalterwidersprüchen ab.
671 MünchKomm-*Nowak*, InsO, § 174 RdNr. 26 m.w.N.
672 Vgl. Staudinger-*Otto*, BGB, 2004, RdNr. D1.
673 MünchKomm-*Ernst*, BGB, 4. Aufl., § 281 RdNr. 105; Staudinger-*Otto*, BGB, 2004, § 281 RdNr. D2.
674 MünchKomm-*Nowak*, InsO, § 174 RdNr. 2.
675 Vgl. MünchKomm-*Lüke*, ZPO, 2. Aufl., § 253 RdNr. 16 m.w.N.
676 Vgl. FK-*Kießner*, InsO, 3. Aufl., § 174 RdNr. 45.
677 Palandt-*Heinrichs*, BGB, 64. Aufl., § 281 RdNr. 50a.
678 Palandt-*Heinrichs*, BGB, 64. Aufl., Überbl. v. § 104 RdNr. 7.
679 Palandt-*Heinrichs*, BGB, 64. Aufl., § 130 RdNr. 3.

ger des Schadensersatzverlangens der Insolvenzverwalter ist und nicht der Schuldner selbst. Die Forderung ist ja gem. § 174 Abs. 1 S. 1 InsO beim Insolvenzverwalter anzumelden. Insoweit könnte man erwägen, den Widerruf schon ab dem Zugang des in der Anmeldung enthaltenen Schadensersatzverlangens beim Insolvenzverwalter als ausgeschlossen anzusehen. Dem steht allerdings entgegen, dass die vom Gesetzgeber gewollte Bindung des Vertragspartners an sein Schadensersatzverlangens zugunsten des Schuldners[680] und nicht zugunsten des Insolvenzverwalters bzw. der Gläubigergemeinschaft besteht. Das Interesse der Gläubigergemeinschaft wird nicht verletzt, wenn der Vertragspartner vor der Feststellung seiner Forderung von der Geltendmachung eines Schadensersatzanspruchs im Insolvenzverfahren absieht, denn hierdurch wird die Insolvenzquote erhöht. § 281 Abs. 4 BGB will Rechtssicherheit zugunsten des Schuldners gewährleisten, dieser soll wissen, welche Leistung(en) er künftig schuldet, damit er sich nicht unnötig lange zur Erfüllung in natura bereithalten muss. Dieser gesetzgeberischen Intention wird man nur gerecht, indem man bezüglich der Widerrufbarkeit des Schadensersatzverlangens auf die Person des Schuldners abstellt.

Da für die Widerrufbarkeit der Zeitpunkt der regelmäßigen Kenntnisnahme und nicht derjenige der tatsächlichen Kenntnisnahme der maßgebliche ist[681], wird man das Schadensersatzverlangen schon aus diesem Gesichtspunkt als bis zum Zeitpunkt der regelmäßigen Einsichtnahme der Tabelle durch den Schuldner bzw. bis zum Prüfungstermin[682] widerrufbar ansehen. Eine weitere Möglichkeit, die materiellrechtliche Umgestaltung des Schuldverhältnisses zeitlich nach hinten zu verlagern, könnte darin bestehen, die Wirksamkeit des Schadensersatzverlangens an den Ausschluss der Rücknahmemöglichkeit bez. der Forderungsanmeldung zu knüpfen[683]. Allerdings ist dies insoweit problematisch, als man dann die Wirksamkeit einer materiellrechtlichen Erklärung (Schadensersatzverlangen i.S.v. § 281 Abs. 4 BGB) aus dem Verfahrensrecht (Ausschluss der Rücknahme der Forderungsanmeldung) ableiten würde. Die materiellrechtliche Wirksamkeit ist aber unabhängig von der verfahrensrechtlichen Wirksamkeit zu beurteilen. Wer die materiellrechtliche Wirksamkeit mit der verfahrensrechtlichen Wirksamkeit (oder umgekehrt[684]) zu erklären versucht, unterliegt insofern einem Zirkelschluss, als er das Gleichlaufen dieser beiden Wirkungen nur generell behauptet und nicht im Einzelfall begründet, weshalb die materiellrechtliche mit der verfahrensrechtlichen Wirksamkeit zusammenfällt. Allerdings wird man – wie soeben gezeigt – das in der Anmeldung der „Forderung wegen der Nichterfüllung" liegende Schadensersatzverlangen gem. § 281 Abs. 4 BGB als nach § 130 Abs. 1 S. 2 BGB analog bis zum Zeit-

---

680 Vgl. Begr. RegE, BT-Drucks. 14/6040, S. 140.

681 H.M.; vgl. B/R-*Wendtland*, BGB, § 131 RdNr. 30 m.w.N.

682 Wenn vorher keine Tabelleneinsicht durch den Schuldner zu erwarten ist.

683 *Glück*, S. 79 f. geht diesen Weg bezüglich der Forderungsumwandlungen gem. §§ 65, 69, 70 KO. Er sieht in diesen Normen eine dem Gläubiger zustehende Ersetzungsbefugnis, die zwar schon durch die Anmeldung ausgeübt, jedoch erst wirksam wird, wenn dem Gläubiger durch die konkursmäßige Feststellung die Rücknahmemöglichkeit genommen wird.

684 MünchKomm-*Lüke*, ZPO, 2. Aufl., Einleitung, RdNr. 270.

punkt der regelmäßigen Einsichtnahme durch den Schuldner widerrufbar ansehen können, da grundsätzlich erst ab diesem Zeitpunkt von einer Kenntnisnahme durch den Schuldner auszugehen ist.

Nicht überzeugend ist es indessen, die Umgestaltung vom Ausgang des Prüfungstermins (bzw. eines nachfolgenden Feststellungsstreits) abhängig zu machen, also davon, ob es zu einer Feststellung der „Forderung wegen der Nichterfüllung“ wegen Ausbleibens von Gläubiger- und Verwalterwidersprüchen bzw. wegen Beseitigung derselben kommt. Die Wirksamkeit einer Erklärung, der nach allgemeinem bürgerlichen Recht (§ 281 Abs. 4 BGB) Gestaltungswirkung zukommt, darf nicht von insolvenzverfahrensbedingten Ereignissen abhängen[685], es sei denn, dies lässt sich aufgrund einer ausdrücklichen Regelungen mit dem Insolvenzzweck rechtfertigen. Der Gläubiger, der außerhalb eines Insolvenzverfahrens Schadensersatz statt der Leistung verlangt, kann nach dem Zugang des Schadensersatzverlangens beim Schuldner nicht mehr auf seinen ursprünglichen Erfüllungsanspruch zurückgreifen[686]. Nichts anderes darf für den Fall eines Schadensersatzverlangens im Rahmen eines Insolvenzverfahrens gelten, denn ansonsten würde der Gläubiger im Insolvenzverfahren insoweit besser stehen, als er ohne ein Insolvenzverfahren stünde. Der Reformgesetzgeber (des BGB) wollte ein Nebeneinander von Erfüllungs- und Schadensersatzanspruch gerade ab Zugang des Schadensersatzverlangens ausschließen[687]. Den Fortbestand des Erfüllungsanspruchs von der Feststellung der Differenzforderung zur Tabelle abhängig zu machen, würde diese gesetzgeberische Intention konterkarieren. Überdies darf derjenige Vertragspartner, dessen Forderung im Prüfungstermin (von einem anderen Gläubiger, dem Insolvenzverwalter oder dem Schuldner) bestritten worden ist, nicht durch die Möglichkeit, nach Verfahrensaufhebung seinen ursprünglichen Erfüllungsanspruch geltend zu machen, besser gestellt werden, als der Vertragspartner, dessen „Forderung wegen der Nichterfüllung“ rechtkräftig festgestellt wird bzw. bei dem darüber hinaus die Voraussetzungen des § 201 Abs. 2 InsO vorliegen. Eine Suspendierung des § 281 Abs. 4 BGB durch den Insolvenzzweck tritt nicht ein. Nach dem Sinn und Zweck dieser Vorschrift kann nach einem Schadensersatzverlangen unabhängig davon, ob dieses innerhalb oder außerhalb eines Insolvenzverfahrens erklärt wird, nicht mehr auf den Erfüllungsanspruch zurückgegriffen werden. Dem kann auch nicht entgegen gehalten werden, dass der Vertragspartner während des Insolvenzverfahrens wegen § 87 InsO nicht seinen ursprünglichen Erfüllungsanspruch im Klagewege verfolgen kann und deshalb im Zeitpunkt der Anmeldung seiner „Forderung wegen der Nichterfüllung“ nicht zwischen Erfüllung und Schadensersatz wählen konnte. Die Insolvenz hemmt nämlich nicht die materielle Gestaltungswirkung, die das Gesetz an das Schadensersatzverlangen knüpft. Wenn der Vertragspartner während des

---

685 *Prahl,* ZInsO 2005, 568, 569; vgl. allgemein für im Prozess ausgeübte materielle Gestaltungsrechte (z.B. Anfechtung, Aufrechnung) MünchKomm-*Lüke,* ZPO, 2. Aufl., Einleitung, RdNr. 263 f.

686 Vgl. *Prahl,* ZInsO 2005, 568, 569; *Schlosser,* Zivilprozessrecht II, RdNr. 343.

687 BT-Drucks. 14/6040, S. 140.

Verfahrens zurücktritt[688], ist er auch nach der Aufhebung desselben von den Rechtsfolgen des Rücktritts betroffen. Gleiches muss für das Schadensersatzverlangen nach § 281 Abs. 4 BGB gelten.

Der Gesetzgeber hat sich überdies ausdrücklich dagegen entschieden, die Umgestaltung des Schuldverhältnisses in eine Schadensersatzforderung erst ab der Empfangnahme des Schadensersatzes bzw. einer ersten Abschlagszahlung durch den Gläubiger eintreten zu lassen[689]. Der Ansicht, welche die materiellrechtliche Umgestaltung des Schuldverhältnisses erst infolge dieses Ereignisses eintreten lässt, kann daher ebenfalls nicht gefolgt werden.

Festzuhalten ist daher Folgendes:

Handelt es sich bei der „Forderung wegen der Nichterfüllung" um einen Schadensersatzanspruch aus §§ 280 Abs. 1, 3, 281 BGB, so tritt eine materiellrechtliche Umgestaltung des Schuldverhältnisses erst im Zeitpunkt der regelmäßigen Kenntnisnahme des Schadensersatzverlangens durch den Schuldner ein. Das Schadensersatzverlangen ist in der Anmeldung der „Forderung wegen der Nichterfüllung" zur Tabelle zu erblicken. Der Widerruf dieser Erklärung ist ab dem Zeitpunkt der regelmäßigen Einsichtnahme der Tabelle durch den Schuldner ausgeschlossen.

(3) Rechtsgrundlage der „Forderung wegen der Nichterfüllung" ist die ursprüngliche Rechtsgrundlage i.V.m. § 103 Abs. 2 S. 1 InsO und den allgemeinen Grundsätzen des Insolvenzrechts

Schwieriger stellt sich die Rechtslage dar, wenn es sich bei der „Forderung wegen der Nichterfüllung" nicht um einen bürgerlichrechtlichen Schadensersatzanspruch handelt. Dann ist die Rechtsgrundlage dieser Forderung – wie bereits festgestellt[690] – die ursprüngliche Rechtsgrundlage des Erfüllungsanspruchs i.V.m. § 103 Abs. 2 S. 1 InsO und den allgemeinen Grundsätzen des Insolvenzrechts. Sowohl die Eröffnung des Insolvenzverfahrens als auch die Erfüllungsablehnung durch den Insolvenzverwalter lässt den Bestand der ursprünglichen Erfüllungsansprüche unberührt[691]. Zu klären ist deshalb im Folgenden, ob die Anmeldung der Forderung, die Feststellung derselben, das Vorliegen der Voraussetzungen des § 201 Abs. 2 InsO oder die Annahme einer Abschlagszahlung das materiellrechtliche Schuldverhältnis umzugestalten in der Lage sind oder ob insoweit die an Bedeutung gewinnende „Rechtskraftlösung" den richtigen Weg aufzeigt. Jedenfalls wird das Ergebnis, dass

---

688 Der Rücktritt vom Vertrag durch den Vertragspartner ist nach richtiger Ansicht auch im eröffneten Verfahren möglich, soweit dadurch nicht das Wahlrecht des § 103 InsO entwertet wird. Vgl. *Marotzke*, KTS 2002, 1 ff., 29.

689 BT-Drucks. 14/6040, S. 140: „Es kommt hierfür nicht darauf an, ob er tatsächlich Schadensersatz auch erhält. Entscheidend ist nur, dass er sich mit der Beanspruchung von Schadensersatz letztlich hierfür entschieden hat."

690 Siehe oben unter B.V.3.a)aa)(2)(f).

691 Siehe oben unter C)VI.

bei Vorliegen der Voraussetzungen des § 201 Abs. 2 InsO ein Rückgriff auf die ursprünglichen Erfüllungsansprüche für beide Parteien ausscheidet, von der überwiegenden Ansicht als billig und gerecht empfunden und daher als Zielvorgabe der rechtsdogmatischen Argumentation angesehen[692]. Ob diese Prämisse zutrifft und wenn ja, welche zu ihr führende rechtliche Begründung vorzugswürdig ist, wird daher Gegenstand der folgenden Ausführungen sein.

Vielfach wird behauptet, dass beim Vorliegen der Voraussetzungen des § 201 Abs. 2 InsO ein Rückgriff der Parteien auf die ursprünglichen Ansprüche deshalb ausscheiden müsse, weil anderenfalls der Sinn und Zweck dieser Norm, nämlich die Prozessökonomie leer liefe[693]. Richtig an dieser Behauptung ist jedenfalls, dass eine historische Auslegung des § 201 Abs. 2 InsO (genauer gesagt der Vorgängernorm § 164 Abs. 2 KO) die Prozessökonomie als vordergründige ratio legis erscheinen lässt[694]. Wenn also die Erstreckung der Rechtskraft- und Vollstreckungswirkung des Tabelleneintrags über das Verfahrensende hinaus dazu dient, dem Staat, dem Gläubiger und dem Schuldner einen Prozess zu ersparen[695], so würde es dieser gesetzgeberischen Intention zuwiderzulaufen, wenn man nichtsdestotrotz beim Vorliegen der Voraussetzungen des § 201 Abs. 2 InsO einen Rückgriff der Parteien auf die ursprünglichen Erfüllungsansprüche zuließe.

Zu prüfen ist allerdings noch, ob die auf die gesetzgeberische Intention gestützte Auslegung das Ergebnis der h.M. allein zu begründen vermag. Dem Rechtanwender obliegt es nämlich bei der Gesetzesauslegung vom Gesetzgeber übersehene Lücken zu schließen bzw. Widersprüche zu überwinden[696]. In diesem Zusammenhang hat etwa *Häsemeyer*[697] geäußert, dass die Alternative, Verfahrensteilnahme oder Fortbestand des ursprünglichen Erfüllungsanspruchs, nicht einleuchte. Indes ist sein, um diese (vermeintliche) Unbilligkeit zu vermeiden, gemachter Vorschlag, eine Anmeldung der „Forderung wegen der Nichterfüllung" beschränkt auf die Haftung der Masse zuzulassen, de lege lata abzulehnen, da das Gesetz eine solche Möglichkeit nicht vorsieht[698]. Dies ergibt sich daraus, dass die Tabelleneintragung nach § 178 Abs. 3 InsO ihrem Betrag und ihrem Rang nach wie ein rechtskräftiges Urteil gegenüber dem Insolvenzverwalter und allen Insolvenzgläubigern bzw. unter der weiteren Voraussetzung des § 201 Abs. 2 InsO auch gegenüber dem Schuldner wirkt. Deshalb darf die Tabellenfeststellung – genauso wie der Tenor eines Zivilurteils[699] – nur die Vorbehalte bzw. Beschränkungen enthalten, die gesetzlich vorgesehen sind. Eine Vorschrift, welche die Feststellung einer Forderung „beschränkt auf die Haf

---

692 Siehe oben unter 3.

693 *Glück*, S. 75; *Krohn*, S. 14; MünchKomm-*Lwowski/Bitter*, InsO, § 45 RdNr. 44.

694 Vgl. hierzu Motive II, S. 384, wo es heißt: „Es würde unnöthigen und kostspieligen Aufschub verursachen, bösen Ausflüchten Thür und Thor öffnen, im Interesse des Schuldners nicht unbedingt geboten sein, das Interesse der Gläubiger aber unzweifelhaft gefährden, wenn dieselben genöthigt werden sollten, trotz der ihre Forderungen mittelbar anerkennenden Tabelle und Urtheile sie gegen den Schuldner von neuem durch Klage zu verfolgen."

695 *Glück*, S. 75; *Krohn*, S. 12.

696 Vgl. zur Dogmatik der Rechtsfortbildung *Pawlowski*, 3. Aufl., RdNr. 453 ff.

697 RdNr. 25.14; vgl. ähnlich schon *Erdmann*, S. 126 f.; *ders.*, KTS 67, 87, 126 f.

698 So zu Recht MünchKomm-*Lwowski/Bitter*, InsO, § 45 RdNr. 43; vgl. für die Umwandlungen nach den §§ 65, 69, 70 KO *Krohn*, S. 13.

699 Sog. „numerus clausus der Vorbehaltsurteile".

tung der Masse“ zulässt, ist indes nicht in der InsO enthalten. Deshalb ist der Vorschlag *Häsemeyers* allenfalls de lege ferenda diskutabel[700]. Aus dem gleichen Grund ist es deshalb abzulehnen, dem Schuldner einen auf die Nachhaftung bzw. die Umgestaltung des Schuldverhältnisses beschränkten Widerspruch zuzubilligen. Einen derartig beschränkten Widerspruch kennt die InsO nicht; er ist daher unstatthaft und darf deshalb vom Insolvenzverwalter nicht beachtet werden.

Eine ebenfalls von der h.M. abweichende Beurteilung des Gesetzeszwecks des § 201 Abs. 2 InsO vertreten *Fürst*[701] und *Schultze*[702]. Nach diesen Autoren soll die Norm vornehmlich den Gläubiger schützen, indem sie ihm die Früchte der insolvenzmäßigen Feststellung über das Verfahrensende hinaus erhält, ihm aber nicht den Rückgriff auf den ursprünglichen Forderungsinhalt verwehren soll[703]. Deshalb habe zwar der Gläubiger, nicht aber der Schuldner nach Verfahrensaufhebung ein Wahlrecht, ob er den ursprünglichen Forderungsinhalt oder den in der Tabelle titulierten geltend mache[704]. Ein einseitiges Wahlrecht des Gläubigers kann aber nur vorliegen, wenn das materielle Recht ein solches vorsieht. Demgegenüber ist die Behauptung, die Erstreckung der Rechtskraftwirkung der Tabelleneintragung über das Verfahrensende hinaus solle nur zugunsten des Vertragspartners wirken, nicht substantiierbar. Die materielle Rechtskraft soll nach heute einhelliger Ansicht das rechtskräftig Entschiedene in seinem Bestand schützen, so dass es innerhalb der Grenzen der Rechtskraft später nicht zu einem neuen Prozess bzw. zu einer inhaltlich abweichenden Sachentscheidung kommt[705]. Die materielle Rechtskraft dient also der Rechtssicherheit und damit dem Rechtsfrieden[706]. Wieso dies im Falle des § 201 Abs. 2 InsO anders sein sollte, ist unerklärbar.

Jedoch ist fraglich, ob § 201 Abs. 2 InsO für sich überhaupt einen Rückgriff der Parteien auf die ursprünglichen Erfüllungsansprüche ausschließt, wie dies von den Vertretern der „Rechtskraftlösung“ behauptet wird. Jedenfalls kommt es nach der heute nahezu einhellig vertretenen sog. prozessualen Rechtskrafttheorie durch eine rechtskräftige Entscheidung nicht zu einer Veränderung der materiellen Rechtslage[707]. Die Reichweite der Rechtskraft ist außerdem in subjektiver, objektiver und zeitlicher Hinsicht begrenzt. Von Bedeutung sind im hier interessierenden Zusammenhang die zeitlichen Grenzen der materiellen Rechtskraft. Der Bestandsschutz des staatlichen Rechtsausspruchs – die materielle Rechtskraft – geht nämlich

---

700 MünchKomm-*Lwowski/Bitter*, InsO, § 45 RdNr. 43.
701 ZZP 56, 381, 390.
702 S. 78 ff.
703 Vgl. auch *Rintelen*, ZHR 61 (1908), 147, 175 ff.; hiergegen *Krohn*, S. 14.
704 *Schultze*, S. 80: „Daraus ergibt sich die Zweckmäßigkeit und innere Rechtfertigkeit eines Rechtssatzes, welcher dem Gläubiger etwaige durch den Konkurs erbrachte Vortheile der Rechtsverfolgung sichert, und ihn von den durch den Konkurs und während desselben erlittenen Beschränkungen in seiner Rechtsverfolgung befreit.“
705 MünchKomm-*Gottwald*, ZPO, 2. Aufl., § 322 RdNr. 2 ff.
706 MünchKomm-*Gottwald*, ZPO, 2. Aufl., § 322 RdNr. 2.
707 So aber die früher vertretene materielle Rechtskrafttheorie; vgl. *Krohn*, S. 6 ff., der bei den Umwandlungen nach den §§ 65, 69, 70 KO i.V.m. der Wirkung des § 164 Abs. KO ausnahmsweise von einer materiellrechtlichen Umwandlung ausgeht.

grundsätzlich nur so weit, wie die tatsächlichen Grundlagen der Entscheidung auch in der Zukunft bestehen bleiben[708]. Präkludiert werden daher nur solche Einwände, die zuvor hätten geltend gemacht werden können[709]. Übertragen auf die zu untersuchende Fragestellung ergibt sich folgendes Bild:

> Zur Zeit der Feststellung der „Forderung wegen der Nichterfüllung" zur Tabelle konnte der Vertragspartner nicht geltend machen, dass er in „Wirklichkeit" – d.h. materiellrechtlich – eine Leistung in natura zu fordern habe, da er im Verhältnis zu den übrigen Gläubigern nur zur quotalen Befriedigung der Differenzforderung berechtigt war[710]. Diese „Einwendung" kann (wenn überhaupt) erst wieder nach Aufhebung des Insolvenzverfahrens geltend gemacht werden. Insoweit könnte man einen nachträglichen Einwand annehmen wollen, der nicht durch die Rechtskraft der (zeitlich davor liegenden) Forderungsfeststellung zur Tabelle präkludiert wird. Allerdings kann die Rechtskraft dann auch in die Zukunft wirken, wenn die tatsächlichen Veränderungen vorhersehbar waren[711]. So verhält es sich hier, denn der Wegfall der Beschränkung bzw. Modifikation der Rechtsdurchsetzung infolge der Aufhebung des Insolvenzverfahrens als nachträgliche „Einwendung" war zur Zeit der Forderungsfeststellung vorhersehbar. Dies spricht für eine Erstreckung der materiellen Rechtskraft auf die Veränderung der Rechtslage infolge der Verfahrensaufhebung[712].

Indes kann die skizzierte Problematik mangels Relevanz für die hier zu untersuchende Fragestellung dahinstehen, wenn es schon vor der Aufhebung des Insolvenzverfahrens zu einer materiellrechtlichen Umgestaltung des zwischen Schuldner und Vertragspartner bestehenden Schuldverhältnisses gekommen ist. Denn dann stellt sich nicht mehr die Frage, ob der Einwand, es werde eine Leistung in natura geschuldet, präkludiert ist, da dann – soweit man keine Erweiterung des Schuldverhältnisses um die „Forderung wegen der Nichterfüllung" annimmt – der ursprüngliche Erfüllungsanspruch erloschen ist. Jedoch besteht das Problem, dass es hier – anders als wenn es sich bei der „Forderung wegen der Nichterfüllung" um eine bürgerlichrechtliche Schadensersatzforderung handelt – an einer die Umgestaltung vorsehenden materiellen Gestaltungsnorm fehlt. Insoweit scheint es hier nicht schon durch Anmeldung dieser Forderung zu einer materiellrechtlichen Umgestaltung des Schuldverhältnisses zu kommen.

Dies hätte zur Folge, dass der Vertragspartner, der keinen bürgerlichrechtlichen Schadensersatzanspruch als „Forderung wegen der Nichterfüllung" anmelden konnte, weil die tatbestandlichen Voraussetzungen hierfür nicht bis spätestens zur Zeit der Erfüllungsablehnung vorlagen, dann noch nach Aufhebung des Insolvenzverfahrens auf seinen ursprünglichen Erfüllungsanspruch zurückgreifen könnte, wenn nicht die Voraussetzungen des § 201 Abs. 2 InsO bezüglich seiner Forderung eingetreten sind. Der nicht zur Verfahrensteilnahme mit einem bürgerlichrecht-

---

708 Vgl. in diesem Zusammenhang *Rintelen*, ZHR 61 (1908), 147, 178 ff. Kritisch *Krohn*, S. 17 ff.
709 MünchKomm-*K. Schmidt*, ZPO, 2. Aufl., § 767 RdNr. 76.
710 Wie § 87 InsO nunmehr festlegt können die Insolvenzgläubiger – anders als unter Geltung der KO – nicht mehr durch Verzicht auf die Teilnahme am Insolvenzverfahren den Schuldner persönlich im Klagewege in Anspruch nehmen, vgl. MünchKomm-*Breuer*, InsO, § 87 RdNr. 1.
711 Vgl. MünchKomm-*Gottwald*, ZPO, 2. Aufl., § 322 RdNr. 131.
712 Vgl. hierzu *Spellenberg*, S. 166.

lichen Schadensersatzanspruch Berechtigte würde dann insoweit besser dastehen, als der Inhaber einer im Insolvenzverfahren berücksichtigungsfähigen bürgerlichrechtlichen Schadensersatzforderung. Ein solches Ergebnis ist absurd.

Deshalb ist § 281 Abs. 4 BGB im Wege der Analogie auf den hier in Rede stehenden Fall anzuwenden, dass zwar nicht Schadensersatz i.S.d. BGB im Insolvenzverfahren verlangt werden kann, wohl aber eine „Forderung wegen der Nichterfüllung", die als einseitige Differenzforderung aus einer Kapitalisierung und Saldierung der gegenseitigen Erfüllungsansprüche hervorgegangen ist und die deshalb zumindest zum Teil das Leistungsinteresse des Vertragspartners verkörpert[713]. Das Bestehen einer für die Konstruktion einer Analogie notwendigen planwidrigen Regelungslücke[714] kann hier unschwer angenommen werden. Der Gesetzgeber hatte bei Schaffung des § 281 Abs. 4 BGB offensichtlich nicht die (umstrittene) Rechtslage bezüglich der Anmeldung einer „Forderung wegen der Nichterfüllung" gem. § 103 Abs. 2 S. 1 InsO[715] vor Augen. Auch die Annahme einer vergleichbaren Interessenlage bereitet keine Probleme. § 281 Abs. 4 BGB soll ein „Hin und Her" zwischen dem Erfüllungsanspruch und dem Schadensersatzanspruch zum Schutze des Schuldners und der Rechtssicherheit verhindern[716]. Dieser Schutzzweck greift unabhängig davon ein, ob es sich bei dem Anspruch, der (quotal) durchgesetzt werden soll, um einen bürgerlichrechtlichen Schadensersatzanspruch oder um den insolvenzmäßigen Abwicklungsmodus des ursprünglichen Erfüllungsanspruchs handelt. Hier wie dort muss der Gläubiger an sein durch die Forderungsanmeldung geltend gemachtes „Ausgleichs"-verlangen ab dem Zeitpunkt der regelmäßigen Kenntnisnahme durch den Schuldner gebunden sein[717].

Zwar könnte man gegen die Analogie zu § 281 Abs. 4 BGB einwenden, dass diese Norm als Rechtsfolge eine Gestaltungswirkung vorsieht – nämlich das Erlöschen der gegenseitigen Erfüllungsansprüche – und deshalb als dem numerus clausus der Verfügungsgeschäfte unterliegend grundsätzlich nicht einer Analogie zugänglich ist. Dem ist allerdings zu entgegnen, dass der numerus clausus der Verfügungsgeschäfte um der Rechtssicherheit willen besteht. Dieser wäre es indes gerade abträglich, wollte man ein „Hin und Her" zwischen dem ursprünglichen Erfüllungsanspruch und der „Forderung wegen der Nichterfüllung" zulassen. Eine Quelle besonderer Verunsicherung wäre der Umstand, dass die Umgestaltung des Schuldverhältnisses dann davon abhinge, ob es sich bei der „Forderung wegen der Nichterfüllung" um einen bürgerlichrechtlichen Schadensersatzanspruch handelt. Dies ist nicht hinzunehmen.

Fraglich könnte allenfalls noch sein, was mit der Forderung des Vertragspartners gegenüber akzessorischen Sicherheitsgebern, insbesondere gegenüber Bürgen, geschieht. Die h.M. geht davon aus, dass diese entsprechend der Hauptverbindlichkeit in ihrer ursprünglichen Gestalt haften. Unverträglich erscheint diese Annahme allerdings mit der Umgestaltung des Schuldverhältnisses, welche mit dem Scha-

713 Die „Forderung wegen der Nichterfüllung" erfasst dann allerdings nicht den entgangenen Gewinn. Zur Begründung siehe oben unter B.V.3.a)bb)(1).
714 Vgl. zur Methodik der Lückenschließung durch Analogie *Pawlowski,* 3. Aufl., RdNr. 461 ff.
715 Die nicht durch einen bürgerlichrechtlichen Schadensersatzanspruch „ausgefüllt" wird.
716 Vgl. Begr. RegE, BT-Drucks. 14/6040, S. 140.
717 Ähnlich *Prahl,* ZInsO 2005, 568, 569.

densersatzverlangen i.S.v. § 281 Abs. 4 BGB einhergeht. Diskutabel wäre insoweit allenfalls eine Analogie zu § 254 Abs. 2 InsO[718], wonach bei Inkrafttreten eines Insolvenzplans trotz des Eingriffs in die Forderungen der Gläubiger deren Ansprüche gegenüber den akzessorischen Sicherheitsgebern unberührt bleiben. Diese ist i.E. aber abzulehnen, da § 254 Abs. 2 InsO nur den Zweck verfolgt, den Sicherheitsgebern nicht die Vorteile zugute kommen zu lassen, die der Schuldner durch den gestaltenden Teil des Insolvenzplans erhält[719] und deshalb nicht analogiefähig ist.

Kommt es zu einer materiellrechtlichen Umgestaltung der wechselseitigen Erfüllungsansprüche in eine einseitige Differenzforderung nach § 281 Abs. 4 BGB (analog), so ist es nur billig, die akzessorischen Sicherheitsgeber nur noch für diese Forderung haften zu lassen. Außerhalb der Insolvenz kann der Gläubiger, der vom Hauptschuldner Schadensersatz statt der Leistung verlangt hat, auch nicht mehr vom akzessorischen Sicherheitsgeber die Erfüllung seines ursprünglichen Anspruchs verlangen, sondern nur noch Befriedigung in Höhe der Schadensersatzforderung. Der Vertragspartner des Schuldners darf m.E. durch die Insolvenz nicht insoweit besser gestellt werden, als dass er von den akzessorischen Sicherheitsgebern etwas verlangen darf, was er vom Schuldner nicht mehr verlangen kann. Durch das Insolvenzrecht darf nämlich nur so weit in das allgemeine Schuldrecht eingegriffen werden, wie dies zur Erreichung des Insolvenzzwecks erforderlich und geboten ist. Eine Ausnahme vom Akzessorietätsgrundsatz, wie sie in § 254 Abs. 2 InsO vorgesehen ist, lässt sich bezüglich der materiellrechtlichen Umwandlung der gegenseitigen Erfüllungsansprüche in die „Forderung wegen der Nichterfüllung" – durch die Anmeldung derselben – aber nicht durch den Insolvenzzweck rechtfertigen. Die Insolvenzordnung suspendiert zwar die individuelle Rechtsverfolgung in Bezug auf die Haftungsmasse, aber grundsätzlich nicht die Wirksamkeit von materiellen Gestaltungsnormen, es sei denn dies ist besonders angeordnet (vgl. z.B. §§ 96, 112 InsO). Die Gläubiger sollen gemeinschaftlich befriedigt werden, nicht hingegen nach Verlangen von „Schadensersatz" während des Insolvenzverfahrens anders behandelt werden, als sie außerhalb eines Insolvenzverfahrens (§ 281 Abs. 4 BGB) behandelt würden. Dies gilt zwecks Vermeidung von Zufallsergebnissen und aus Gründen der Rechtssicherheit auch, wenn es sich bei der „Forderung wegen der Nichterfüllung" um keinen bürgerlichrechtlichen Schadensersatzanspruch handelt. Die materielle Umgestaltung des Schuldverhältnisses ergibt sich dann – wie bereits ausgeführt – aus einer Analogie zu § 281 Abs. 4 BGB. Der Vertragspartner kann deshalb von den akzessorischen Sicherheitsgebern nach der Forderungsumwandlung nur noch seinen Nichterfüllungsschaden bzw. den Nennwert des Hauptleistungsanspruchs abzüglich des Wertes einer schon empfangenen Teilgegenleistung ersetzt verlangen[720].

---

718 Vgl. *Glück*, S. 90 f.; *Krohn*, S. 9.

719 Z.B. den teilweisen Forderungserlass, Stundungen, etc.

720 Sofern die Voraussetzungen eines bürgerlichrechtlichen Schadensersatzanspruchs gegenüber dem Schuldner eingetreten sind, kann Befriedigung wegen des Nichterfüllungsschadens verlangt werden. Auf die Berücksichtigungsfähigkeit des Anspruchs im Insolvenzverfahren kommt es insoweit nicht an.

M.E. steht einer Analogie zu § 281 Abs. 4 BGB für den Fall, dass es sich bei der „Forderung wegen der Nichterfüllung" nicht um einen bürgerlichrechtlichen Schadensersatzanspruch handelt[721], nichts im Wege. Deshalb tritt insoweit eine Umgestaltung des Schuldverhältnisses schon durch Anmeldung dieser Forderung ein, soweit diese (und das in ihr enthaltene „Schadensersatzverlangen") nicht spätestens bis zum Zeitpunkt der regelmäßigen Einsichtnahme der Tabelle durch den Schuldner zurückgenommen (bzw. widerrufen) wird.

bb) Wahlrecht des Vertragspartners?

Schon aus den vorstehenden Ausführungen ergibt sich, dass ein Wahlrecht des Vertragspartners zwischen dem ursprünglichen Erfüllungsanspruch und der „Forderung wegen der Nichterfüllung" ausgeschlossen sein muss, sobald die Anmeldung dieser Forderung unter regelmäßigen Umständen zur Kenntnis des Schuldners gelangt ist. Der Gesetzgeber wollte ein „Hin und Her" zwischen dem Erfüllungsanspruch und einem Schadensersatzanspruch statt der Leistung durch Schaffung des § 281 Abs. 4 BGB ausschließen. Dieser Ausschluss gilt auch – wie soeben gezeigt – für den Fall, dass es sich bei der „Forderung wegen der Nichterfüllung" nicht um einen bürgerlichrechtlichen Schadensersatzanspruch handelt, sondern nur um die insolvenzbedingte Kapitalisierung und Saldierung der gegenseitigen Erfüllungsansprüche. Ein Wahlrecht des Vertragspartners zwischen dem ursprünglichen Erfüllungsanspruch und der „Forderung wegen der Nichterfüllung" ist mithin ausgeschlossen, sobald dieser letztere i.S.v. § 281 Abs. 4 BGB (analog) „verlangt" hat. Dies ist der Fall, wenn der Vertragspartner seine Forderungsanmeldung nicht bis zum Zeitpunkt der regelmäßigen Kenntnisnahme durch den Schuldner zurückgenommen hat, da er dann sein „Schadensersatzverlangen" nicht mehr widerrufen kann.

cc) Zusammenfassung

Die vorstehende Untersuchung hat Folgendes ergeben:

Ein Rückgriff der Vertragsparteien auf die ursprünglichen Erfüllungsansprüche nach Aufhebung des Insolvenzverfahrens nach § 200 Abs. 1 InsO ist ausgeschlossen, wenn entweder (dauerhafte) Unmöglichkeit eingetreten ist oder der Vertragspartner seine „Forderung wegen der Nichterfüllung" zur Tabelle angemeldet und diese Anmeldung nicht bis spätestens zum Zeitpunkt der regelmäßigen Einsichtnahme der Tabelle durch den Schuldner zurückgenommen hat. Letzteres ergibt sich aus § 281 Abs. 4 BGB bzw. aus einer Analogie zu dieser Norm für den Fall, dass es sich bei der „Forderung wegen der Nichterfüllung" nicht um einen bürgerlichrechtlichen Schadensersatzanspruch handelt, sondern nur um die in § 103 Abs. 2 S. 1 InsO vorgesehene insolvenzmäßige Kapitalisierung und Saldierung der gegenseitigen noch offenen Erfüllungsansprüche[722].

---

721 Vgl. hierzu oben unter B.V.3.a)aa).
722 Siehe oben unter B.V.3.a)aa).

III. Rechtslage bei unterlassener Wahlrechtsausübung

Hat es der Insolvenzverwalter im Insolvenzverfahren unterlassen, von seinem ihm nach § 103 InsO zustehenden Wahlrecht Gebrauch zu machen und wurde er hierzu auch nicht vom Vertragspartner nach § 103 Abs. 2 S. 2 InsO aufgefordert, so hängt die Rechtslage nach Verfahrensaufhebung nur von den Wirkungen der Verfahrenseröffnung ab. Daher ist ein Rückgriff auf die ursprünglichen Forderungen für beide Parteien möglich, soweit man nicht der Ansicht ist, diese seien schon infolge der Verfahrenseröffnung erloschen[723]. Geht man – wie in dieser Arbeit vertreten[724] – vom fehlenden Einfluss der Verfahrenseröffnung auf die materielle Rechtslage zwischen dem Schuldner und seinem Vertragspartners aus, so können beide Parteien nach Verfahrensaufhebung gem. § 200 Abs. 1 InsO wieder ihre ursprünglichen Erfüllungsansprüche geltend machen. Dies gilt freilich nicht, wenn der Vertragspartner eine „Forderung wegen der Nichterfüllung" angemeldet hat. Allerdings liegt dann kein Fall einer unterlassenen Wahlrechtsausübung, sondern ein Fall der Verwirkung des Wahlrechts vor, da die Anmeldung in diesem Fall konkludent die Aufforderung nach § 103 Abs. 2 S. 2 InsO beinhaltet[725].

---

723 So nur die „Erlöschenstheorie", vgl. hierzu unter C)III.
724 Siehe oben unter C)VI.
725 MünchKomm-*Huber*, InsO, § 103 RdNr. 183.

E. Auswirkungen des Wahlrechts auf die Rechtslage nach Aufhebung des Verfahrens infolge rechtskräftigen Insolvenzplans gem. § 258 Abs. 1 InsO

Ein Insolvenzverfahren kann nicht nur nach vollzogener Schlussverteilung aufgehoben werden, sondern gem. § 258 Abs. 1 InsO auch aufgrund eines rechtskräftigen Insolvenzplans. Der wesentliche Unterschied zum Regelinsolvenzverfahren liegt darin, dass die gemeinschaftliche Gläubigerbefriedigung zumeist erst nach dem Ende des eigentlichen Insolvenzverfahrens abweichend von den gesetzlichen Vorschriften bewirkt werden soll[726] und nicht durch Ausschüttung der Masse im Insolvenzverfahren[727]. Dies geschieht i.d.R. durch Sanierung des Unternehmensträgers, wodurch es dem wieder ertragskräftig gewordenen Unternehmen ermöglicht werden soll, seine Schulden in Zukunft zum Teil zu begleichen[728]. Es besteht allerdings auch die Möglichkeit des Beschlusses eines sog. Liquidationsplans[729]. Das Ziel, eine bestmögliche Gläubigerbefriedigung zu gewährleisten und zugleich den schuldnerischen Rechtsträger zu erhalten[730], lässt sich zumeist nur durch einen dauerhaften, also materiellrechtlichen, Eingriff in die Rechte der Insolvenzgläubiger und Absonderungsberechtigten bewerkstelligen[731]. Dies gilt freilich auch für die Forderung eines Insolvenzgläubigers aufgrund eines gegenseitigen zur Zeit der Eröffnung des Insolvenzverfahrens beiderseitig noch nicht vollständig erfüllten Vertrages, soweit der Insolvenzverwalter nicht im Verfahren die Erfüllung dieses Vertrages nach § 103 Abs. 1 InsO gewählt hat[732]. Fraglich und noch nicht abschließend geklärt ist, wie sich der Eingriff durch den Insolvenzplan auf die Gegenforderung des Schuldners bzw. deren Durchsetzbarkeit auswirkt[733]. Dieser Frage wird im Folgenden nachgegangen werden, wobei insbesondere die zuvor gewonnenen Unter-

---

726 Vgl. § 233 InsO.

727 Ein „Recht der freien Nachforderung", wie in § 201 InsO, kann deshalb freilich nicht bestehen, vgl. *Tischbein,* S. 93.

728 Die Gläubiger sollen besser und schneller als nach den gesetzlichen Verwertungsvorschriften befriedigt werden. Im Gegenzug müssen sie allerdings i.d.R. eine (dauerhafte) Kürzung ihrer Forderungen hinnehmen.

729 Vgl. *Smid/Rattunde,* Der Insolvenzplan, 2. Aufl., RdNr. 2.12.

730 Zum Verhältnis dieser Ziele zueinander ausführlich Smid-*Smid,* InsO, 2. Aufl., § 1 RdNr. 32 ff.

731 Daher sieht der gestaltende Teil des Insolvenzplans in aller Regel die Kürzungen der Insolvenzforderungen und der Absonderungsrechte vor.

732 Dann wird der Vertragspartner nämlich gem. § 55 Abs. 1 Nr. 2 Var. 1 InsO zum Massegläubiger, in dessen Rechtsstellung nicht durch einen Insolvenzplan eingegriffen werden kann, vgl. § 217 InsO.

733 Mit dieser Fragestellung haben sich bisher insbesondere *Marotzke,* § 12, *Kepplinger,* S. 104 ff. beschäftigt.

suchungsergebnisse über die Rechtsnatur der „Forderung wegen der Nichterfüllung“ sowie die Erkenntnisse zur Wirkung der Verfahrenseröffnung und der Erfüllungsablehnung des Insolvenzverwalters als dogmatischer Ausgangspunkt fungieren werden. Vorangestellt ist allerdings zunächst ein kurzer Überblick über das Insolvenzplanverfahren und seine historischen Vorgänger.

I. Überblick über das Insolvenzplanverfahren

Das Insolvenzplanverfahren ist im sechsten Teil der InsO in den §§ 217–269 geregelt. Nach § 217 InsO kann in einem Insolvenzplan die Befriedigung der absonderungsberechtigten Gläubiger und der Insolvenzgläubiger, die Verwertung der Insolvenzmasse und deren Verteilung an die Beteiligten sowie die Haftung des Schuldners nach der Beendigung des Insolvenzverfahrens abweichend von den Vorschriften der InsO geregelt werden. Das Insolvenzplanverfahren stellt eine umfassende Alternative zu dem starren Regelinsolvenzverfahren dar und ermöglicht es somit den Beteiligten, die Haftungsverwirklichung auf flexiblen und privatautonomen Wegen zu verfolgen, sei es durch Liquidation, übertragende Sanierung oder Sanierung des Rechtsträgers selbst[734]. Zentrale Bedeutung erlangt das Insolvenzplanverfahren für die Sanierung und Reorganisation des schuldnerischen Unternehmensträgers, die im Wege der Insolvenzrechtsreform zum gesetzlichen Ziel (§ 1 S. 1 2. Hs. InsO) erhoben worden sind, und die sich – anders als vor Inkrafttreten der InsO – nun vornehmlich innerhalb des gerichtlichen Insolvenzverfahrens vollziehen sollen[735]. Allerdings wird durch diese strukturelle Änderung nicht die außergerichtliche Sanierung obsolet. Vielmehr wird nur der vormalige Grundsatz der „Sanierung statt Insolvenz“ durch den der „Sanierung durch Insolvenz“ ersetzt[736]. Aufgrund der gestiegenen Kosten und Risiken einer außergerichtlichen Sanierung[737] wird die Sanierung durch Insolvenzpläne künftig noch an Bedeutung gewinnen.

1. Historische Entwicklung

Das in den §§ 217 ff. InsO geregelte Insolvenzplanverfahren gehört zu den „bedeutsamsten Neuerungen“[738] der Insolvenzrechtsreform. Der Rechtsausschuss des Deutschen Bundestages hat dieses Rechtsinstitut sogar als „Kernstück der Reform“ bezeichnet[739]. Seit dem Inkrafttreten der Insolvenzordnung zum 1.1.1999 gem. § 359 InsO i.V.m. Art. 110 Abs. 1 EGInsO löst der Insolvenzplan damit den Vergleich nach der Vergleichsordnung (VglO), den Zwangsvergleich nach der Konkursordnung (KO) sowie den Vergleich nach der Gesamtvollstreckungsordnung (GesO) ab (vgl. Art. 103 ff. EGInsO). Das neue Insolvenzrecht verwirklicht damit im Gegensatz zum vorherigen „dualen System“ die Zusammenfassung von

---

734 *Smid/Rattunde,* Der Insolvenzplan, 2. Aufl., RdNr. 2.1 ff.
735 *Smid/Rattunde,* Der Insolvenzplan, 2. Aufl., RdNr. 0.1 ff.
736 *Smid/Rattunde,* Der Insolvenzplan, 2. Aufl., RdNr. 0.2.
737 *Smid/Rattunde,* Der Insolvenzplan, 2. Aufl., RdNr. 0.12 ff.
738 BT-Drucks. 12/2443, S. 90.
739 Nachweis bei *Balz/Landfermann,* vor § 217 InsO, S. 322; *Depré,* RdNr. 932; *Smid/Rattunde,* Der Insolvenzplan, 2. Aufl., RdNr. 2.30.

Liquidation, Reorganisation und Sanierung in einem einheitlichen Verfahren[740]. Der Reformgesetzgeber lehnte sich bei Schaffung des Rechtsinstituts Insolvenzplanverfahren in wesentlichen Zügen an das US-amerikanische Reorganisationsverfahren nach chapter 11 des US bankruptcy codes an[741].

a) Der Vergleich nach der Vergleichsordnung

Nach Maßgabe der Vergleichsordnung vom 26. Februar 1935 (RGBl. I S. 321, ber. S. 356), die eine Fortentwicklung aus der Verordnung über die Geschäftsaufsicht vom 8. August 1914 (RGBl., S. 363) und dem Gesetz über den Vergleich zur Abwendung des Konkurses vom 5.7.1927 (RGBl. I S. 139) darstellte[742], konnte der Konkurs durch ein gerichtliches Vergleichsverfahren abgewendet werden (§ 1 VglO). Der Vergleichsordnung lag die Erkenntnis zugrunde, dass in Krisenzeiten auch wirtschaftlich gesunde Schuldner, insbesondere Unternehmen, in Zahlungsschwierigkeiten geraten können. Diese sollten daher sowohl im Interesse der Gläubiger als auch aus makroökonomischen Gründen saniert statt im Konkurs liquidiert werden[743].

aa) Das Vergleichsverfahren im Überblick

Das überkommene Insolvenzrecht sah also das gerichtliche Vergleichsverfahren als ein dem liquidierenden Konkurs vorgeschaltetes Sanierungsverfahren an[744]. Das Ziel der Vergleichsordnung war die Abwendung des Konkurses[745]. Im Gegensatz zum Konkursverfahren handelte es sich bei dem Vergleichsverfahren nicht um ein Vollstreckungsverfahren[746], weshalb auch keine Beschlagnahme und Verwertung des Schuldnervermögens vorgesehen war. Aus der Schwierigkeit, ohne einen gesetzlichen Rahmen einen „freien“ Vergleich der Gläubiger mit dem Schuldner zu erzielen, erklärt sich das Bedürfnis nach der gesetzlichen Regelung eines gerichtlichen Verfahrens, dessen Ziel der Abschluss eines Vergleichs ist. Der Vergleich war nach überwiegender Ansicht ein vom Vergleichsgericht bestätigter Vertrag zwischen dem Schuldner und den Gläubigern[747]. Inhalt dieses Vertrages war der (teilweise) Erlass oder die Stundung der Forderungen der Gläubiger gegen den Schuldner bzw. eine Kombination aus beiden. Dieser Vertrag setzte – anders als nach dem BGB – keine Willensübereinstimmung aller Parteien voraus; vielmehr genügte es, dass die vorgesehene Gläubigermehrheit dem Vergleich zustimmte und das Gericht den Vergleich bestätigte. Dieser wirkte dann auch gegenüber der überstimmten Gläubigerminderheit, daher die Bezeichnung konkursabwendender „Zwangsvergleich“[748]. Der Vergleich sollte einerseits zugunsten des

---

740 *Balz,* Kölner Schrift, 2. Aufl., S. 3, 8 f.; *Smid/Rattunde,* Der Insolvenzplan, 2. Aufl., RdNr. 2.3 ff.
741 Vgl. *K. Schmidt,* KTS 1982, 613, 614 f.; *Pape/Uhlenbruck,* S. 566; *Smid/Rattunde,* Der Insolvenzplan, 2. Aufl., RdNr. 2.35 ff.
742 Vgl. hierzu *Bley/Mohrbutter,* VerglO, Einl. RdNr. 1; *Kilger/K. Schmidt,* VglO, 17. Aufl., Einl. VglO I 2.
743 *Kepplinger,* S. 5 m.w.N.
744 Smid-*Smid/Rattunde,* InsO, 2. Aufl., § 217 RdNr. 2.
745 *Meiner,* S. 7.
746 *Meiner,* S. 7.
747 *Kilger/K. Schmidt,* VglO, 17. Aufl., § 1 Anm. 2 m.w.N.; zur Rechtsnatur des Insolvenzplans später unter I.4.
748 *Meiner,* S. 7; streng zu unterscheiden vom konkursbeendenden Zwangsvergleich nach den §§ 173 ff. KO.

redlichen Schuldners den Konkurs als Gesamtvollstreckungsverfahren abwenden. Andererseits sprachen aber auch makroökonomische Aspekte dafür, Vermögensgesamtheiten nach Möglichkeit zu erhalten und nicht verlustreich zu zerschlagen[749]. Deshalb ist es sinnvoll, die Sanierung einer Liquidation vorzuziehen, vorausgesetzt, der betreffende Rechtsträger ist sanierungsfähig und -würdig.

Das Vergleichsverfahren wurde – ebenso wie der Konkurs – nur auf Antrag des Gemeinschuldners eröffnet, § 2 Abs. 1 S. 2 VglO[750]. Die Vergleichsfähigkeit entsprach nach § 2 Abs. 1 S. 3 VglO grundsätzlich der Konkursfähigkeit, so dass insbesondere ein sachlicher Konkurseröffnungsgrund – Zahlungsunfähigkeit oder Überschuldung – vorliegen musste. Zudem musste der Antrag nach § 3 Abs. 1 VglO den Vergleichsvorschlag enthalten und ergeben, ob und wie die Erfüllung des Vergleichs sichergestellt werden soll. Das zuständige Amtsgericht entschied nach Prüfung des Vergleichsvorschlags durch Beschluss über die Eröffnung des Vergleichsverfahrens (§§ 16 ff. VglO) und bestimmte für den Fall der Eröffnung einen Vergleichsverwalter (§ 20 Abs. 1 VglO). Dem Vergleichsverwalter kamen Prüfungs- und Überwachungspflichten zu (§§ 39, 40 VglO), der Schuldner behielt jedoch grundsätzlich seine Verfügungsbefugnis[751]. Verfügungsbeschränkungen mussten besonders vom Gericht angeordnet werden, §§ 58–65 VglO. Der Kreis der nach § 25 Abs. 1 VglO beteiligten Vergleichsgläubiger bestimmte sich ebenso wie derjenige der Konkursgläubiger nach § 3 KO, also danach, ob der Gläubiger zur Zeit der Verfahrenseröffnung einen begründeten Vermögensanspruch gegen den Schuldner hatte[752]. Deshalb waren Aussonderungs- und Absonderungsberechtigte ebenso wenig wie Konkursbevorrechtigte von den Wirkungen des Vergleichs betroffen. Inhaltlich musste der Vergleichsvorschlag mindestens eine quotale Befriedigung der Vergleichsgläubiger von 35 % bzw. 40 % bei Aushandlung einer längeren Zahlungsfrist von mehr als einem Jahr vorsehen (§ 7 Abs. 1, 2 VglO). Notwendige Voraussetzung für die Verfahrenseröffnung war ferner, dass keiner der in §§ 17, 18 genannten Ablehnungsgründe (sog. „Würdigkeitserfordernisse") vorlag[753]. Nach § 74 Abs. 1 VglO war für die Annahme des Vergleichsvorschlages einerseits die einfache Kopfmehrheit der anwesenden stimmberechtigten Gläubiger erforderlich und andererseits eine drei Viertel Summenmehrheit bzw. für den Fall, dass der Vergleichsvorschlag eine unter 50 % liegende Quote vorsah, eine vier Fünftel Summenmehrheit (§ 74 Abs. 3 VglO). Nach der Annahme des Vergleichsvorschlags bedurfte der Vergleich der Bestätigung des Gerichts (§ 78 VglO). Versagte das Gericht die Annahme des Vergleichs, so hatte es nach § 80 Abs. 1 VglO zugleich von Amts wegen über die Konkurseröffnung zu entscheiden. Wurde der Vergleich gerichtlich bestätigt, so wirkte er nach § 82 Abs. 1 VglO für und gegen alle Vergleichsgläubiger, unabhängig von einer Verfahrensteilnahme oder Zustimmung zum Vergleich. Nach § 85 Abs. 1 VglO bildete der bestätigte Vergleich in Verbindung mit einem Auszug aus dem berichtigten Gläubigerverzeichnis einen Vollstreckungstitel.

bb) Exkurs: Die Behandlung gegenseitiger „schwebender" Verträge nach der Vergleichsordnung (§§ 36, 50 ff. VglO)

Die Behandlung gegenseitiger zur Zeit der Verfahrenseröffnung von keiner Vertragspartei vollständig erfüllter Verträge war auch in der Vergleichsordnung Gegen-

---

749 Nach *Jaeger*, Lehrbuch, 8. Aufl., S. 216 ist „der Konkurs ein Wertvernichter schlimmster Art und obendrein das teuerste Schuldentilgungsverfahren".
750 Smid-*Smid/Rattunde*, InsO, 2. Aufl., § 217 RdNr. 5.
751 *Kilger/K. Schmidt*, VglO, 17. Aufl., § 39 Anm. 4a.
752 Vgl. hierzu *Meiner*, S. 8 f.
753 Kritisch hierzu *Balz*, ZIP 1988, 273, 276.

stand einer speziellen gesetzlichen Regelung, die sich aus dem Zusammenspiel von § 36 und § 50 VglO ergab. § 36 Abs. 1 VglO nahm als Ausnahme von § 25 Abs. 1 VglO die Gläubiger, deren Forderungen aus einem ebensolchen Vertrag beruhten, aus dem Begriff des Vergleichsgläubigers heraus und verschonte sie somit von der Vergleichswirkung des § 82 Abs. 1 VglO[754]. Die Bevorzugung der Gläubiger aus schwebenden Gegenseitigkeitsverträgen beruhte auf demselben Schutzgedanken wie die Einrede des nichterfüllten Vertrages[755]. Diese Gläubiger konnten daher grundsätzlich auch nach gerichtlicher Bestätigung des Vergleichs ihre Forderungen unbeschränkt durchsetzen. Allerdings galt dies nicht, wenn der Schuldner (nicht der Vergleichsverwalter!) die Erfüllung des gegenseitigen Vertrages nach § 50 Abs. 1 VglO abgelehnt hatte. Dann konnte der Gläubiger nur Schadensersatz wegen Nichterfüllung verlangen, wobei er mit diesem Ersatzanspruch dann am Vergleichsverfahren teilnahm und von dem Vergleich betroffen wurde (§ 50 Abs. 1 S. 2 VglO). Allerdings konnte der Schuldner die Erfüllung des gegenseitigen Vertrages nicht allein entscheiden. Vielmehr bedurfte er insoweit nach § 50 Abs. 2 S. 1 VglO der vorgängigen Ermächtigung des Vergleichsgerichts, das neben der Beachtung der formellen Voraussetzungen – Einhaltung der Zwei-Wochen-Frist, Anhörung des Verwalters und des Vergleichsgegners – nach Maßgabe von § 50 Abs. 2 S. 5 VglO eine sorgfältige Interessenabwägung vorzunehmen hatte[756]. Nach dieser Vorschrift sollte die Ermächtigung nur erteilt werden, „wenn die Erfüllung oder die weitere Erfüllung des Vertrags das Zustandekommen oder die Erfüllbarkeit des Vergleichs gefährdet würde und die Ablehnung der Erfüllung dem Vertragspartner keinen unverhältnismäßigen Schaden bringt.“ Die Gestaltung der für die Erfüllungsablehnung durch den Schuldner erforderlichen gerichtlichen Ermächtigung als Ausnahme, die an besondere Voraussetzungen geknüpft war, belegt, dass der Gesetzgeber den Gläubiger eines gegenseitigen noch beiderseitig nicht erfüllten Vertrages grundsätzlich von den Vergleichswirkungen ausnehmen und somit gegenüber den anderen nicht aussonderungs- oder absonderungsberechtigten Gläubigern privilegieren wollte[757].

b) *Der Zwangsvergleich nach den §§ 173 ff. KO*

Der Zwangsvergleich nach den §§ 173 ff. der überkommenen KO war im Gegensatz zum Vergleich nach der VerglO nicht ein der Konkursabwendung dienendes Rechtsinstrument, sondern ein Mittel, im Wege einer privatautonomen, im Konkursverfahren selbst getroffenen Übereinkunft der Beteiligten die Befriedigung der nicht bevorrechtigten Gläubiger (nicht der absonderungsberechtigten Gläubiger!) abweichend von den gesetzlichen Vorschriften der Konkursverteilung zu regeln. Der Zwangsvergleich als Alternative zur Ausschüttung der Masse im Konkursverfahren sollte eine bessere und schnellere Befriedigung der Gläubiger bewirken. Der

754 *Marotzke*, 3. Aufl., RdNr. 13.37 ff. hielt § 36 Abs. 1 VerglO wegen Verstoßes gegen Art. 3 Abs. 1 GG für nichtig. Kritisch *Kilger/K. Schmidt*, VglO, 17. Aufl., § 36 Anm. 1.
755 *Meiner*, S. 30.
756 *Kilger/K. Schmidt*, VglO, 17. Aufl., § 50 Anm. 4.
757 *Marotzke*, 3. Aufl., RdNr. 13.3 ff.

„Zwang“ des Zwangsvergleichs bestand darin, dass dieser auch gegenüber den dissentierenden Gläubigern Bindungswirkung entfaltete. Der Zwangsvergleich führte gem. § 190 Abs. 1 KO nach Rechtskraft des gerichtlichen Bestätigungsbeschlusses zur Aufhebung des Konkursverfahrens.

Der Zwangsvergleich konnte nach § 173 KO zwischen dem allgemeinen Prüfungstermin und der Genehmigung der Schlussverteilung auf Vorschlag des Gemeinschuldners (nicht des Konkursverwalters!) geschlossen werden. Dieser Vorschlag musste nach § 174 KO angeben, in welcher Weise die Befriedigung der Gläubiger erfolgen sowie ob und in welcher Art eine Sicherstellung derselben bewirkt werden sollte. Die sog. „Würdigkeitserfordernisse“ in § 175 KO waren im Vergleich zu den §§ 17, 18 VerglO wesentlich geringer[758]. Der Zwangsvergleich musste nach § 181 KO allen nicht bevorrechtigten Konkursgläubigern die gleichen Rechte gewähren. Zumeist bestand der Inhalt des Zwangsvergleichs im teilweisen Erlass der Forderungen der Gläubiger. Üblich waren jedoch auch Stundungen der Forderungen sowie die Beteiligung am Unternehmen des Schuldners durch Gründung einer entsprechenden Kapitalgesellschaft[759].

In einem Vorprüfungsverfahren konnte das Gericht auf Antrag des Verwalters oder eines etwaigen Gläubigerausschusses den Vergleichsvorschlag zurückweisen, wenn bereits in dem Konkursverfahren ein Vergleichsvorschlag von den Gläubigern abgelehnt oder von dem Gerichte verworfen oder von dem Gemeinschuldner nach der öffentlichen Bekanntmachung des Vergleichstermins zurückgezogen worden ist (§ 176 KO). Wurde der Vergleichsvorschlag nicht zurückgewiesen, so hatte sich der (etwaig bestellte) Gläubigerausschuss nach § 177 Abs. 1 KO über die Annehmbarkeit des Vorschlags zu erklären. Die Erklärung des Vorschlags als unannehmbar führte allerdings nicht zum Abbruch des Zwangsvergleichsverfahrens, sondern lediglich dazu, dass ein Widerspruch des Gemeinschuldners gegen die Verwertung der Masse abweichend von den §§ 135 Abs. 2, 133 Nr. 1 KO nicht zu berücksichtigen war (§ 177 Abs. 2 KO)[760]. Über die Annahme des Vergleichsvorschlags entschied eine Versammlung der nicht bevorrechtigten Konkursgläubiger im Vergleichstermin[761]. Zum Abschluss des Vergleichs war nach § 182 Abs. 1 KO eine doppelte Mehrheit erforderlich, nämlich zum einen die Mehrheit der in dem Termin anwesenden stimmberechtigten Gläubiger (einfache Kopfmehrheit) und zum anderen, dass die Gesamtsumme der zustimmenden Gläubiger wenigstens drei Viertel der Gesamtsumme aller zum Stimmen berechtigten Forderungen betrug (qualifizierte Summenmehrheit). Nach § 184 Abs. 1 KO bedurfte der Zwangsvergleich der Bestätigung des Konkursgerichts. Das Gericht entschied durch Beschluss (§ 185 KO), durch welchen der Zwangsvergleich bestätigt oder verworfen wurde, nachdem es die Gläubiger, den Konkursverwalter und den etwaigen Gläubigerausschuss in dem Vergleichstermin oder in einem besonderen Termin angehört hatte (§ 184 Abs. 2 KO). Soweit keiner der in §§ 186–188 KO genannten Verwerfungsgründe vorlag, hatte das Gericht den Zwangsvergleich zu bestätigen. Gegen die Entscheidung des Gerichts fand nach § 189 KO die sofortige Beschwerde statt.

Nach rechtskräftiger Bestätigung des Vergleichs beschloss das Gericht nach § 190 Abs. 1 S. 1 KO die Aufhebung des Konkursverfahrens. Zuvor waren allerdings nach § 191 KO die Masseansprüche und bevorrechtigten Konkursforderungen vom Konkursverwalter zu berichtigen bzw. sicherzustellen. Der Zwangsvergleich wirkte nach § 193 S. 1 KO für und

---

758 MünchKomm-*Eidenmüller*, InsO, vor §§ 217 bis 269 RdNr. 3.
759 Jaeger-*Weber*, KO, 8. Aufl., § 174 Anm. 5.
760 *Kilger/K. Schmidt*, KO, 17. Aufl., § 177 Anm. 1.
761 *Zimmermann*, 2. Aufl., S. 85.

gegen alle nicht bevorrechtigten Konkursgläubiger, auch wenn dieselben an dem Konkursverfahren oder an der Beschlussfassung über den Vergleich nicht teilgenommen oder gegen den Vergleich gestimmt hatten. Der Zwangsvergleich bildete in Verbindung mit der Feststellung der Forderung in der Konkurstabelle einen gegen den Schuldner und die Vergleichsgaranten vollstreckbaren Titel[762].

2. Sinn und Zweck des Insolvenzplanverfahrens

Das Insolvenzplanverfahren dient genauso wie das Regelverfahren in erster Linie dazu, die Gläubiger eines Schuldners gemeinschaftlich zu befriedigen, darüber hinaus jedoch häufig auch dem Erhalt des schuldnerischen Unternehmens, vgl. § 1 S. 1, 2. Hs. InsO[763]. Beruhend auf der Erkenntnis, dass privatautonome Entscheidungen ein höheres Maß an wirtschaftlicher Effizienz verbürgen als die hoheitliche Regulierung wirtschaftlicher Abläufe, soll das Insolvenzplanverfahren eine flexible und effektive Insolvenzabwicklung durch Deregulierung bewirken[764]. Da die marktwirtschaftliche Ordnung im wirtschaftlichen Alltag beweist, dass Wettbewerb und freie Verhandlungen zur Auffindung und Durchsetzung der besten Lösung führen, muss dieser Wettbewerb auch um die beste Verwertungsart stattfinden[765]. Anders als das gerichtliche Vergleichsverfahren nach der Vergleichsordnung und der Zwangsvergleich nach der Konkursordnung zielt das Insolvenzplanverfahren primär auf die finanz- und leistungswirtschaftliche Sanierung des schuldnerischen Unternehmens[766]. Da sich das Bestreben nach dem wirtschaftlichen Erhalt des schuldnerischen Unternehmens dem Ziel der Haftungsverwirklichung im Sinne der bestmöglichen Gläubigerbefriedigung (§ 1 S. 1 InsO) unterzuordnen hat[767], hängt die Entscheidung zwischen Liquidation, übertragender Sanierung oder Reorganisation von dem Verhältnis von Fortführungs- und Liquidationswert des schuldnerischen Unternehmens ab[768]. Das Insolvenzplanverfahren unterscheidet sich von dem Verfahren über den Zwangsvergleich im Wesentlichen durch die in den §§ 235 ff. InsO normierte Abstimmung nach genau abgegrenzten Gruppen (§ 222 InsO) und dem Obstruktionsverbot (§ 245 InsO), durch das Akkordstörungen ausgeschlossen werden[769].

Ob das Insolvenzplanverfahren dem gesetzgeberischen Willen, im Wege der Gläubigerautonomie bessere Verwertungsergebnisse zu erzielen und erhaltungswürdige Unternehmen zu sanieren, gerecht werden kann, wird die Zukunft zeigen. Derzeit steht die Insolvenzpraxis

---

762 *Zimmermann*, 2. Aufl., S. 86.

763 *Smid/Rattunde*, Der Insolvenzplan, 2. Aufl., RdNr. 0.1.

764 *Uhlenbruck*, Materialien, S. 223; kritisch zur Deregulierung im Insolvenzverfahren *Henckel*, KTS 1989, 477, 482 ff.

765 *Uhlenbruck*, Materialien, S. 223.

766 *Maus*, Kölner Schrift, 2. Aufl., S. 931, 932 m.w.N.; *Smid/Rattunde*, Der Insolvenzplan, 2. Aufl., RdNr. 2.3.

767 *Smid/Rattunde*, Der Insolvenzplan, 2. Aufl., RdNr. 1.25; das US-amerikanische chapter 11 Verfahren dient demgegenüber insbesondere dazu, dem Schuldner rechtliche Mittel für einen unbelasteten Wiedereintritt ins Wirtschaftsleben bereitzustellen, vgl. *Smid/Rattunde*, Der Insolvenzplan, 2. Aufl., RdNr. 2.37.

768 MünchKomm-*Eidenmüller*, InsO, vor §§ 217–269, RdNr. 5 f.

769 *Smid/Rattunde*, Der Insolvenzplan, 2. Aufl., RdNr. 2.9; Smid-*Smid/Rattunde*, InsO, 2. Aufl., § 217 RdNr. 5.

diesem neuen Rechtsinstitut noch skeptisch gegenüber. Die übertragende Sanierung[770], d.h. die Veräußerung des Unternehmens als Ganzes oder einzelner assets wird vielfach gegenüber einer Sanierung des Unternehmensträgers durch Insolvenzplan vorgezogen. Das Insolvenzplanverfahren wird vielfach als zu kompliziert und umständlich bezeichnet[771]. Allerdings gibt es in der Praxis auch durchaus erfolgreiche Sanierungen großer Unternehmen durch Insolvenzpläne zu verzeichnen[772].

Das Problem des Insolvenzplanverfahrens ist m.E. deshalb nicht primär in der gesetzlichen Regelung zu sehen, sondern vielmehr in der rein praktischen Schwierigkeit, in kurzer Zeit einen Konsens zwischen den Beteiligten auszuhandeln, der mit der wirtschaftlichen Wirklichkeit des Unternehmens im Einklang steht. Hierzu bedarf es eines geeigneten Insolvenzverwalters, der über die insoweit notwendigen juristischen, wirtschaftlichen und insbesondere auch mediativen Fähigkeiten verfügt.

3. Ablauf des Insolvenzplanverfahrens

Das Insolvenzplanverfahren beginnt mit der Aufstellung des Insolvenzplans, § 218 InsO unter Berücksichtigung der Planziele Eigensanierung, übertragende Sanierung und Liquidation. Vorlageberechtigt sind insoweit der Schuldner und der Verwalter, wobei letzterer häufig von der Gläubigerversammlung beauftragt wird, einen Insolvenzplan auszuarbeiten, § 218 Abs. 2 InsO. Der Insolvenzplan besteht im Wesentlichen aus einem darstellenden Teil, § 220 InsO und einem gestaltenden Teil, § 221 InsO sowie den Anlagen, §§ 229 f. InsO[773]. Mit dem darstellenden Teil und den Unterlagen sollen die Beteiligten und das Insolvenzgericht diejenigen Informationen erhalten, die sie für ihre Entscheidung über den Insolvenzplan benötigen[774]. Der gestaltende Teil ist der Vollzugsteil. Wurde der Plan angenommen, so enthält der Plan die rechtlichen Regelungen, die unmittelbar wirksam werden[775].

Nach Aufstellung des Insolvenzplans wird dieser durch das zuständige Insolvenzgericht geprüft, § 231 InsO. Die Prüfungskompetenz hängt davon ab, ob der Verwalter oder der Schuldner den Plan vorgelegt hat[776]. Das Insolvenzgericht kann den Plan durch Beschluss endgültig zurückweisen. Hiergegen ist das Rechtsmittel der sofortigen Beschwerde statthaft, § 231 Abs. 3 InsO. Bei behebbaren Mängeln hat das Gericht auch die Möglichkeit einer nur vorläufigen Zurückweisung. Wird der Insolvenzplan nicht zurückgewiesen, so leitet das Insolvenzgericht ihn zur Stellungnahme gem. § 232 Abs. 1 InsO dem Gläubigerausschuss, dem Betriebsrat, dem Sprecherausschuss der leitenden Angestellten sowie dem Schuldner bzw. dem Verwalter

---

770 Vgl. hierzu Smid-*Smid*, InsO, 2. Aufl., § 159 RdNr. 7 ff.
771 Vgl. *Kepplinger*, S. 9.
772 So etwa im „Herlitz"-Fall, vgl. hierzu *Rattunde*, ZIP 2003, 596 ff.
773 Vgl. *Hess/Weis*, WM 1998, 2349, 2352 ff.
774 HK-*Flessner*, InsO, 3. Aufl., § 219 RdNr. 3.
775 Braun-*Braun*, InsO, 2. Aufl., §§ 219–221, RdNr. 5.
776 Vgl. hierzu *Smid/Rattunde*, Der Insolvenzplan, 2. Aufl., RdNr. 9.2, 9.15 ff.

für den Fall zu, dass der jeweils andere den Plan vorgelegt hat. Bei Gefährdung der Planverwirklichung ordnet das Gericht auf Antrag des Schuldners oder des Verwalters gemäß § 233 InsO die Aussetzung der Verwertung und Verteilung an. Danach ist der Plan zur Einsicht der Beteiligten auf der Geschäftsstelle des Gerichts niederzulegen.

Über die Annahme des Plans wird im Erörterungs- und Abstimmungstermin entschieden, §§ 235 ff. InsO. Während im Erörterungsteil nach einer Einführung des Planaufstellers die Gläubiger über den Plan diskutieren, wird im Abstimmungsteil zunächst nach §§ 237 ff. InsO das Stimmrecht der Gläubiger erörtert und festgestellt und sodann gruppenweise abgestimmt, §§ 243 f. InsO. Erreicht der Insolvenzplan im Abstimmungsteil die nach den §§ 244 ff. InsO erforderlichen Mehrheiten, so bedarf er noch der Bestätigung durch das Insolvenzgericht, §§ 248 ff. InsO. Nach Anhörung des Verwalters, des Gläubigerausschusses und des Schuldners entscheidet das Gericht über die Erteilung oder Verweigerung der Zustimmung zum Insolvenzplan. Für die Entscheidung relevant sind die Einhaltung der Mehrheiten nach § 244 InsO, des Obstruktionsverbots gemäß § 245 InsO, der Zustimmung nachrangiger Insolvenzgläubiger und des Schuldners, §§ 246 f. InsO, die Einhaltung des Verfahrensvorschriften, § 250 f. InsO sowie des Minderheitenschutzes, § 251 f. InsO. Das Insolvenzgericht verkündet die Bestätigung des Insolvenzplans bzw. die Versagung der Bestätigung durch Beschluss, § 252 InsO. Gegen den Beschluss, durch den der Insolvenzplan bestätigt oder die Bestätigung versagt wird, steht den Gläubigern und dem Schuldner die sofortige Beschwerde zu, § 253 InsO.

Mit der Rechtskraft der Bestätigung des Insolvenzplans beschließt das Insolvenzgericht die Aufhebung des Insolvenzverfahrens, § 258 Abs. 1 InsO. Nach § 259 Abs. 1 InsO erlöschen alle Ämter des Insolvenzverwalters und der Mitglieder des Gläubigerausschusses. Außerdem erhält der Gläubiger das Recht zurück, über die Insolvenzmasse frei zu verfügen. Mit der Rechtskraft der Bestätigung des Insolvenzplans treten die im gestaltenden Teil festgelegten Wirkungen für und gegen alle Beteiligten ein, § 254 Abs. 1 S. 1 InsO. Der Insolvenzplan fungiert zudem i.V.m. der Eintragung in der Tabelle als Vollstreckungstitel für die Insolvenzgläubiger gegen den Schuldner, § 257 Abs. 1 S. 1 InsO[777].

Im Plan kann schließlich noch die Überwachung der Planerfüllung durch den Insolvenzverwalter vorgesehen werden, §§ 260 ff. InsO. Im Rahmen dieses Instrumentariums kann etwa ein Zustimmungsvorbehalt des Verwalters für bestimmte Rechtsgeschäfte vorgesehen werden, § 263 InsO. Nach § 268 Abs. 1 InsO beschließt das Insolvenzgericht die Aufhebung der Überwachung, wenn die Ansprüche, deren Erfüllung überwacht wird, erfüllt sind oder die Erfüllung dieser Ansprüche gewährleistet ist oder wenn seit der Aufhebung des Insolvenzverfahrens drei Jahre verstrichen sind und kein Antrag auf Eröffnung eines neuen Insolvenzverfahrens vorliegt.

777 *Hess/Weis*, WM 1998, 2349, 2362.

4. Rechtsnatur des Insolvenzplans

Schon unter der Geltung der KO war die Rechtsnatur des Zwangsvergleichs umstritten[778]. Auch durch das Inkrafttreten der InsO zum 1.1.1999 wurde dieses Problem nicht gelöst[779], so dass heute die Rechtnatur des Insolvenzplans kontrovers diskutiert wird[780]. Dieser Streit erlangt insbesondere Bedeutung bei Fragen des wirksamen Zustandekommens des Insolvenzplans, bei Mängeln im Planannahmeverfahren sowie bei der Auslegung des Insolvenzplans[781].

Unter Geltung der KO standen sich zunächst die sog. Urteils- und Vertragstheorien gegenüber[782]. Diese versuchten, aus dem „Schwerpunkt" des Zwangsvergleichs, den erstere in dem gerichtlichen Bestätigungsakt und letztere in der Vergleichsannahme erblickten, die Rechtsnatur des gesamten Zwangsvergleichs abzuleiten. Zunehmend wurde ein derartiges „Schubladendenken" als zu kurz gegriffen angesehen und stattdessen die Rechtnatur des Zwangsvergleichs nach den verschiedenen Verfahrensabschnitten differenzierend bestimmt[783]. Diese Sichtweise ist insoweit vorzugswürdig, als sie praxisorientiert danach differenzieren kann, ob der Verfahrensabschnitt, in dem das zu lösende Problem auftaucht, vom Gericht oder von den Parteien dominiert wird.

Allerdings lässt sich für den Insolvenzplan ausweislich der Gesetzesmaterialien die Privatautonomie und damit der „vertragsähnliche" Charakter als das dominierende Element des Insolvenzplans nicht länger leugnen[784]. Aufgrund des Eingriffscharakters des Insolvenzplans gewinnt jedoch auch die Legitimationswirkung der gerichtlichen Bestätigung nach § 248 Abs. 1 InsO eigenständiges Gewicht. Da das Gericht darüber hinaus durch seine Vorprüfungskompetenz nach § 231 InsO auch „materiell" eigenen Einfluss auf den Inhalt des Insolvenzplans nimmt[785], wird man den Insolvenzplan letztlich als ein hybrides Rechtsgebilde auffassen müssen. Die genaue rechtliche Konstruktion des Insolvenzplans als im Wesentlichen theoretisches Rechtsproblem kann hier mangels Relevanz für die zu untersuchende Fragestellung offen bleiben.

---

778 Vgl. *Smid/Rattunde*, Der Insolvenzplan, 2. Aufl., RdNr. 6.1.
779 Gottwald-*Braun*, 2. Aufl., § 66 RdNr. 16; K/P-*Otte*, InsO, § 217 RdNr. 62.
780 Beim Streit um die Rechtsnatur des Insolvenzplans kann die Argumentation zur Rechtsnatur des Zwangsvergleichs allerdings nur insoweit verwertet werden, als diese beiden Rechtsinstitute identisch sind. Vgl. MünchKomm-*Eidenmüller*, InsO, § 217 RdNr. 4; *Smid/Rattunde*, Der Insolvenzplan, 2. Aufl., RdNr. 6.5, die die wesentlichen Unterschiede zwischen Zwangsvergleich und Insolvenzplan einerseits „im spezifischen Abstimmungsmodus, den die §§ 222, 235 ff. InsO mit der dort angeordneten Gruppenbildung vorsehen" und andererseits im Obstruktionsverbot erblicken.
781 Vgl. MünchKomm-*Eidenmüller*, InsO, § 217 RdNr. 5; ausführlich hierzu *Happe*, S. 219 ff.
782 *Smid/Rattunde*, Der Insolvenzplan, 2. Aufl., RdNr. 6.1.
783 Sog. „vermittelnde Theorien", vgl. *Smid/Rattunde*, Der Insolvenzplan, 2. Aufl., RdNr. 6.3 m.w.N.
784 Vgl. *Pape/Uhlenbruck*, RdNr. 782.
785 So *Smid/Rattunde*, Der Insolvenzplan, 2. Aufl., RdNr. 6.6; a.A. *Hess/Weis*, WM 1998, 2349, 2350: „bloße Rechtmäßigkeitskontrolle".

II. Rechtslage zwischen den Parteien eines Vertrages i.S.v. § 103 InsO nach Aufhebung des Insolvenzverfahrens gem. § 258 Abs. 1 InsO

Im Folgenden ist die Rechtslage zu erörtern, die zwischen den Parteien eines Vertrages i.S.v. § 103 InsO besteht, nachdem das Insolvenzverfahren nach § 258 Abs. 1 InsO aufgehoben worden ist. Diese hängt von folgenden Umständen ab:

- „Ob" und „Wie" der Ausübung des Wahlrechts nach § 103 InsO durch den Insolvenzverwalter
- Ob der Vertragspartner eine „Forderung wegen der Nichterfüllung" zur Tabelle angemeldet hat[786], wenn der Insolvenzverwalter nicht die Erfüllung gewählt hat.

Fraglich und daher besonders zu erörtern ist, ob die Art der Planbetroffenheit des Vertragspartners davon abhängt, ob dieser aufgrund eines positiven Saldos zu seinen Gunsten eine begründete Differenzforderung als „Forderung wegen der Nichterfüllung" anmelden konnte[787].

1. Rechtslage bei vorheriger Erfüllungswahl durch den Verwalter

Zunächst soll die Rechtslage betrachtet werden, die nach Aufhebung des Insolvenzverfahrens nach § 258 Abs. 1 InsO besteht, wenn der Insolvenzverwalter im Verfahren nach § 103 Abs. 1 InsO die Erfüllung des gegenseitigen Vertrages gewählt hat.

Hat der Verwalter gemäß § 103 InsO Erfüllung des Vertrages gewählt, so ist die auf diesem Vertrag beruhende Gegenforderung als Masseverbindlichkeit zu erfüllen bzw. sicherzustellen, §§ 55 Abs. 1 Nr. 2 Var. 1, 258 Abs. 2 InsO[788]. Wie sich aus den §§ 258 Abs. 2, 217, 254 Abs. 1 S. 1, 3 InsO ergibt, bleiben diese Forderungen von dem Insolvenzplan unberührt[789].

---

786 Es sei denn, er hat die Forderungsanmeldung bis zum Zeitpunkt der regelmäßigen Kenntnisnahme durch den Schuldner zurückgenommen und damit das darin liegende „Schadensersatzverlangen" widerrufen. Vgl. oben unter D)II.3.c).

787 Vgl. unter B.V.3.a)bb)(2).

788 Dies ist in der Praxis häufig kaum möglich, da Masseverbindlichkeiten aufgrund von Betriebsmittelbestellungen und Dauerschuldverhältnissen (Strom, Telefon, etc.) ständig neu entstehen. Vgl. *Schreiber/Flitsch*, BB 2005, 1173, 1174; *Smid/Rattunde*, Der Insolvenzplan, 2. Aufl., RdNr. 17.6 f. Der Insolvenzverwalter muss deshalb die Höhe der ihm unbekannten Masseverbindlichkeiten schätzen und entsprechende Rückstellungen bilden.

789 *Kepplinger*, S. 105; *Marotzke*, 3. Aufl., RdNr. 12.6; vgl. zum Zwangsvergleich nach der KO *Petersen/Kleinfeller*, KO, 4. Aufl., § 193 Anm. 6; *v. Wilmowski/Kurlbaum/Kühne*, 6. Aufl., § 193 Anm. 4.

2. Rechtslage bei Erfüllungsablehnung durch den Verwalter bzw. bei Verwirkung des Wahlrechts

Komplizierter stellt sich indes die Rechtslage dar, die besteht, wenn das Verfahren infolge rechtskräftigen Insolvenzplans nach § 258 Abs. 1 InsO aufgehoben wird und der Verwalter zuvor die Erfüllung des Vertrages abgelehnt hat bzw. er eine ihm von dem anderen Teil gesetzte Erklärungsfrist nach § 103 Abs. 2 S. 2 InsO hat verstreichen lassen (Verwirkung des Wahlrechts). Selbstverständlich können Schuldner und Gläubiger im Wege der Novation den ursprünglichen Regelungen wieder Geltung verschaffen[790]. Der Schuldner erhält ja nach § 259 Abs. 1 S. 2 InsO die Verwaltungs- und Verfügungsbefugnis über die Insolvenzmasse zurück. Was aber gilt, wenn nur eine der Parteien auf ihren ursprünglichen Erfüllungsanspruch zurückgreifen will? Insoweit stellt sich die Frage, ob – und wenn ja – inwieweit durch das Inkrafttreten des Insolvenzplans auf die beiderseits noch nicht erfüllten Ansprüche aus dem gegenseitigen Vertrag eingewirkt wird.

a) *Ausschluss der nicht angemeldeten Forderungen?*

Die Insolvenzgläubiger, die während des Insolvenzverfahrens keine Forderungen zur Tabelle angemeldet haben (sog. „Nachzügler“[791]), werden durch das Inkrafttreten des Insolvenzplans jedenfalls nicht über die gestaltenden Festsetzungen des Insolvenzplans hinaus mit ihren Forderungen ausgeschlossen. Eine derartige Möglichkeit der Präklusion bedürfte nämlich insbesondere wegen des Forderungsschutzes durch Art. 14 GG einer ausdrücklichen Rechtsgrundlage[792]. Die §§ 217 ff. InsO ermächtigen zu weitreichenden Eingriffen in die Rechtspositionen der Gläubiger. Diese Vorschriften müssen aufgrund dieser Eingriffsintensität eng ausgelegt werden. Da im Insolvenzplanverfahren einerseits eine Ausschlussfrist wie in § 189 InsO nicht vorgesehen ist und andererseits § 254 Abs. 1 S. 3 InsO anordnet, dass passive Gläubiger den sich am Verfahren beteiligenden Gläubigern gleichgestellt sind, können Nachzügler mit ihren Forderungen nicht weiter ausgeschlossen werden, als es der Plan für die entsprechende Gruppe der aktiven Gläubiger vorsieht[793]. Im Ausnahmefall kann allerdings aus dem Verhalten eines passiven Gläubigers eine Verwirkung seiner Forderung nach § 242 BGB resultieren.

Die Forderungen der das Verfahrensende abwartenden Insolvenzgläubiger, die zumeist bei Aufstellung des Insolvenzplans gar nicht berücksichtigt werden, stellen deshalb eine erhebliche Gefahr für die Planverwirklichung dar, der effektiv nur de lege ferenda entgegengetreten werden kann[794]. Da die meisten Insolvenzgläubiger

---

790 So schon *Grimm*, S. 81 Fn. 55; *Pünder*, S. 82; *Kleinfeller*, S. 112.
791 MünchKomm-*Huber*, InsO, § 254 RdNr. 23.
792 *Schreiber/Flitsch*, BB 2005, 1173, 1176 ff.; a.A. *Otte/Wiester*, NZI 2005, 70, 73 ff., die sog. Präklusionsklauseln schon de lege lata für zulässig halten.
793 Vgl. *Schreiber/Flitsch*, BB 2005, 1173, 1177 f., die insoweit mit der Entstehungsgeschichte argumentieren.
794 Vgl. MünchKomm-*Huber*, InsO, § 254 RdNr. 23 f., der darauf hinweist, dass ein von der Kom-

aufgrund von gegenseitigen Verträgen mit dem Schuldner verbunden sind, ist die Behandlung der Verträge mit solchen „Nachzüglern" von zentraler Bedeutung für den Erfolg eines Insolvenzplans.

Deshalb ist nun zu prüfen, ob die Planbetroffenheit des Vertragspartners davon abhängt, ob er am Verfahren teilgenommen hat. Sodann ist zu untersuchen, ob die unterschiedlichen Theorien zu den Wirkungen der Verfahrenseröffnung und dem Verwalterwahlrecht zu unterschiedlichen Ergebnissen führen. Weiterhin bedeutsam ist, ob der Vertragspartner sich durch Anmeldung einer „Forderung wegen der Nichterfüllung" am Verfahren beteiligt hat. Besonders problematisch ist der Fall, dass der Vertragspartner mangels eines positiven Saldos zu seinen Gunsten keine Differenzforderung zur Tabelle anmelden konnte. Es fragt sich dann nämlich, ob der Vertragspartner in dieser Konstellation überhaupt Planbetroffener ist und wenn man dies bejaht, wie er vor der Unbilligkeit[795] geschützt werden kann, seinerseits voll an den Schuldner leisten zu müssen und im Gegenzug nur die im Insolvenzplan vorgesehene Quote auf seine Gegenforderung zu erhalten.

b) *Ist das „Ob" der Planbetroffenheit abhängig von der Verfahrensteilnahme?*

Zunächst ist deshalb zu klären, ob der Vertragspartner trotz der Regelungen im gestaltenden Teil des Insolvenzplans auf seinen ursprünglichen Erfüllungsanspruch zurückgreifen kann. Dies scheint mit Blick auf den eindeutig formulierten § 254 Abs. 1 S. 1 InsO zu verneinen zu sein[796]. Jedoch wird bzw. wurde vertreten, dass der Vertragspartner bei Nichtanmeldung einer „Forderung wegen der Nichterfüllung" zur Tabelle seinen ursprünglichen Erfüllungsanspruch behält und folglich nicht Insolvenzgläubiger wird, so dass er trotz § 254 Abs. 1 S. 3 InsO nicht vom Plan betroffen wird[797].

Diese Ansicht wird von der h.M. zu Recht abgelehnt[798]. Das Gesetz knüpft die Insolvenzgläubigerstellung nicht an eine Beteiligung am Verfahren, sondern nur an das Innehaben eines vermögensrechtlichen Anspruchs zur Zeit der Eröffnung des Verfahrens. Für den Fall, dass der Gläubiger als Vertragspartner seinerseits schon vollständig erfüllt hat, wird auch nicht bestritten, dass er ohne Verfahrensteilnahme Insolvenzgläubiger ist und als solcher vom Insolvenzplan betroffen wird[799]. Dies muss dann aber auch gelten, wenn der Gläubiger seinerseits noch nicht oder nicht vollständig erfüllt hat[800]. Anderenfalls würde u.U. ein

---

mission für Insolvenzrecht vorgeschlagener Vollstreckungsschutz zur Abwehr dieser Gefahr nicht Gesetz geworden ist.

795 *Pünder*, S. 80; *Marotzke*, 3. Aufl., RdNr. 12.13.

796 *Kepplinger*, S. 105; *Marotzke*, 3. Aufl., RdNr. 12.7 ff. m.w.N.; vgl. schon *Seuffert*, S. 435; vgl. ferner ROHG 25, 292, 297 f.: „Nach § 197 Conc.-Ordn. soll der Accord als Vergleich zwischen dem Gemeinschuldner und allen Concursgläubigern, sie mögen ihre Forderungen angemeldet haben oder nicht gelten. Concursgläubiger ist aber Jeder, der vom Gemeinschuldner etwas zu fordern hat, auch wenn er dafür zu einer Gegenleistung verpflichtet ist."

797 Jaeger-*Henckel*, KO, 9. Aufl., § 17 RdNr. 212; *Henckel*, ZZP 99 (1986) 419, 439; vgl. auch *Oetker*, Grundbegriffe, Bd. I S. 229; vgl. auch *Kaatz*, S. 34 ff.

798 *Marotzke*, 3. Aufl., RdNr. 12.9 ff. m.w.N.; vgl. auch *Heilmann*, KTS 1985, 639, 642.

799 *Marotzke*, 3. Aufl., RdNr. 12.10.

800 *Marotzke*, 3. Aufl., RdNr. 12.10.

noch nicht gezahlter Euro über die generelle Planbetroffenheit entscheiden, was hier offensichtlich nicht sachgerecht wäre[801]. Der § 103 InsO unterfallende Gläubiger darf nicht in ungerechtfertigter Weise gegenüber den sonstigen Insolvenzgläubigern begünstigt werden, deren Forderungen auch dann von dem Insolvenzplan erfasst werden, wenn sie nicht angemeldet worden sind[802].

Schließlich ist nach dem Sinn und Zweck des Insolvenzplanverfahrens – Erlangung wirtschaftlich besserer Verwertungsergebnisse als im Falle der gesetzliche Zerschlagung[803] – eine weite Auslegung des § 254 Abs. 1 S. 3 InsO geboten. Eine engere Auslegung des Begriffs des Insolvenzgläubigers als in § 38 InsO würde die Wirkungskraft des Planes beeinträchtigen, folglich den wirtschaftlichen Fortbestand des Schuldners gefährden und somit letztlich den mit dem Plan verfolgten Zweck konterkarieren. Überdies wäre die Formulierung des § 254 Abs. 1 S. 3 InsO unsinnig, wenn der Gläubiger, der keine „Forderung wegen der Nichterfüllung" zur Tabelle angemeldet hat, kein Insolvenzgläubiger wäre. Denn dann gäbe es den Fall, dass ein „Insolvenzgläubiger" eine Forderung nicht angemeldet hat, nicht. Die Regelung des § 254 Abs. 1 S. 3 InsO führt also obige Ansicht ad absurdum.

Festzuhalten bleibt also Folgendes: Unabhängig von der Anmeldung einer „Forderung wegen der Nichterfüllung" zur Tabelle unterliegt der Gläubiger gemäß § 254 Abs. S. 1, 3 InsO den Festsetzungen des Insolvenzplans.

c) *Art der Planbetroffenheit des Vertragspartners*

Nachdem geklärt ist, dass der Vertragspartner unabhängig von der Anmeldung einer „Forderung wegen der Nichterfüllung" von den Festsetzungen im gestaltenden Teil des Insolvenzplans betroffen ist, wenn der Insolvenzverwalter die Erfüllung des gegenseitigen Vertrages abgelehnt bzw. der Verwalter eine ihm nach § 103 Abs. 2 S. 2 InsO gesetzte Erklärungsfrist verstreichen lassen hat, ist nun danach zu fragen, inwiefern der Vertragspartner planbetroffen ist. Denkbar sind folgende Möglichkeiten:

1. Der Erfüllungsanspruch des Vertragspartners wird in seiner ursprünglichen Gestalt erfasst
2. Der Erfüllungsanspruch des Vertragspartners wird in der nach § 45 InsO umgewandelten Form erfasst
3. Die „Forderung wegen der Nichterfüllung" als positiver Saldo zugunsten des Vertragspartners wird erfasst.

Mit Blick auf die 3. Möglichkeit drängt sich die Frage auf, was gilt, wenn der Vertragspartner im Insolvenzverfahren keine Differenzforderung in Gestalt der „Forderung wegen der Nichterfüllung" anmelden konnte, weil zu seinen Gunsten kein positiver Saldo bestand. Denkbar wäre es dann einerseits, dass in diesem Fall die 1.

801 *Marotzke*, 3. Aufl., RdNr. 12.11.
802 *Pünder*, S. 80.
803 FK-*Jaffé*, InsO, 3. Aufl., § 217 RdNr. 12.

bzw. die 2. Möglichkeit einschlägig ist. Andererseits könnte man in dieser Konstellation abermals die Betroffenheit der Forderung des Vertragspartners per se in Frage stellen, da der Vertragspartner dann – zumindest bei Gefolgschaft der strengen Differenztheorie[804] – nie eine begründete „Forderung wegen der Nichterfüllung" anmelden konnte[805].

Bei Eintreten der 1. bzw. der 2. Möglichkeit ist fraglich, wie der Vertragspartner davor geschützt werden kann, seine Leistung voll erbringen zu müssen und im Gegenzug auf seine Forderung nur die Quote, die im gestaltenden Teil des Insolvenzplans vorgesehen ist, zu erhalten. Zunächst ist aber zu untersuchen, in welchen Konstellationen es überhaupt zu dieser Problematik kommen kann. Die Frage, ob der Erfüllungsanspruch des Vertragspartners oder seine etwaig bestehende „Forderung wegen der Nichterfüllung" von den Festsetzungen des gestaltenden Teils des Insolvenzplans betroffen wird, stellt sich nur, wenn der Erfüllungsanspruch zur Zeit der Verfahrensaufhebung nicht erloschen ist. Ist dieser Anspruch nämlich materiellrechtlich erloschen, kann nur die „Forderung wegen der Nichterfüllung" planbetroffen sein. Deshalb ist es entscheidend, ob es schon vor der Verfahrensaufhebung zu einem Erlöschen der beiderseitigen Erfüllungsansprüche gekommen ist.

aa) Bei materiellrechtlicher Umgestaltung des Schuldverhältnisses während des Insolvenzverfahrens

Tritt während des Insolvenzverfahrens eine materiellrechtliche Umgestaltung des Schuldverhältnisses dergestalt ein, dass die beiderseitigen Erfüllungsansprüche erlöschen, so kann der Erfüllungsanspruch des Vertragspartners nicht mehr von den Festsetzungen im gestaltenden Teil des Insolvenzplans betroffen sein. Dieser Anspruch existiert dann nämlich gar nicht mehr. Entscheidend ist deshalb, infolge welchen Ereignisses eine derartige materiellrechtliche Umgestaltung des Schuldverhältnisses eintreten kann. Insoweit werden die in dieser Arbeit gefundenen Ergebnisse zu den Wirkungen der Verfahrenseröffnung bzw. der Erfüllungsablehnung[806] und der Anmeldung der „Forderung wegen der Nichterfüllung" zur Tabelle[807] relevant. Außerdem gilt es zu untersuchen, in welchen Fällen es auch ohne eine Verfahrensteilnahme des Vertragspartners zu einem Erlöschen der materiellrechtlichen Erfüllungsansprüche kommen kann.

---

804 H.M.; a.A. insbesondere *Marotzke,* 3. Aufl., RdNr. 5.50 ff.; Streit und Stellungnahme ausführlich oben unter B)V.3.a)bb)(2).
805 Hierzu sogleich unter bb).
806 Siehe unter C)VI.
807 Siehe unter D)II.3.c).

(1) Einfluss der Verfahrenseröffnung bzw. der Erfüllungsablehnung auf den materiellrechtlichen Bestand der Erfüllungsansprüche?

Misst man der Eröffnung des Insolvenzverfahrens[808] bzw. der Erfüllungsablehnung durch den Insolvenzverwalter[809] eine materiellrechtliche Gestaltungswirkung bei, so kommt man nicht umhin – will man sich nicht in dogmatische Widersprüchlichkeiten verstricken[810] – die gegenseitigen Erfüllungsansprüche als endgültig erloschen anzusehen. Dann gibt es nach Aufhebung des Insolvenzverfahrens auch keine Erfüllungsansprüche mehr, die vom Insolvenzplan erfasst werden könnten[811]. Konsequenterweise kann dann auch nur eine eventuell bestehende „Forderung wegen der Nichterfüllung" des Vertragspartners vom Insolvenzplan betroffen werden. Folgt man allerdings – wie in dieser Arbeit vertreten – dem Ansatz der „Durchsetzbarkeitstheorie"[812] bzw. der „haftungsrechtlichen Theorie"[813], die beide eine materiellrechtliche Wirkung sowohl der Verfahrenseröffnung als auch der Erfüllungsablehnung verneinen, so kommen grundsätzlich wieder alle drei soeben aufgezeigten Möglichkeiten der Planbetroffenheit in Betracht.

Allerdings kann es vor Aufhebung des Insolvenzverfahrens infolge eines rechtskräftigen Insolvenzplans zu einer materiellrechtlichen Umwandlung der gegenseitigen Erfüllungsansprüche in die „Forderung wegen der Nichterfüllung" kommen[814]. Insoweit ist danach zu differenzieren, ob der Vertragspartner eine „Forderung wegen der Nichterfüllung" zur Tabelle angemeldet und die Anmeldung nicht bis spätestens zum Zeitpunkt der regelmäßigen Einsichtnahme der Tabelle durch den Schuldner zurückgenommen hat[815].

(2) Bei Anmeldung einer „Forderung wegen der Nichterfüllung" zur Tabelle

Soweit es im Insolvenzverfahren zu einer Anmeldung der „Forderung wegen der Nichterfüllung" als Differenzforderung gekommen ist und diese auch nicht bis zur Einsichtnahme der Tabelle zurückgenommen wurde, wird diese und nicht der ursprüngliche Erfüllungsanspruch des Vertragspartners von den Festsetzungen des

---

808 So die „Erlöschenstheorie", siehe unter C)III.
809 So die „Gestaltungstheorie", siehe unter C)II.
810 Dies tun indes einige Vertreter der „Erlöschenstheorie", indem sie das Erlöschen systemwidrig auf das Insolvenzverfahren beschränken; siehe hierzu unter C)III.2.
811 *Marotzke*, 3. Aufl., RdNr. 12.14.
812 Siehe unter C)IV.
813 Siehe unter C)V.
814 Vgl. hierzu oben unter D)II.3.
815 So das oben unter D)II.3.c)aa)(2),(3) gewonnene Ergebnis; nach h.M. tritt die materiellrechtliche Umgestaltung erst ein, wenn bezüglich der „Forderung wegen der Nichterfüllung" die Voraussetzungen des § 201 Abs. 2 InsO vorliegen. Nach der „Präklusionslösung" (siehe unter D)II.3.b)) kann konsequenterweise ab Vorliegen der Voraussetzungen des § 201 Abs. 2 InsO nur noch die „Forderung wegen der Nichterfüllung" vom Insolvenzplan erfasst sein, da anderenfalls die über das Verfahrensende hinausreichende Rechtskraft- und Vollstreckungswirkung leer liefe.

Insolvenzplans betroffen[816]. Handelt es sich bei der „Forderung wegen der Nichterfüllung" um einen Schadensersatzanspruch aus §§ 280 Abs. 1, 3, 281 BGB, so sind die ursprünglichen Erfüllungsansprüche der Parteien nämlich nach hier vertretender Ansicht infolge der Anmeldung der „Forderung wegen der Nichterfüllung" gem. § 281 Abs. 4 BGB in dieser aufgegangen. Allerdings ist diese gestaltende Erklärung bis zum Zeitpunkt der regelmäßigen Einsichtnahme der Tabelle durch den Schuldner widerrufbar[817].

In dem seltenen Ausnahmefall, dass die „Forderung wegen der Nichterfüllung" ihre Rechtsgrundlage in §§ 280 Abs. 1, 3, 283 BGB hat, wird natürlich auch nur diese Forderung vom Insolvenzplan erfasst, da die beiderseitigen Erfüllungsansprüche erloschen sind. Besteht die Rechtsgrundlage der „Forderung wegen der Nichterfüllung" hingegen nicht in einer materiellrechtlichen Anspruchsgrundlage, weil die Voraussetzungen für diese nicht spätestens zur Zeit der Erfüllungsablehnung vorlagen, so ist die Rechtsgrundgrundlage dieser Forderung in § 103 Abs. 2 S. 1 i.V.m. den allgemeinen Grundsätzen des Insolvenzrechts zu erblicken. In diesem Fall kommt es allerdings – wie bereits ausgeführt[818] – durch die Anmeldung der „Forderung wegen der Nichterfüllung" aus Gründen der Rechtssicherheit zu einer materiellrechtlichen Umgestaltung des Schuldverhältnisses in ebendiese einseitige Differenzforderung analog § 281 Abs. 4 BGB, wenn das in der Anmeldung liegende „Schadensersatzverlangen" nicht bis zum regelmäßigen Zeitpunkt der Einsichtnahme der Tabelle durch den Schuldner vom Vertragspartner widerrufen wird.

(3) Bei unterlassener Anmeldung

Fraglich ist, ob auch die Differenzforderung als „Forderung wegen der Nichterfüllung" von den Festsetzungen des Insolvenzplans betroffen ist, wenn der Vertragspartner die Forderung nicht im Verfahren zur Tabelle angemeldet hat bzw. er die Anmeldung bis spätestens zum Zeitpunkt der regelmäßigen Einsichtnahme der Tabelle durch den Schuldner zurückgenommen hat. Dann könnte man nämlich auch davon ausgehen, dass der ursprüngliche Erfüllungsanspruch des Vertragspartners planbetroffen ist[819]. Die letztgenannte Ansicht fußt auf der in dieser Arbeit für richtig befundenen Überlegung, dass die Erfüllungsansprüche der Parteien außerhalb des Insolvenzverfahrens fortbestehen und dass sie deshalb nach Aufhebung des Insolvenzverfahrens infolge eines rechtskräftigen Insolvenzplans grundsätzlich von beiden Parteien wieder durchgesetzt werden können[820]. Kommt es allerdings noch vor Inkrafttreten des Insolvenzplans zu einer materiellrechtlichen Umwandlung

---

816 So im Ergebnis auch RGZ 79, 209, 211 f.; *Henckel*, ZZP 99 (1986), 419, 439; Jaeger-*Henckel*, KO, 9. Aufl., § 17 RdNr. 161; *Pünder*, S. 77; *v. Wilmowski/Kurlbaum/Kühne*, 6. Aufl., § 193 Anm. 4 fordern hierfür, dass der Gemeinschuldner keinen Widerspruch eingelegt hat; *Kohler*, Leitfaden, S. 96 fordert überdies, dass der Vertragspartner wenigstens in Höhe eines Teils seiner Ersatzforderung befriedigt sein worden müsse.

817 Siehe hierzu oben unter D)II.3.c)aa)(2),(3).

818 Siehe oben unter D)II.3.c)aa)(3).

819 Vgl. *Brandes*, RWS-Forum 9, S. 1, 10; *Marotzke*, 3. Aufl., RdNr. 12.15.

820 Der Vertragspartner des Schuldners kann seinen Erfüllungsanspruch freilich nur soweit durchsetzen, wie dieser nicht von den Festsetzungen des gestaltenden Teils des Insolvenzplans erfasst wird.

der gegenseitigen Erfüllungsansprüche, etwa weil (dauerhafte) Unmöglichkeit eintritt[821] oder der Vertragspartner nach § 281 Abs. 4 BGB Schadensersatz verlangt[822], so kann nur die „Forderung wegen der Nichterfüllung" von den Wirkungen des Insolvenzplans erfasst sein.

Der Erfüllungsanspruch des Vertragspartners ist jedenfalls nicht planbetroffen, da er zu diesem Zeitpunkt gar nicht mehr existiert und in den genannten Fällen auch nicht wieder durch die Verfahrensaufhebung auflebt. Allerdings ist eine bürgerlichrechtliche Schadensersatzforderung, deren Anspruchsvoraussetzungen erst nach der Erfüllungsablehnung vorliegen, im Insolvenzverfahren nicht berücksichtigungsfähig[823]. Dessen ungeachtet bleibt es freilich dabei, dass die beiderseitigen Erfüllungsansprüche durch die entsprechende Erklärung des Vertragspartners endgültig erlöschen, so dass sie auch nicht nach Aufhebung des Insolvenzverfahrens geltend gemacht werden können. Von den Wirkungen des gestaltenden Teils des Insolvenzplans wird dann also nur eine etwaig bestehende „Forderung wegen der Nichterfüllung" erfasst, die einen positiven Saldo der noch nicht erfüllten Primäransprüche des Vertragspartners verkörpert. Diese Forderung berechnet sich nur dann nach den §§ 249 ff. BGB, wenn zur Zeit der Erfüllungsablehnung die Anspruchsvoraussetzungen einer bürgerlichrechtlichen Schadensersatzforderung vorlagen und der Primäranspruch schon zur Zeit der Verfahrenseröffnung fällig war, ansonsten gilt das Nennwertprinzip[824].

(4) Zwischenergebnis:

Bis hierhin kann somit Folgendes festgehalten werden:

Die Frage, ob der Erfüllungsanspruch des Vertragspartners in seiner ursprünglichen Gestalt bzw. in kapitalisierter Form oder eine etwaige Differenzforderung im Sinne von § 103 Abs. 2 S. 1 InsO vom Insolvenzplan erfasst wird, stellt sich nur dann, wenn es nicht zu einer materiellrechtlichen Umgestaltung der Erfüllungsansprüche in die einseitige „Forderung wegen der Nichterfüllung" – sei es infolge der Anmeldung dieser Forderung zur Tabelle, sei es durch eine anderweitigen Umgestaltung nach materiellen Recht – gekommen ist.

---

821 Vgl. Jaeger-*Henckel*, KO, 9. Aufl., § 17 RdNr. 160.
822 Jedenfalls nach der Erfüllungsablehnung des Insolvenzverwalters kommt das allgemeine Leistungsstörungsrecht des BGB wieder zur Anwendung, denn dann entfällt die temporäre „Überlagerung" durch die InsO; vgl. hierzu MünchKomm-*Ernst*, BGB, 4. Aufl., § 323 RdNr. 140; *Marotzke*, KTS 2002, 1, 20 ff. (insb. 29); *Mossler*, ZIP 2002, 1831 ff. Unter der Geltung der KO und des „alten" Schuldrechts wurde überwiegend davon ausgegangen, dass das Rücktrittsrecht des Vertragspartners nicht durch die Bestimmungen des § 17 KO berührt werde, so etwa *Seuffert*, S. 190. M.E. ist der insbesondere von *Marotzke* angenommene Vorrang des „insolvenzrechtlichen Leistungsstörungsrechts" – vor allem angesichts der durch § 323 Abs. 4 BGB erleichterten Rücktrittsvoraussetzungen – dann interessengerecht, wenn anderenfalls § 103 InsO entwertet werden würde. Allerdings ist dieser Vorstoß de lege lata insoweit problematisch, als es an einer Rechtsnorm fehlt, die diesen für die Rechtsposition des Vertragspartners „wesentlichen" Eingriff in seine Leistungsstörungsstörungsrechte nach BGB vorsieht.
823 Begründung hierfür oben unter B)V.3.a)aa).
824 Siehe hierzu oben unter B)V.3.a)bb)(1).

bb) Bei Fehlen einer materiellrechtlichen Umgestaltung des Schuldverhältnisses während des Insolvenzverfahrens

Komplizierter stellt sich die Rechtslage dar, wenn es zu keiner materiellrechtlichen Umgestaltung des Schuldverhältnisses während des Insolvenzverfahrens gekommen ist. Dann kommen alle drei oben skizzierten Möglichkeiten der Planbetroffenheit des Vertragspartners in Betracht. Bei der Ermittlung eines billigen und dogmatisch begründbaren Ergebnisses sind stets folgende Gesichtspunkte zu beachten:

- Der Vertragspartner darf nicht zur vollen Leistung gegen Leistung der Quote gezwungen werden
- Der Vertragspartner darf nicht ungerechtfertigterweise gegenüber den sonstigen Insolvenzgläubigern bevorzugt werden
- Die Rechtssicherheit, d.h. das Schuldverhältnis darf gegen den Willen des Vertragspartners nur für einen begrenzten Zeitraum in der „Schwebe" bleiben
- Der Sinn und Zweck des Insolvenzplanverfahrens

(1) Ist die „Forderung wegen der Nichterfüllung" planbetroffen?

Unter der Konkursordnung war die Ansicht herrschend, dass der Zwangsvergleich die Konkursforderungen in der Gestalt erfasst, die sie verfahrensbedingt (insbesondere durch § 69 KO) erhalten haben[825]. Viele Vertreter dieser Ansicht bezogen sich allerdings nur auf die Umwandlungsnormen der §§ 65, 69, 70 KO (§§ 41, 45, 46 InsO) und nicht auf die Saldierung nach § 26 KO (§ 103 Abs. 2 S. 1 InsO). Allerdings kann die diesbezügliche Argumentation aufgrund der vergleichbaren Interessenlage im Grundsatz auf die hier in Rede stehende Problematik übertragen werden[826].

Konsequenz dieser Ansicht ist es, die „Forderung wegen der Nichterfüllung", also den positiven Saldo zwischen Forderung und Gegenforderung, als planbetroffen anzusehen[827]. Für diese Sichtweise scheinen zunächst Aspekte der Rechtssicherheit zu sprechen. Es bliebe nämlich dabei, dass der gegenseitige Vertrag nicht – wie ursprünglich von den Parteien vereinbart – erfüllt wird. Die „Nichterfüllung" der Forderung des Vertragspartners, die schon nach Ansicht des historischen Gesetzgebers die natürliche Folge der Eröffnung des Insolvenzverfahrens ist[828] und die durch Erfüllungsablehnung lediglich „bestätigt" wird, würde dann trotz unterlassener Verfahrensteilnahme des Vertragspartners durch das Inkrafttreten des Insolvenzplans perpetuiert werden. Weiterhin scheint diese Ansicht dem Grundsatz der Gleich-

---

825 *Glück*, S. 94 ff.; *Hellmann*, S. 527; *Seuffert*, S. 190; so auch *Marotzke*, 3. Aufl., RdNr. 12.16 m.w.N.; *Pletzsch*, S. 107: „Sind bei Abschluß des Zwangsvergleichs die ursprünglichen Erfüllungsansprüche noch erhalten, so wird das von dem Konkurs erfaßte Schuldverhältnis in den Schadensersatzanspruch des Gegners verwandelt."
826 Vgl. auch *Marotzke*, 3. Aufl., RdNr. 3.35 ff.
827 Anders *Marotzke*, 3. Aufl., RdNr. 12.16, der die „Forderung wegen der Nichterfüllung" insoweit nach der Austauschmethode berechnet.
828 Siehe oben unter B)I.1.b).

behandlung aller Insolvenzgläubiger gerecht zu werden, denn für diese verbleibt es ebenfalls bei der Nichterfüllung, also bei der „insolvenzmäßigen Erfüllung“[829]. Allerdings übersieht eine solche Sichtweise zweierlei:

Zum einen besteht nicht zu Gunsten eines jeden Vertragspartners ein positiver Saldo zwischen Forderung und Gegenforderung[830]. Deshalb verfügen einige Vertragspartner über gar keine „Forderung wegen der Nichterfüllung“, die vom Insolvenzplan erfasst werden könnte[831]. Fraglich erscheint dann, was für diese Vertragspartner gelten soll. Einerseits könnte man vertreten, dass in derartigen Fällen dann eben der Erfüllungsanspruch in natura bzw. in kapitalisierter Form vom Insolvenzplan betroffen wird. Indes erscheint es dogmatisch wenig stringent, die Art der Planbetroffenheit davon abhängig machen zu wollen, ob zugunsten des Vertragspartners ein positiver Saldo besteht[832]. Zwingend ist dieser Einwand allerdings nicht. Man könnte den Vertragspartner, zu dessen Gunsten kein positiver Saldo besteht, auch mit folgender Begründung gänzlich von den Wirkungen des Insolvenzplans ausnehmen wollen: Ein Vertragspartner, zu dessen Gunsten kein positiver Saldo besteht, kann nach der ganz h.M. zur Berechnung der „Forderung wegen der Nichterfüllung“ nie eine begründete Differenzforderung zur Tabelle anmelden[833]. Infolgedessen könnte man annehmen, ein solcher Vertragspartner sei nicht als Insolvenzgläubiger i.S.v. § 38 InsO anzusehen[834]. Hiergegen spricht aber schon, dass dieser Vertragspartner einen „begründeten Vermögensanspruch“ zur Zeit der Eröffnung des Insolvenzverfahrens hatte, nämlich seinen noch nicht erfüllten Primäranspruch aus dem gegenseitigen

829 Siehe oben unter B)I.1.b).

830 Hierauf weist *Marotzke,* 3. Aufl., RdNr. 12.18 zu Recht hin. Vgl. auch *Henckel,* ZZP 99 [1986] 419, 438 f.

831 Es sei denn man hält, wie insbesondere *Marotzke,* 3. Aufl., RdNr. 5.50 ff., eine Berechnung der „Forderung wegen der Nichterfüllung“ nach der Austauschmethode für zulässig. Hiergegen oben unter B.V.3.a)bb)(2).

832 *Henckel,* ZZP 99 [1986] 419, 439 macht hiervon offensichtlich schon das „Ob“ der Planbetroffenheit abhängig: „Er (scil.: der Vertragspartner) wird nicht betroffen, wenn er keine Forderung anmelden konnte, weil sein Anspruch keinen höheren Wert hatte als der des Gemeinschuldners.“ *Marotzke,* RdNr. 12.18 will allerdings dem Vertragspartner für den Fall, dass zu seinen Gunsten ein positiver Saldo besteht, ein nachträgliches Wahlrecht darüber zubilligen, ob der ursprüngliche Erfüllungsanspruch in Geld (Austauschmethode) oder der positive Saldo (Differenzmethode) von den Festsetzungen im Insolvenzplan betroffen werden soll. Dies ist m. E. nicht interessengerecht. Der Vertragspartner, der nicht im Insolvenzverfahren von seiner Möglichkeit Gebrauch gemacht hat, eine Differenzforderung zur Tabelle anzumelden, soll nicht ohne weiteres nach Wiedererlangung der Verfügungsmacht durch den Schuldner auf die „Forderung wegen der Nichterfüllung“ umschwenken können (vgl. auch den Rechtsgedanken des § 264 Abs. 2 BGB). Der Schuldner muss sich darauf verlassen können, dass die Vertragspartner, die nicht durch die Anmeldung von entsprechenden Differenzforderungen oder durch einen Rücktritt das Schuldverhältnis umgestaltet haben, auch weiterhin für einen gegenseitigen Leistungsaustausch bereitstehen. Freilich darf dieser Leistungsaustausch nicht in einer vollen Leistung gegen Erbringung der Quote bestehen. Hierzu sogleich unter (3).

833 Vgl. *Marotzke,* 3. Aufl., RdNr. 12.18.

834 So *Henckel,* ZZP 99 [1986] 419, 438: „Geht man demgegenüber davon aus, dass der Anspruch des Vertragspartners nur noch ein Differenzanspruch sein kann, so ist der Vertragspartner nicht Konkursgläubiger, wenn die ausbleibende Leistung des Gemeinschuldners keinen höheren Wert hat als die versprochene Gegenleistung. Da dieser nichts zu fordern hat, kann auch nicht die vergleichsmäßige Reduzierung seiner Forderung eintreten.“

Vertrag. Dass er auch per Saldo etwas zu fordern hat, ist für die Insolvenzgläubigerstellung nicht erforderlich. Anderenfalls wäre der Vertragspartner im Hinblick auf die Rechtsdurchsetzung seiner Forderung nicht durch die Vorschriften der InsO beschränkt. Er könnte seinen Anspruch dann also auch außerhalb des Insolvenzverfahrens durchsetzen. Der Vertragspartner, der ein „schlechtes" Geschäft gemacht hat und deshalb mangels positiven Saldos keine berechtigte „Forderung wegen der Nichterfüllung" anmelden konnte, würde dann absurderweise, da er nicht vom Plan betroffen würde, besser dastehen als der Vertragspartner, der ein „gutes" Geschäft gemacht hat. Einen derartigen Verstoß gegen den Grundsatz par conditio creditorum hat der Gesetzgeber offenkundig nicht gewollt[835].

Zum anderen ist die Annahme, es werde stets die (nur u.U. bestehende) „Forderung wegen der Nichterfüllung" vom Insolvenzplan erfasst, nicht mit dem Sinn und Zweck des Insolvenzplanverfahrens in Einklang zu bringen. Die meisten Insolvenzpläne sind Sanierungspläne, die auf eine Reorganisation und Sanierung des schuldnerischen Unternehmensträgers[836] durch weitgehend privatautonome Vereinbarungen gerichtet sind. Um dem Sanierungszweck gerecht zu werden, erhält u.U. der Schuldner nach § 259 Abs. 1 S. 2 InsO die Verfügungsbefugnis über die zu seinem Vermögen gehörenden Gegenstände zurück[837]. Der Schuldner soll daher durch eigenes rechtsgeschäftliches Handeln daran mitwirken, dass er künftig wieder „schwarze Zahlen" schreibt[838]. Dem widerspricht es, einen beiderseits noch nicht vollständig erfüllten gegenseitigen Vertrag, bei dem die beiderseitigen primären Leistungspflichten noch nicht durch eine Gestaltungserklärung der Parteien (nicht des Insolvenzverwalters!) erloschen sind, durch das Inkrafttreten des Insolvenzplans auf die „Forderung wegen der Nichterfüllung" zu beschränken. Denn gesetzt, die „Forderung wegen der Nichterfüllung" werde vom Insolvenzplan erfasst, würde das gesamte Schuldverhältnis auf ebendiese Forderung materiellrechtlich beschränkt werden[839]. Der Schuldner hätte dann – vom Abschluss eines entsprechenden neuen Vertrages mit dem Vertragspartner einmal abgesehen – keine Möglichkeit mehr, auf eine Abwicklung des gegenseitigen Vertrages hinzuwirken. Dies ist insbesondere dann misslich, wenn der Schuldner nun – anders als noch der Insolvenzverwalter zur Zeit der Erfüllungsablehnung – ein Interesse an der Vertragsabwicklung hat, etwa weil die Leistungspflicht des Vertragspartners in der Lieferung einer für die Betriebsfortführung wichtigen Sache besteht.

---

835 Vgl. *Pünder*, S. 80.
836 Vgl. hierzu *Smid/Rattunde*, Der Insolvenzplan, 2. Aufl., RdNr. 2.7.
837 Das Insolvenzplanverfahren weist deshalb einen inneren Zusammenhang zum Rechtsinstitut der Eigenverwaltung auf, die ebenfalls Sanierungszwecken dient, vgl. *Smid/Rattunde*, Der Insolvenzplan, 2. Aufl., RdNr. 0.18 ff.
838 *Smid/Rattunde*, Der Insolvenzplan, 2. Aufl., RdNr. 5.42.
839 Vgl. oben unter aa). Das Gleiche müsste konsequenterweise auch dann gelten, wenn der Insolvenzverwalter die Ausübung seines Wahlrechts unterlassen hat und er hierzu auch nicht vom Vertragspartner aufgefordert worden ist. Dann würde das Schuldverhältnis durch das Inkrafttreten des Insolvenzplans in einseitige „Forderung wegen der Nichterfüllung" umgestaltet werden, ohne dass die Parteien (oder der Insolvenzverwalter) eine hierauf gerichtete Erklärung abgegeben hätten.

Derjenige, der hiergegen einwendet, dass der Vertragspartner vor einem länger dauernden „Schwebezustand“ des gegenseitigen Vertrages zu schützen ist, während dessen er seine Leistung bereithalten muss[840], übersieht, dass diese Lage ebenso im Falle einer Aufhebung des Insolvenzverfahrens infolge von Schlussverteilung nach § 200 Abs. 1 InsO besteht[841]. Infolge der Verfahrensaufhebung können grundsätzlich beide Parteien, wenn es nicht zu einer materiellrechtlichen Umgestaltung im Verfahren gekommen ist, wieder ihre ursprünglichen Erfüllungsansprüche durchsetzen[842]. Allerdings hat der Vertragspartner nach richtiger Ansicht (spätestens) ab dem Zeitpunkt der negativen Ausübung des Verwalterwahlrechts bzw. nach Verwirkung desselben u.U. die Möglichkeit vom Vertrag zurückzutreten, § 323 Abs. 1 (323 Abs. 4) BGB[843], denn spätestens ab diesem Zeitpunkt entfällt die Überlagerung des materiellen Leistungsstörungsrechts durch das Leistungsstörungsrecht der allseitigen Haftungsordnung InsO. Eine weitergehende Verdrängung der Regeln, die im zweiseitigen Schuldverhältnis zwischen Schuldner und Vertragspartner gelten, ließe sich nicht mehr durch den Insolvenzzweck rechtfertigen und wäre folglich unverhältnismäßig[844]. Da also auch nach Verfahrensaufhebung nach § 200 Abs. 1 InsO grundsätzlich bei unterlassener Verfahrensteilnahme des Vertragspartners wieder die ursprünglichen Erfüllungsansprüche der Parteien durchsetzbar sind, ist es nicht einzusehen, weshalb bei einer Verfahrensaufhebung nach § 258 Abs. 1 InsO das Schuldverhältnis ohne Ausübung eines entsprechenden Gestaltungsrechts durch die Parteien automatisch auf die nur u.U. bestehende „Forderung wegen der Nichterfüllung“ beschränkt werden soll. Dies gilt umso mehr, als bei der Verfahrensaufhebung infolge rechtskräftigen Insolvenzplans zumeist der Sanierungszweck im Vordergrund steht[845], dessen Erreichung häufig davon abhängt, dass der Schuldner auch nach Wiedererlangung seiner Rechtsmacht von seinen Vertragspartnern Erfüllung verlangen kann.

Deshalb kann bis hierhin Folgendes festgehalten werden:

Ist es im Insolvenzverfahren nicht zu einer materiellrechtlichen Umgestaltung des gegenseitigen Vertrages in die einseitige „Forderung wegen der Nichterfüllung“ durch Anmeldung dieser Forderung zur Tabelle oder aus sonstigen Gründen gekommen, so wird infolge des Inkrafttretens des Insolvenzplans auch nicht die „Forderung wegen der Nichterfüllung“ vom Insolvenzplan betroffen.

---

840 *Sandrock*, S. 111.
841 Siehe oben unter D)II.
842 So auch Jaeger-*Henckel*, KO, 9. Aufl., § 17 RdNr. 160.
843 So *Marotzke*, KTS 2002, 1, 29. Unter der Geltung der KO und dem „alten“ Schuldrecht wurde überwiegend davon ausgegangen, dass das Rücktrittsrecht nicht durch § 17 KO ausgeschlossen werde, so *Seuffert*, S. 190; anders RGZ 56, 238, 240: „ein Rücktritt wegen der Erklärung des Verwalters, den Vertrag nicht erfüllen zu wollen, ist selbst dann ausgeschlossen, wenn er nach allgemeinen Rechtsgrundsätzen gegeben sein sollte.“ Vgl. auch MünchKomm-*Ernst*, BGB, 4. Aufl., § 323 RdNr. 140.
844 Zur Bedeutung des Verhältnismäßigkeitsprinzips im Insolvenzrecht vgl. *Lepa*, S. 102 ff.; *Mehl*, S. 15.
845 *Smid/Rattunde*, Der Insolvenzplan, 2. Aufl., RdNr. 2.11.

(2) In welcher „Gestalt" wird der Erfüllungsanspruch des Vertragspartners planbetroffen?

Aus vorstehenden Ausführungen ergibt sich im Umkehrschluss zwingend, dass der Erfüllungsanspruch des Vertragspartners vom Insolvenzplan betroffen wird, wenn es nicht vor Aufhebung des Insolvenzverfahrens zu einer materiellrechtlichen Umgestaltung der wechselseitigen Erfüllungsansprüche in eine einseitige „Forderung wegen der Nichterfüllung" gekommen ist. Jedoch ist bislang noch die Frage offen geblieben, ob der Erfüllungsanspruch des Vertragspartners in seiner ursprünglichen Gestalt – also in natura – oder in kapitalisierter Form (§ 45 InsO), d.h. in Geld erfasst wird [846].

Gegen die Annahme, der Erfüllungsanspruch werde in natura vom Insolvenzplan erfasst, scheint zunächst zu sprechen, dass die Leistung des Schuldners vielleicht gar nicht teilbar ist [847] oder zumindest als teilbare Leistung für den Vertragspartner ohne Interesse ist. Angenommen der Schuldner schuldet die Errichtung eines Schiffes und der gestaltende Teil des Insolvenzplans sieht einen hälftigen Erlass der einfachen Insolvenzforderungen vor, so hätte der Vertragspartner nach dieser Betrachtungsweise anscheinend einen Anspruch auf Errichtung eines halben Schiffes gegen Entrichtung des vollen Werklohnes. Die Absurdität dieses Beispiels drängt nun zu der gegenteiligen Annahme, dass nämlich der Erfüllungsanspruch in kapitalisierter Form (§ 45 bzw. § 103 Abs. 2 S. 1 InsO) vom Insolvenzplan erfasst wird. Allerdings beruht diese Annahme auf der fehlerhaften Prämisse, der Insolvenzgläubiger müsse seinerseits voll (nominal) leisten und erhalte als Gegenleistung nur die Quote. Dass dieses Ergebnis nicht erst aufgrund der Regelung des § 103 InsO und der Entstehungsgeschichte des § 17 KO, sondern schon aus verfassungsrechtlichen Gründen nicht in Betracht kommt, wurde an anderer Stelle nachgewiesen [848].

In Betracht kommen daher nur zwei Möglichkeiten:

- Entweder es findet ein beiderseitig vollständiger Leistungsaustausch zwischen den Parteien statt,
- oder keine der Partei leistet in natura; allenfalls muss dann noch ein etwaiger positiver Saldo eines Vertragsteils ausgeglichen werden [849].

---

846 Dieser Streit wurde in der Literatur zumeist nur im Hinblick auf die Umwandlungsvorschriften der §§ 65, 69, 70 KO (§§ 41, 45, 46 InsO) geführt. Dies erklärt sich daraus, dass unter der Herrschaft der „Gestaltungstheorie" nach der Erfüllungsablehnung des Verwalters gar keine Erfüllungsansprüche mehr existierten, die von einem Zwangsvergleich (Insolvenzplan) erfasst werden könnten.

847 *Seuffert*, S. 436 will (bez. der Forderungen, die nach § 69 KO umgerechnet werden) die Forderungen nur dann als in kapitalisierter Form vom Zwangsvergleich ansehen, wenn diese nicht teilbar sind. M. E. ist dies dogmatisch wenig stringent. Allerdings ist die Problematik durch die weite Auslegung des Merkmals der „Teilbarkeit" durch die Rechtsprechung entschärft worden, vgl. *Fischer*, NZI 2002, 281, 283 m.w.N.: „Erforderlich ist lediglich, dass sich Teilleistungen feststellen und berechnen lassen."

848 Siehe oben unter C)VI.4.a).

849 Zu Gunsten des Vertragspartner dann freilich nur entsprechend der im Insolvenzplan vorgesehenen Quote.

Die Annahme, der Erfüllungsanspruch des Vertragspartners werde in seiner nach § 45 InsO kapitalisierten Form vom Insolvenzplan erfasst, würde i.d.R. den Ausschluss der ersten Alternative für den Fall bewirken, dass die vertraglich vereinbarte Leistung des Schuldners nicht in Geld bestanden hat[850]. Die materiellrechtliche Umgestaltung der Forderung des Vertragspartners in Geld würde nicht auf einer Willenserklärung desselben beruhen, denn dieser hat es im zu untersuchenden Fall gerade unterlassen, im Insolvenzverfahren eine (insolvenzbedingt kapitalisierte) Forderung anzumelden. Wäre das Insolvenzverfahren nach § 200 Abs. 1 InsO aufgehoben worden, so wäre die Forderung des Vertragspartners auch wieder in natura durchsetzbar[851]. Der Umstand, dass die Forderung des Vertragspartners aufgrund des Insolvenzplans nur quotal befriedigt werden muss[852], würde die materiellrechtliche Kapitalisierung nur dann rechtfertigen, wenn ein vollständiger Leistungsaustausch nach Aufhebung des Insolvenzverfahrens ausgeschlossen wäre. Insoweit besagt allerdings § 254 Abs. 3 InsO nach zutreffender h.M.[853], dass der Teil der Forderung der Insolvenzgläubiger, der aufgrund der quotalen Herabsetzung nicht mehr durchsetzbar ist, als sog. Naturalobligation weiterhin eine causa für den Erwerb darstellt. Diese Regelung ergäbe – jedenfalls für den hier zu untersuchenden Fall eines § 103 InsO unterfallenden Vertrages – dann bei Annahme der automatischen Kapitalisierung der Forderung des Vertragspartners keinen Sinn, wenn die (ursprünglich geschuldete) Leistung des Schuldners nicht in Geld besteht (wohl aber die seines Vertragspartners)[854]. Der Schuldner könnte dann das Vertragsziel – die Erbringung seiner (vollen) Leistung in natura gegen Bezahlung – nicht mehr erreichen.

Angenommen der Schuldner ist zur Lieferung einer Sache gegen Entgelt verpflichtet und er ist (um des Entgelts willen[855]) dazu bereit, die z.T. erloschene, aber als Naturalobligation fortbestehende Forderung des Vertragspartners voll zu erfüllen, so könnte er bei Annahme einer automatischen Kapitalisierung nur durch eine Geldleistung sein Entgelt bekommen. Ein absurdes Ergebnis, das dazu zwingt, die Forderung des Vertragspartners eines Vertrages nach § 103 InsO nicht als durch den Insolvenzplan kapitalisiert anzusehen. Hiergegen kann auch nicht das Gleichbehandlungsgebot des § 226 InsO eingewendet werden, nach dem die Gläubiger jeder Gruppe die gleichen Rechte bekommen sollen[856]. Diese Vorschrift dient

---

850 Von der Möglichkeit einer Novation durch die Vertragsparteien einmal abgesehen.
851 Smid-*Smid,* InsO, 2. Aufl., § 103 RdNr. 56; vgl. des Weiteren oben unter D)II.
852 Nicht werden kann!
853 Braun-*Braun,* InsO, 2. Aufl., § 254 RdNr. 9; Smid-*Smid/Rattunde,* InsO, 2. Aufl., § 254 RdNr. 11; Uhlenbruck-*Lüer,* InsO, 12. Aufl., § 254 RdNr. 19; so schon *Jaeger,* Lehrbuch, 8. Aufl., S. 196; *Schad,* S. 188.
854 Die „weitergehende Befriedigung" in § 254 Abs. 3 InsO muss sich nämlich auf die Form beziehen, in der die Forderung vom Insolvenzplan erfasst wird. Sähe man die Forderung des Vertragspartners als in der Form des § 45 InsO, also in Geld, als vom Insolvenzplan erfasst an, so wäre eine Naturalleistung des Schuldners entsprechend seiner ursprünglichen Verpflichtung kaum noch als „weitergehende Befriedigung" aufzufassen. Die Naturalleistung ist nämlich im Verhältnis zur Geldleistung ein aliud. „Weitergehende Befriedigung" kann m.E. nur als Leistung über die Quote hinaus, aber noch in der gleichen Form, d.h. in natura oder in Geld, je nachdem, wie die Forderung von dem Insolvenzplan erfasst wird, angesehen werden.
855 Warum der Schuldner voll leisten muss, um in den Genuss der vollen Gegenleistung zu kommen, wird sogleich unter (3) erläutert.
856 Jaeger-*Henckel,* InsO, § 45 RdNr. 23 für den Fall der Kapitalisierung nach § 45 InsO.

dazu, den insolvenzrechtlichen Gleichbehandlungsgrundsatz in den Kontext des Insolvenzplanverfahrens zu transformieren[857]. Ist es aufgrund der Reglung des § 103 InsO anerkannt, dass der Vertragspartner eines gegenseitigen beiderseitig noch nicht vollständig erfüllten Vertrages „anders" als die übrigen Insolvenzgläubiger behandelt wird, wenn der Insolvenzverwalter dies zum Nutzen der Masse verlangt, so darf insoweit für das Planverfahren nichts anderes gelten. Anderenfalls würde man im Falle eines günstigen Vertrages für den Schuldner den zumeist mit dem Insolvenzplan verfolgten Sanierungszweck und mit ihm auch den (Haupt-)Insolvenzzweck i.S.d. § 1 S. 1 InsO gefährden.

Festzuhalten ist daher:

Anders als wenn die Forderung des Gläubigers nicht auf einem gegenseitigen Vertrag i.S.d. § 103 InsO beruht[858], wird die Forderung des Vertragspartners nicht etwa in nach § 45 InsO kapitalisierter Form, sondern in ihrer ursprünglichen Gestalt vom Insolvenzplan erfasst.

(3) Schutz des Vertragspartners vor „volle Leistung gegen Quote"

Auch wenn es im Insolvenzverfahren zu keiner Umgestaltung des zwischen Schuldner und Vertragspartner bestehenden Schuldverhältnisses in eine einseitige „Forderung wegen der Nichterfüllung" gekommen ist, muss der Vertragspartner, der trotz unterlassener Verfahrensteilnahme vom Insolvenzplan nach § 254 Abs. 1 S. 3 InsO planbetroffen ist, vor der Unbilligkeit geschützt werden, voll leisten zu müssen und im Gegenzug nur die Quote auf seine Forderung zu erhalten.

(a) Schutz des funktionellen Synallagmas als gesetzliches Leitprinzip

Der Schutz des funktionellen Synallagmas in der Gesamtvollstreckung hat eine lange Geschichte[859]. Unter Geltung der KO und der InsO war es bzw. ist es umstritten, ob sich dieser Schutz schon aus der Insolvenzfestigkeit des § 320 BGB ergibt oder erst aus § 103 InsO. Nach hier vertretender Ansicht ist der Schutz des funktionellen Synallagmas schon aus Verfassungsgründen geboten, da die Alternative „volle Leistung gegen Quote" einen unverhältnismäßigen Eingriff in grundrechtlich geschützte Positionen darstellen würde[860]. Wenn das funktionelle Synallagma im Regelinsolvenzverfahren Bestand hat, so muss das Gleiche für das Insolvenzplanverfahren (und die Zeit danach) gelten. Fraglich ist nur, wie dieser Schutz des Vertragspartners eines gegenseitigen beiderseits noch nicht oder nicht vollständig

---

857 Smid-*Smid/Rattunde*, InsO, 2. Aufl., § 226 RdNr. 1.
858 Dann geht es nicht mehr um einen gegenseitigen Leistungsaustausch zwischen Schuldner und seinem Vertragspartner, sondern um die gleichmäßige Gläubigerbefriedigung, die gerade die Umrechnung in Geld erforderlich macht. Deshalb ist es richtig, wenn die h.M. insoweit annimmt, dass die nicht § 103 InsO unterfallenden Forderungen in ihrer insolvenzverfahrensbedingten Form (§§ 41, 45, 46 InsO) von dem Insolvenzplan erfasst werden.
859 Vgl. oben unter B)I.
860 Vgl. oben unter C)VI.a)

erfüllten Vertrages nach Aufhebung des Insolvenzverfahrens gem. § 258 Abs. 1 InsO bewerkstelligt werden kann.

(b) Schutz durch Aufrechnungsmöglichkeit?

Unter Geltung der KO wurde die Möglichkeit diskutiert, das Synallagma nach Aufhebung des Verfahrens infolge eines Zwangsvergleichs zu schützen, indem man eine zuvor bestehende Aufrechnungslage zugunsten des Vertragspartners als fortbestehend ansah[861]. Dieser Schutz versagte allerdings bereits, wenn die Leistung des Vertragspartners nicht in Geld bestand[862], da es dann schon an dem Erfordernis der Gleichartigkeit für die Aufrechnungslage fehlte. Unter Geltung der InsO scheidet diese Schutzmöglichkeit zugunsten des Vertragspartners nach Ansicht von *Marotzke* auch im umgekehrten Fall – die Leistungspflicht des Schuldners ist nicht auf eine Geldzahlung gerichtet – aus. Nach § 95 Abs. 1 S. 2 InsO bleibt nämlich die in § 45 InsO vorgesehene Kapitalisierung insoweit außer Betracht, als es um die Möglichkeit geht, nach Eröffnung des Insolvenzverfahrens aufzurechnen[863]. Zwar betrifft § 95 InsO nur die Aufrechnungsmöglichkeit im Insolvenzverfahren und nicht nach Aufhebung des Verfahrens, so dass man insoweit die Einschlägigkeit des Aufrechnungsausschlussgrundes verneinen wollen könnte. Allerdings müsste man dann konsequenterweise auch die Geltung des § 45 InsO verneinen und mit ihm die für eine Aufrechnung notwendige Gleichartigkeit. Eine Aufrechnung scheidet freilich dann aus, wenn man – wie hier vertreten – annimmt, der Anspruch des Vertragspartners werde in seiner ursprünglichen Form vom Insolvenzplan erfasst. Mithin lässt sich ein Schutz des Vertragspartners nach Aufhebung des Insolvenzverfahrens gem. § 258 Abs. 1 InsO nicht durch die Annahme des Fortbestandes von Aufrechnungslagen bewirken.

(c) Bindung des Schuldners an die Erfüllungsablehnung des Insolvenzverwalters?

Marotzke schlägt für den Fall, dass der Vertragspartner im Insolvenzverfahren mangels eines positiven Saldos zu seinen Gunsten keine begründete „Forderung wegen der Nichterfüllung“ als Differenzforderung anmelden konnte[864], eine Bindung des Schuldners an die Erfüllungsablehnung des Insolvenzverwalters zum Schutze des Vertragspartners vor[865]. Ebenso wie der Insolvenzverwalter selbst an seine vorherige

---

861 *Henckel*, ZZP 99 [1986] 419, 438 hält den Schutz über die Aufrechnung für unnötig, „weil die Forderung (scil.: wegen der Nichterfüllung) von vornherein nur die Differenz umfasst.“ Dem ist zu entgegen, dass dies dann nicht der Fall ist, wenn wie in der zu untersuchenden Konstellation zugunsten des Vertragspartners kein positiver Saldo besteht.

862 Die Forderung der Vertragspartners als Konkursgläubiger wurde gem. § 69 KO (entspricht § 45 InsO) kapitalisiert.

863 *Marotzke*, 3. Aufl., RdNr. 12.17.

864 Nicht ganz klar wird allerdings, ob dies nur für Fall gelten soll, dass kein positiver Saldo zugunsten des Vertragspartners bestand oder generell.

865 *Marotzke*, 3. Aufl., RdNr. 12.18; so wohl auch schon *Pünder*, S. 80 f.; von einer Bindung des Gemeinschuldners an die Erfüllungsablehnung durch den Konkursverwalter geht auch *Bendix*, JW

Erfüllungsablehnung gem. § 103 Abs. 2 S. 3 InsO analog gebunden sei, müsse diese Bindung auch den Schuldner nach Aufhebung des Verfahrens treffen, wenn sich der Vertragspartner weder am Verfahren beteiligt noch auf sonstige Weise von seiner Erfüllungspflicht befreit habe[866].

Für den Ansatz *Marotzkes* spricht, dass er den beabsichtigten Schutz des Vertragspartners davor, voll leisten zu müssen und im Gegenzug nur die Quote zu erhalten, bewerkstelligt. Allerdings ist es aus dogmatischer Sicht bedenklich, die Vertragsparteien einerseits bei vorangegangener Erfüllungsablehnung durch den Insolvenzverwalter und unterlassener Anmeldung einer „Forderung wegen der Nichterfüllung" im Falle einer Verfahrensaufhebung nach § 200 Abs. 1 InsO als nicht an die Erfüllungsablehnung gebunden anzusehen[867], eine solche Bindung aber andererseits bei Vorliegen derselben Umstände bei einer Aufhebung nach § 258 Abs. 1 InsO anzunehmen. Durch die Annahme einer Bindung des Schuldners an die Erfüllungsablehnung des Insolvenzverwalters nähert man sich im Ergebnis der „Gestaltungstheorie" an[868], die von *Marotzke* zu Recht abgelehnt wird[869]. Wenn das Verwalterwahlrecht nur eine haftungsrechtliche Bedeutung hat, so kann der Schuldner auch nicht an die Ausübung desselben über das Verfahrensende hinaus gebunden sein, da anderenfalls das Schuldverhältnis de facto schon durch die Erfüllungsablehnung umgestaltet werden würde.

Auch beantwortet *Marotzke* insoweit nicht die Frage, was dann für die Gegenleistung des Vertragspartners gelten soll. Kann dieser nun die ihm noch nach den Festsetzungen des Insolvenzplans gebührende (Teil-)Leistung verlangen? Falls ja, so würde sich die Anschlussfrage stellen, ob der Schuldner insoweit seine Forderung gem. § 320 BGB einredeweise entgegenhalten dürfte oder ob dies der Bindung an die Erfüllungsablehnung des Insolvenzverwalters widerspräche. Verneinte man die Einredemöglichkeit, so würde der Schuldner wirtschaftlich geschädigt werden, was sowohl der gemeinschaftlichen Gläubigerbefriedigung als auch dem Sanierungszweck des Insolvenzplanverfahrens zuwider laufen würde. Wollte man auch den Vertragspartner an die Erfüllungsablehnung durch den Insolvenzverwalter binden, so würde man endgültig der zuvor als falsch befundenen „Gestaltungstheorie" quasi durch die Hintertür Geltung verschaffen[870]. Auch für ein Wahlrecht des Vertragspartners darüber, ob der Vertrag beiderseitig voll erfüllt werden oder ob es bei den Rechtsfolgen der Erfüllungsablehnung bleiben soll, fehlt es an einer gesetz-

---

1930, 1360, 1361 aus. Letztlich stellt sich diese „Bindungswirkung" als Ausprägung der „Gestaltungstheorie" dar.

866 *Marotzke,* 3. Aufl., RdNr. 12.18.

867 *Marotzke,* 3. Aufl., RdNr. 3.40; HK-*Marotzke,* InsO, 3. Aufl., § 103 RdNr. 42

868 Vgl. z. B. *Jaeger,* Lehrbuch, 8. Aufl. S. 38 als Vertreter der „Gestaltungstheorie": „In der Ablehnung der Erfüllung liegt auch nicht etwa eine Freigabe der Vertragsrechte des Gemeinschuldners. Ihn bindet die Entschließung des Verwalters auch für die Zukunft. Keine der Parteien kann außerhalb des Konkurses oder nach diesem auf den ursprünglichen Inhalt des Schuldvertrags zurückgreifen".

869 Kritisch *Henckel,* ZZP 99 [1986] 419, 439: „Was soll es bedeuten, dass der Gemeinschuldner an die Erfüllungsablehnung des Konkursverwalters gebunden sei, wenn diese keine Gestaltungswirkung hat und nichts anderes bedeutet, als dass es bei den normalen konkursrechtlichen Folgen verbleiben soll? Die normalen konkursrechtlichen Folgen werden aber mit der Bestätigung des Zwangsvergleichs (§ 190 KO) aufgehoben."

870 Vgl. *Henckel,* ZZP 99 [1986] 419, 439.

lichen Grundlage[871]. Ein Wahlrecht des Vertragspartners würde überdies dem zumeist mit einem Insolvenzplan verfolgten Sanierungszweck zuwiderlaufen, da der Vertragspartner nur die Erfüllung eines für ihn günstigen Vertrages verlangen wird. Die Bindung des Schuldners an die Erfüllungsablehnung des Insolvenzverwalters wäre m. E. daher nur dann hinnehmbar, wenn es keine andere Möglichkeit gäbe, das funktionelle Synallgma zu schützen. Dass es eine solche Möglichkeit gibt, wird sich im Fortgang der Darstellung zeigen.

Deshalb kann schon jetzt festgehalten werden:

Der Schuldner ist nicht an die Erfüllungsablehnung durch den Insolvenzverwalter gebunden, wenn der Vertragspartner keine „Forderung wegen der Nichterfüllung" zur Tabelle angemeldet und sich auch sonst nicht von seiner Erfüllungspflicht befreit hat.

(d) Insolvenzplanfestigkeit des § 320 BGB?

Ein weiterer Vorschlag, das Synallagma nach Aufhebung des Insolvenzverfahrens infolge eines rechtkräftigen Insolvenzplans zu schützen, wurde ebenfalls von *Marotzke* in die Diskussion eingebracht[872]. *Marotzke* wirft die Frage auf, ob die ursprüngliche Primärforderung des Vertragspartners, die durch den Insolvenzplan in den Rang einer nicht einklagbaren Naturalobligation herabgestuft worden sei, noch für diesen einredeweise nutzbar sein könne[873]. Da es nicht Sinn des Insolvenzplans sei, einzelne Aktivposten des Schuldnervermögens auf fremde Kosten zu vergrößern, müsse die Einrede des § 320 BGB nicht nur insolvenzfest[874], sondern auch insolvenzplanfest sein[875]. Dies bedeute, dass der Vertragspartner seine ihm obliegende Leistung nicht nur insoweit zurückhalten könne, wie ihm nicht die im Insolvenzplan vorgesehene Quote angeboten werde, sondern auch soweit wie ihm nicht die Erfüllung seiner ursprünglichen Forderung angeboten werde, die zum Teil nur noch als Naturalobligation bestehe[876].

---

871 *Baur,* FS Weber, S. 41, 44.

872 *Marotzke* führt diesen Vorschlag unter „§ 12 3. Unterlassene Wahlrechtsausübung des Verwalters" aus. M. E. ist die diesbezügliche Argumentation auf die Rechtslage nach vorheriger Erfüllungsablehnung übertragbar. *Marotzke* hat die Ausführungen über die Insolvenzplanfestigkeit des § 320 BGB wohl nur deshalb nicht auf die Rechtslage nach Erfüllungsablehnung des Insolvenzverwalters bezogen, weil er insoweit von einer Bindung des Schuldners an die Erfüllungsablehnung ausgeht (vgl. *Marotzke,* 3. Aufl., RdNr. 12.18). Die Beständigkeit der Einrede des nichterfüllten Vertrages gem. § 320 BGB im Zwangsvergleichverfahren nahm offensichtlich schon *Kohler,* S. 268 an. Eine Begründung hierfür lieferte er allerdings nicht.

873 *Marotzke,* 3. Aufl., RdNr. 12.31; ähnlich *Petersen-Kleinfeller,* KO, 4. Aufl., §§ 193, 194 Anm. 6: „Hatte dagegen der KV. die Erfüllung abgelehnt, so steht dem andern Teile nur eine Konkursforderung (Entschädigungsforderung) zu, welche allerdings vom ZwV. betroffen wird. Der G. kann aber nicht gegen Erfüllung desselben die volle vertragsmäßige Gegenleistung verlangen. Diese darf er vielmehr nur dann fordern, wenn auch er den Vertrag vollständig erfüllt, was ihm freisteht, da der Vertrag nicht aufgehoben ist."; ähnlich auch *Mehl,* S. 26 f.

874 *Marotzke,* 3. Aufl., RdNr. 2.12 ff.

875 *Marotzke,* 3. Aufl., RdNr. 12.31.

876 *Marotzke,* 3. Aufl., RdNr. 12.31.

Dieser Ansatz *Marotzkes* schützt ebenfalls das Synallgma nach Inkrafttreten des Insolvenzplans. Gegenüber dem vorherigen Vorschlag – Bindung des Schuldners an die Erfüllungsablehnung des Insolvenzverwalters – lassen sich mehrere Vorzüge aufführen. Zum einen besteht keine dogmatisch zweifelhafte Nähe zur „Gestaltungstheorie“, da der Schuldner trotz der Erfüllungsablehnung durch den Insolvenzverwalter seinen ursprünglichen Erfüllungsanspruch noch – entsprechend den ursprünglichen Vereinbarungen – durchsetzen kann[877]. Zum anderen überlässt dieser Ansatz dem Schuldner die Entscheidung darüber, ob der Vertrag voll abgewickelt werden soll oder ob der Vertragspartner lediglich eine Interesseforderung, die entsprechend den Festsetzungen des Insolvenzplans herabgewertet wird, gelten machen darf. Die Überantwortung dieses Wahlrechts auf den Schuldner ist im Sinne des mit dem Insolvenzplanverfahren zumeist verfolgten Sanierungszwecks. Der Schuldner kann dann nämlich selbst bestimmen, ob die nominale Abwicklung des Vertrages für den Fortgang seines Unternehmens besser ist als die Nichterfüllung. Dies entspricht im Wesentlichen der Regelung des § 103 InsO mit dem Unterschied, dass jetzt der Schuldner und nicht der Insolvenzverwalter der Entscheidungsträger ist.

Aber auch die Interessen des Vertragspartners werden bei diesem Ansatz nicht ungerechtfertigt benachteiligt. Für den Fall eines für ihn günstigen Vertrages (bzw. Abwicklungsstadiums desselben) hätte der Vertragspartner während des Insolvenzverfahrens eine begründete „Forderung wegen der Nichterfüllung“ zur Tabelle anmelden und somit den „Schwebezustand“ des Vertrages beenden können[878]. Wenn ihm dies mangels eines positiven Saldos nicht möglich gewesen sein sollte, so hatte er i.d.R. eine andere Möglichkeit, von seiner vertraglichen Leistungspflicht loszukommen. Da nach der Erfüllungsablehnung des Insolvenzverwalters bzw. dem gleichzusetzenden Zeitpunkt nach § 103 Abs. 2 S. 2, 3 InsO die Speerwirkung der InsO zu Lasten des Leistungsstörungsrechts des BGB entfällt[879], wird der Vertragspartner häufig nach § 323 Abs. 1 BGB vom Vertrag zurückzutreten können[880]. Das Rücktrittsrecht besteht nach § 323 Abs. 4 BGB sogar für den Fall, dass die Forderung, deren Nichterfüllung zu besorgen ist, noch nicht fällig, es aber offensichtlich ist, dass die Voraussetzungen eintreten werden[881]. Liegt auch diese Voraussetzung der für den Vertragspartner günstigen Regelung nicht vor, so ist der „Schwebezustand“ im Vertrag selbst angelegt und hat nichts mit dem Insolvenzverfahren zu tun. In diesem Fall ist es nur billig, den Vertragspartner auch nach Aufhebung des Insolvenzverfahrens infolge eines Insolvenzplans an seiner vertraglichen Leistungspflicht festzuhalten, da bei diesem Lösungsansatz gewährleistet ist, dass er seiner-

877 Insoweit besteht auch kein Widerspruch zu der Rechtslage nach Aufhebung des Insolvenzverfahrens nach § 200 Abs. 1 InsO, wenn der Vertragspartner im Verfahren keine „Forderung wegen der Nichterfüllung“ angemeldet hat.
878 Vgl. auch Jaeger-*Henckel,* KO, 9. Aufl. § 17 RdNr. 160.
879 Vgl. *Marotzke,* KTS 2002, 1, 29.
880 A.A. RGZ 56, 238, 240.
881 Vgl. B/R-*Grothe,* BGB, § 323 RdNr. 6 ff.

seits nur Zug-um-Zug gegen Erbringung der vollen, nicht nur der quotalen Gegenleistung leisten muss.

Gegen die Annahme der Insolvenzplanfestigkeit des § 320 BGB spricht indes der Umstand, dass der Vertragspartner dann die Möglichkeit hätte, seine Leistung nach Verfahrensaufhebung auch insoweit zu verweigern, als sie einer vor Verfahrenseröffnung erbrachten Teilleistung entspricht. Dies widerspräche jedoch dem Rechtsgedanken des § 105 S. 1 InsO, nach dem das Synallagma in der Insolvenz nur soweit geschützt ist, wie es tatsächlich noch zugunsten des Vertragspartners besteht. Der Vertragspartner, der während des Insolvenzverfahrens passiv geblieben ist, könnte dann mittelbar über das Zurückbehaltungsrecht nach Verfahrensaufhebung das Äquivalent seiner Teilleistung vor Verfahrensaufhebung verlangen. Ein sachlicher Grund für diese Privilegierung ist nicht ersichtlich. Darüber hinaus könnte es die Planerfüllung und damit den Sanierungszweck gefährden, wenn beispielsweise ein Betriebsmittellieferant, die (weitere) Erfüllung des Vertrages mit dem Schuldner davon abhängig machen könnte, dass dieser ausstehende Schulden für vor der Insolvenz erbrachte Leistungen vollständig begleicht.

Fraglich ist ferner, ob – und wenn ja – wie sich die „Insolvenzplanfestigkeit" der Einrede des § 320 BGB rechtsdogmatisch konstruieren lässt. Die Einrede des nichterfüllten Vertrages nach § 320 BGB setzt nämlich grundsätzlich die volle Wirksamkeit und Fälligkeit der Gegenforderung voraus[882]. Eine (gesetzlich normierte) Ausnahme hiervon sieht lediglich § 215 BGB vor, der das Leistungsverweigerungsrecht auch für den Fall bestehen lässt, dass die Gegenforderung zwar schon verjährt ist, diese aber nicht bei Entstehung der Hauptforderung verjährt war[883]. § 215 BGB findet auf die hier interessierende Konstellation offenkundig keine direkte Anwendung.

Zu überlegen ist allenfalls, ob eine Analogie zu § 215 BGB dergestalt möglich ist, dass ein Zurückbehaltungsrecht auch dann geltend gemacht werden kann, wenn die Gegenforderung zwar nicht mehr klagbar ist[884], diese jedoch zur Zeit der Entstehung der Hauptforderung (oder jedenfalls vor Inkrafttreten des Insolvenzplans) vollwirksam (und klagbar) war. Bei der Prüfung einer Analogie zu § 215 BGB ist Vorsicht geboten. Die Vorschrift regelt mit der Verjährung der Gegenforderung erkennbar einen Ausnahmefall, weshalb schon die Annahme einer planwidrigen Regelungslücke mehr als bedenklich ist. Jedenfalls fehlt es an einer vergleichbaren Regelungslücke, denn die in § 215 BGB geregelte Verjährung ist eine Einrede, während die fehlende Klagbarkeit des über die Festsetzung des Insolvenzplans hinausgehenden Anspruchs des Vertragspartners eine von Amts wegen zu berücksichtigende Einwendung darstellt. Der Gedanke, der hinter § 215 BGB steht, ist der Schutz desjenigen, dem ein Zurückbehaltungsrecht zusteht, vor Verlust desselben infolge von Zeitablaufs. Der Vertragspartner des Schuldners verliert sein Zurückbehaltungsrecht nicht infolge bloßen Zeitablaufs, sondern weil durch den Insolvenzplan in den materiellrechtlichen Bestand seiner Forderung eingegriffen wird. Eine Analogie zu § 215 BGB zugunsten des Vertragspartners ist mithin nicht begründbar. Auch ein anderer Weg die „Insolvenzplanfestigkeit" des § 320 BGB schlüssig zu begründen ist m. E. nicht ersichtlich.

---

882 Palandt-*Heinrichs*, BGB, 64. Aufl., § 320 RdNr. 5.
883 Palandt-*Heinrichs*, BGB, 64. Aufl., § 320 RdNr. 5.
884 Die Forderung des Vertragspartners wird insoweit zu einer nicht einklagbaren Naturalobligation, wie sie die im Insolvenzplan festgesetzte Quote überschreitet.

Deshalb muss Folgendes festgehalten werden:

Die Insolvenzplanfestigkeit der Einrede des nicht erfüllten Vertrages nach § 320 BGB ist dogmatisch nicht begründbar.

(e) § 103 InsO analog zugunsten des Schuldners

Marotzke hat allerdings noch eine weitere Möglichkeit aufgezeigt, das Synallagma nach Inkrafttreten des Insolvenzplans zu schützen. Für den Fall, dass weder der Insolvenzverwalter sein Wahlrecht ausgeübt noch sein Vertragspartner ihn hierzu nach § 103 Abs. 2 S. 2 InsO aufgefordert habe („unterlassene Wahlrechtsausübung"), könne nun der Schuldner nach Aufhebung des Insolvenzverfahrens infolge eines rechtskräftigen Insolvenzplans, wenn der Vertragspartner weder eine Insolvenzforderung angemeldet noch sich in sonstiger Weise von seiner Leistungspflicht befreit habe, entsprechend § 103 InsO vorgehen[885]. Dies bedeute, dass der Schuldner, soweit das Wahlrecht nicht schon verbraucht bzw. verwirkt sei[886], nun bestimmen dürfe, ob sein Vertragspartner den Wirkungen des Insolvenzplans entzogen werde, also in Ansehung des Insolvenzplans wie ein Massegläubiger zu behandeln sei oder ob es dabei bleibe, dass der Vertragspartner mit seiner – entweder nach der Austausch- oder der Differenzmethode berechneten – „Forderung wegen der Nichterfüllung" Planbetroffener ist[887]. Der Vertragspartner habe entsprechend § 103 Abs. 2 S. 2, 3 InsO die Möglichkeit, auf die Wahlrechtsausübung hinzuwirken bzw. den Schwebezustand zu beenden[888]. Lehne der Schuldner die Erfüllung ab bzw. liege der gleichzustellende Fall des § 103 Abs. 2 S. 3 InsO analog vor, so könne der in einem neuen Insolvenzverfahren bestellte Verwalter nicht mehr auf Vertragserfüllung bestehen[889]. Dem durch den Schuldner selbst ausgeübten bzw. verwirkten Wahlrecht komme deshalb eine materiellrechtliche Gestaltungswirkung zu.

Dieser Ansatz *Marotzkes* verdient Beifall, geht allerdings m.E. nicht weit genug[890]. Die Regelung des § 103 InsO stellt einen gerechten Ausgleich zwischen dem funktionellen Synallagma und dem Grundsatz par conditio creditorum

---

885 *Marotzke*, 3. Aufl., RdNr. 12.19 ff., insb. 12.24; wohl auch *Henckel*, ZZP 99 [1986] 419, 440.
886 Vgl. *Marotzke*, 3. Aufl., RdNr. 12.21. In diesem Fall trete nach der Ansicht von *Marotzke* (RdNr. 12.18) eine Bindung des Schuldners an die Erfüllungsablehnung bzw. -verwirkung des Insolvenzverwalters nach § 103 Abs. 2 S. 3 InsO analog ein.
887 Vgl. *Marotzke*, 3. Aufl., RdNr. 12.22 ff.
888 *Marotzke*, 3. Aufl., RdNr. 12.24.
889 *Marotzke*, 3. Aufl., RdNr. 12.24.
890 Vgl. auch *Henckel*, ZZP 99 [1986] 419, 439 f., der allerdings m.E. zu Unrecht danach differenziert, ob der Vertragspartner eine Differenzforderung anmelden konnte. Sei dies nicht der Fall, so werde dieser nicht vom Insolvenzplan betroffen und beide Teile könnten mithin nach Bestätigung des Insolvenzplans Erfüllung verlangen. Habe der Vertragspartner demgegenüber eine Differenzforderung anmelden können (habe er dies aber nicht getan), so stehe „... es dem Gemeinschuldner frei, den Vertrag zu erfüllen und dessen Erfüllung zu verlangen...". Erfülle der Gemeinschuldner nicht, so stehe dem Vertragspartner ein Schadensersatzanspruch nur in Höhe der Vergleichsquote zu. Bei dieser differenzierenden Lösung von *Henckel* entstehen allerdings – was dieser auch einräumt (S. 440) – Probleme, wenn sich das Wertverhältnis zwischen Leistung und Gegenleistung nachträglich verändert.

sicher[891]. Der Überantwortung des Wahlrechts nach § 103 InsO auf den Schuldner ließe sich zudem mit § 259 Abs. 1 S. 2 InsO[892] begründen und wird auch durch einen Blick auf die Eigenverwaltung bestätigt, bei der dem Schuldner das Wahlrecht gem. § 279 S. 1 InsO zusteht. Außerdem entspricht es dem zumeist mit einem Insolvenzplan verfolgten Sanierungszweck, dem Schuldner die Entscheidung zu überlassen, ob die Erfüllung des gegenseitigen Vertrages für seine wirtschaftliche Lage günstig ist oder nicht. Der Schuldner selbst (freilich mit Hilfe seiner Gläubiger) soll ja wieder in die Lage versetzt werden, „schwarze Zahlen" zu schreiben. Selbstverständlich hat die Ausübung des Wahlrechts durch den Schuldner nicht nur haftungsrechtliche, sondern materiellrechtliche Gestaltungswirkung. Einerseits vollzieht sich die Ausübung des Wahlrechts außerhalb des Verfahrens und andererseits durch die Vertragsparteien selbst, so dass das Schuldverhältnis nun dauerhaft umgestaltet wird.

Nicht zu folgen ist *Marotzke* allerdings insoweit, als er die analoge Anwendung des § 103 InsO auf den Fall der „unterlassenen Wahlrechtsausübung des Verwalters" beschränkt und für den Fall der Erfüllungsablehnung bzw. des verwirkten Wahlrechts eine Bindung des Schuldners annimmt. M.E. ist in beiden Fällen die Überantwortung des Wahlrechts auf den Schuldner nach § 103 InsO analog geboten. Dass der Schuldner nicht an die Erfüllungsablehnung durch den Insolvenzverwalter gebunden ist, ist die zwingende Konsequenz einer „haftungsrechtlichen Sichtweise" der Wirkung des Verwalterwahlrechts[893]. Angesichts der nur verfahrensinternen Bedeutung des Wahlrechts ändert auch die grundsätzliche Bindung (entsprechend § 34 Abs. 3 S. 3 InsO) des Schuldners an die Rechtshandlungen des Insolvenzverwalters nach Verfahrensaufhebung hieran nichts. Ein „Verbrauch" des Wahlrechts durch den Insolvenzverwalter dürfte nur angenommen werden, wenn dies zum Schutze des Vertragspartners geboten wäre.

Das Gegenteil ist der Fall. Der Vertragspartner hatte vielfach die Möglichkeit, im Insolvenzverfahren eine „Forderung wegen der Nichterfüllung" zur Tabelle anzumelden und hierdurch den „Schwebezustand" des Vertrages zu beseitigen[894]. Sollte dies nicht möglich gewesen sein, da kein positiver Saldo zugunsten des Vertragspartners bestand, so dass keine begründete Differenzforderung angemeldet werden konnte, so hat der Vertragspartner ab der Erfüllungsablehnung bzw. ab der Verwirkung des Wahlrechts doch i.d.R. die Möglichkeit, sich durch einen Rücktritt vom Vertrag zu lösen[895]. Auf die Notwendigkeit, sich durch Rücktritt von den Vertragspflichten zu

---

891 Siehe oben unter B)III.

892 Das Wahlrecht des Insolvenzverwalters ist auch dann als Ausprägung der Verfügungsbefugnis anzusehen, wenn man ihm (zu Recht) eine materiellrechtliche Gestaltungswirkung abspricht, denn jedenfalls wird durch Ausübung des Wahlrechts auf die Rechtsbeziehungen im Rahmen der allseitigen Haftungsordnung InsO eingewirkt.

893 Vgl. hierzu oben unter C)IV. und V.

894 Vgl. Jaeger-*Henckel*, KO, 9. Aufl., § 17 Anm. 160.

895 Vgl. *Marotzke*, KTS 2002, 1, 29; vgl. auch schon *Kohler*, Lehrbuch, S. 268 (allerdings für den Fall der „unterlassenen" Wahlrechtsausübung): „Man kann dieser Lösung [scil.: Insolvenzplanfestigkeit des § 320 BGB] nicht entgegenhalten, dass der Vertragsgenosse des Gemeinschuldners ein dringendes Interesse an der raschen Abwicklung des gegenseitigen Verhältnisses habe, um zu lösen, um nicht nach Verfahrensaufhebung vom Schuldner in Anspruch genommen zu werden, sollte der Insolvenzverwalter den Vertragspartner hinweisen. Sollte auch ein Rücktritt nicht möglich gewesen sein, weil noch nicht einmal die Voraussetzungen des § 323 Abs. 4 BGB vorgelegen haben, so beruht die „Schwebe", in dem sich der Vertrag befindet, nicht mehr auf der Insolvenz. Vielmehr hat diese dann ihren Grund in der vertraglichen Vereinbarung selbst. In diesem Fall ist es nur allzu billig, den Vertragspartner an seiner Verpflichtung solange festzuhalten, bis der Schuldner sein Wahlrecht aus § 103 InsO analog ausgeübt bzw. verwirkt hat. Der Vertragspartner muss dann auch bis zu diesem Zeitpunkt seine Leistung bereithalten, da er sich hierzu verpflichtet hat und auch außerhalb eines Insolvenz(plan)verfahrens nichts anderes gelten würde.

Wählt der Schuldner die Erfüllung des Vertrages, so gilt im Falle von vor Verfahrenseröffnung erbrachten Teilleistungen des Vertragspartners § 105 S. 1 InsO entsprechend. Auch nach Inkrafttreten des Insolvenzplans darf das funktionelle Synallagma nur soweit geschützt werden, wie es tatsächlich noch besteht. Der Vertragspartner wird demnach mit dem seiner Vorleistung entsprechenden Teil des Anspruchs auf die Gegenleistung von den Festsetzungen des Insolvenzplans betroffen, obwohl der Schuldner die Erfüllung des Vertrags verlangt hat. Den darüber hinausgehenden Teil hat der Schuldner hingegen nominal zu erfüllen. Der Vertragspartner, der vom Schuldner nach der Verfahrensaufhebung auf Erfüllung in Anspruch genommen wird, muss nämlich entsprechend dem Gleichbehandlungsgebot so behandelt werden, wie der Vertragspartner, demgegenüber der Insolvenzverwalter während des Verfahrens die Erfüllung verlangt hat.

M.E. ist daher folgende Lösung sachgerecht:

Hat der Schuldner nicht das Schuldverhältnis durch Anmeldung einer „Forderung wegen der Nichterfüllung" oder in sonstiger Weise (insbesondere durch Rücktritt) umgestaltet, so hat der Schuldner nach Aufhebung des Insolvenzverfahrens trotz der Erfüllungsablehnung bzw. –verwirkung durch den Insolvenzverwalter ein Wahlrecht analog § 103 InsO. Wählt er insoweit die Erfüllung des gegenseitigen Vertrages, so hat er den Vertragspartner wie einen Massegläubiger zu behandeln, diesen also nominal zu befriedigen. Im Falle von vor Verfahrenseröffnung erbrachten Teilleistungen des Vertragspartners gilt § 105 S. 1 InsO entsprechend, so dass der Vertragspartner trotz der Erfüllungswahl für den der Vorleistungen entsprechenden Teil des Anspruchs auf die Gegenleistung nur die im Insolvenzplan vorgesehene Quote erhält. Wählt der Schuldner hingegen die Nichterfüllung bzw. verwirkt er

---

wissen, ob er über den Gegenstand seiner Leistungspflicht anderweitig verfügen könne. Hat er dieses Interesse, so fordere er den Verwalter zur Erklärung auf, und sofern dieser die Erfüllung ausdrücklich oder durch Unterlassen unverzüglicher Antwort ablehnt, wende er sich an den Schuldner und trete gemäß § 326 B.G.B. vom Vertrag zurück, wenn der Schuldner in Leistungsverzug sich befindet. Wenn aber die vom Schuldner zu bewirkende Leistung nicht eine Gattungsleistung ist, so dass er auf unverschuldete Unmöglichkeit sich berufen könnte, dann ist für den Vertragsgenossen des Gemeinschuldners die Rechtslage wiederum sofort klar im Hinblick auf B.G.B. § 323." Vgl. ferner Jaeger-*Henckel*, KO, 9. Aufl., § 17 RdNr. 160.

sein Wahlrecht entsprechend § 103 Abs. 2 S. 2, 3 InsO, so kann sein Vertragspartner allenfalls einen positiven Saldo als „Forderung wegen der Nichterfüllung" entsprechend der im Insolvenzplan vorgesehenen Quote durchsetzen. Das insoweit analog § 103 InsO dem Schuldner zustehende Wahlrecht ist anders als das Wahlrecht des Insolvenzverwalters im Verfahren ein materiellrechtliches Gestaltungsrecht, d.h. das Schuldverhältnis wird durch die Ausübung bzw. durch die Verwirkung des Wahlrechts materiellrechtlich umgestaltet.

3. Rechtslage bei unterlassener Wahlrechtsausübung

Im Folgenden ist zu untersuchen, ob sich eine abweichende Beurteilung für den Fall ergibt, dass weder der Insolvenzverwalter die Erfüllung des Vertrages abgelehnt hat, noch dass der Vertragspartner diesem nach § 103 Abs. 2 S. 2 InsO eine Frist zur Ausübung seines Wahlrechts gesetzt hat.

Nach *Bendix* bleibt der Vertrag in diesem Fall von den Wirkungen des Konkurses und denen eines abgeschlossenen Zwangsvergleichs unberührt[896]. Nach Beendigung des Verfahrens könnten deshalb sowohl der Schuldner als auch sein Vertragspartner ihre unveränderten vertraglichen Ansprüche in vollen Umfang geltend machen. Dem kann nicht gefolgt werden.

Auch bei unterlassener Wahlrechtsausübung des Insolvenzverwalters ist der Vertragspartner Insolvenzgläubiger und als solcher vom Insolvenzplan betroffen. Dieser soll nämlich nach § 254 Abs. 1 S. 1 InsO „für und gegen alle Beteiligten" unabhängig von einer Verfahrensteilnahme wirken (§ 254 Abs. 1 S. 3 InsO). Im Verhältnis zu den übrigen Insolvenzgläubigern wäre es nicht zu rechtfertigen, wenn der Vertragspartner bei unterlassener Wahlrechtsausübung durch den Insolvenzverwalter stets die Abwicklung des Vertrages in natura verlangen könnte. Der Schuldner muss in dem Fall einer unterlassenen Wahlrechtsausübung, der häufig aus der Unkenntnis des Insolvenzverwalters vom Vertrag resultiert, die Möglichkeit haben, die Erfüllung eines für seine Sanierung hinderlichen Vertrages abzulehnen. Anderenfalls würde man den Fall der unterlassenen Wahlrechtsausübung systemwidrig der Erfüllungswahl gleichsetzen, obwohl nicht die „Erfüllung", sondern die „Nichterfüllung" i.S.d. der bloß „insolvenzmäßigen Erfüllung" als die regelmäßige Folge der Verfahrenseröffnung anzusehen ist[897]. Deshalb muss hier das Gleiche gelten wie bei der ausdrücklichen Erfüllungsablehnung:

Das (nicht ausgeübte) Wahlrecht des Insolvenzverwalters nach § 103 InsO geht nach Verfahrensaufhebung – entsprechend § 259 Abs. 1 S. 2 InsO – auf den Schuldner über. Dieser kann also nach Maßgabe des § 103 InsO analog bestimmen, ob der Vertrag beiderseits nominal zu erfüllen ist oder ob der Vertragspartner nur mit

---

896 *Bendix*, JW 1930, 1360, 1361.
897 Siehe oben unter B)I.1.b); Jaeger-*Henckel*, KO, 9. Aufl., § 17 RdNr. 115.

einer etwaigen „Forderung wegen der Nichterfüllung“ quotale Befriedigung erhält.

4. Einfügung eines § 259 Abs. 4 in die Insolvenzordnung

Obgleich sich die Überantwortung des Wahlrechts auf den Schuldner nach Verfahrensaufhebung nach hiesiger Ansicht schon de lege lata aus einer Analogie zu § 103 InsO ergibt, führt das Fehlen einer diese Rechtsfolge ausdrücklich anordnenden Norm sowohl beim Schuldner als auch bei den Vertragspartnern (und deren Rechtsberatern) zu Verunsicherungen. Deshalb sollte in § 259 InsO ein Abs. 4 mit folgendem Wortlaut eingefügt werden:

„Hat der Insolvenzverwalter nicht die Erfüllung eines gegenseitigen beiderseits noch nicht oder nicht vollständig erfüllten Vertrages verlangt, so erhält der Schuldner nach Aufhebung des Insolvenzverfahrens ein § 103 Abs. 1 entsprechendes Wahlrecht, es sei denn, der Vertragspartner hat sich bis zu diesem Zeitpunkt durch Anmeldung einer Forderung wegen der Nichterfüllung oder in sonstiger Weise vom Vertrag gelöst. § 103 Abs. 2 gilt entsprechend. Das Wahlrecht ist endgültig.“

F. Zusammenfassung der Ergebnisse

Die vorstehende Untersuchung über gegenseitige Verträge nach Aufhebung des Insolvenzverfahrens hat Folgendes ergeben:

- Hat der Insolvenzverwalter die Erfüllung des gegenseitigen beiderseits noch nicht vollständig erfüllten Vertrages nach § 103 Abs. 1 InsO verlangt, so wird der Erfüllungsanspruch des Vertragspartners, der nach § 55 Abs. 1 Nr. 2 Var. 1 InsO zur Masseverbindlichkeit geworden ist, in aller Regel im Insolvenzverfahren berichtigt werden. Ist die Befriedigung des Vertragspartners im Verfahren ausnahmsweise unterblieben, so haftet der Schuldner nach Verfahrensaufhebung gem. § 200 Abs. 1 InsO entgegen dem Wortlaut des § 201 Abs. 1 InsO persönlich und unbeschränkt auf Erfüllung. Das Gleiche gilt bei einer Verfahrensaufhebung infolge rechtskräftiger Bestätigung eines Insolvenzplans, denn der Vertragspartner wird als Massegläubiger nicht von den gestaltenden Festsetzungen im Insolvenzplan betroffen.
- Hat der Insolvenzverwalter die Erfüllung des Vertrages – ausdrücklich oder konkludent – abgelehnt bzw. sein Wahlrecht gem. § 103 Abs. 2 S. 3 InsO verwirkt, so hängt die Rechtslage nach Verfahrensaufhebung davon ab, ob es im Insolvenzverfahren zu einer materiellrechtlichen Umgestaltung des Schuldverhältnisses in die einseitige „Forderung wegen der Nichterfüllung“ gekommen ist.
- Zu einer solchen Umgestaltung kommt es nicht schon durch die Eröffnung des Insolvenzverfahrens oder die Erfüllungsablehnung bzw. Verwirkung des Wahlrechts durch den Insolvenzverwalter. Die Einwirkung dieser insolvenzbedingten Ereignisse auf das Schuldverhältnis zwischen dem Schuldner und seinem Vertragspartner ist auf das Insolvenzverfahren beschränkt. Mit Verfahrensaufhebung entfällt die „Überlagerung“ des materiellrechtlichen Schuldverhältnisses durch die allseitige Haftungsordnung Insolvenzrecht.
- Zu einer materiellrechtlichen Umgestaltung der ursprünglichen Erfüllungsansprüche in die „Forderung wegen der Nichterfüllung“ kommt es, wenn im Laufe des Insolvenzverfahrens (dauerhafte) Unmöglichkeit eintritt bzw. der Vertragspartner gem. § 281 Abs. 4 BGB „Schadensersatz verlangt“. Dieses Verlangen ist in der Anmeldung der Differenzforderung zu erblicken und kann bis zum Zeitpunkt der regelmäßigen Einsichtnahme der Tabelle durch den Schuldner durch Rücknahme der Anmeldung widerrufen werden.
- Bei der „Forderung wegen der Nichterfüllung“ handelt es sich nur dann um einen bürgerlichrechtlichen Schadensersatzanspruch, wenn die tatbestandlichen Voraussetzungen hierfür bis spätestens zur Zeit der Erfüllungsablehnung bzw. Verwirkung des Wahlrechts vorliegen. Ist die Fälligkeit des Primäranspruchs für den bürgerlichrechtlichen Schadensersatzanspruch erforderlich (§§ 280 Abs. 1, 3, 281 BGB), so muss diese schon zur Zeit der Eröffnung des Insolvenzverfahrens vorgelegen haben, damit der Schadensersatzanspruch im Verfahren berücksichtigungsfähig ist.

- Wenn die „Forderung wegen der Nichterfüllung“ nicht durch einen bürgerlichrechtlichen Schadensersatzanspruch „ausgefüllt“ wird, ist sie bloß auf den Nennwert gerichtet und umfasst somit nicht das gesamte Erfüllungsinteresse. Eine Umgestaltung des Schuldverhältnisses nach § 281 Abs. 4 BGB analog tritt ebenfalls regelmäßig durch die Anmeldung der Forderung zur Tabelle ein.
- Ist es entsprechend den vorstehenden Ausführungen zu einer materiellrechtlichen Umgestaltung des Schuldverhältnisses in die „Forderung wegen der Nichterfüllung“ gekommen, so kann der Vertragspartner nach Verfahrensaufhebung nicht mehr auf seinen ursprünglichen Erfüllungsanspruch zurückgreifen. Er kann bezüglich seiner Differenzforderung allerdings bei Verfahrensaufhebung nach § 200 Abs. 1 InsO – vorbehaltlich einer Restschuldbefreiung oder einer Liquidation des schuldnerischen Rechtsträgers -nominale bzw. bei einer Verfahrensaufhebung nach § 258 Abs. 1 InsO (entsprechend den gestaltenden Festsetzungen im Insolvenzplan) quotale Befriedigung vom Schuldner verlangen.
- Nimmt der Vertragspartner nicht durch Anmeldung einer „Forderung wegen der Nichterfüllung“ am Insolvenzverfahren teil, so kann er bei einer Verfahrensaufhebung nach § 200 Abs. 1 InsO vom Schuldner wieder die Erfüllung seines Primäranspruchs verlangen. Bei einer Verfahrensaufhebung nach § 258 Abs. 1 InsO wird der ursprüngliche Erfüllungsanspruch vom Insolvenzplan betroffen. Da der Vertragspartner einerseits davor geschützt werden muss, gegen volle Leistung nur die im Insolvenzplan vorgesehene Quote zu erhalten, andererseits der Schuldner die Möglichkeit haben soll, die Abwicklung eines für seine Sanierung günstigen Vertrages zu verlangen, erhält der Schuldner bei unterlassener Verfahrensteilnahme des Vertragspartners nach Aufhebung des Insolvenzverfahrens ein § 103 InsO entsprechendes Wahlrecht. Die analoge Anwendung des § 103 InsO benachteiligt den Vertragspartner nicht unbillig, denn dieser hat ab der Erfüllungsablehnung regelmäßig die Möglichkeit, sich durch die Anmeldung der „Forderung wegen der Nichterfüllung“ oder durch Ausübung eines Gestaltungsrechts (insb. durch Rücktritt gem. §§ 323, 346 ff. BGB) von dem Vertrag zu lösen. Will er dies nicht oder kann er dies nicht, weil kein positiver Saldo zu seinen Gunsten besteht und auch die Voraussetzungen für eine sonstige Lösung vom Vertrag nicht vorliegen, so ist es interessengerecht, dem Schuldner nach Verfahrensaufhebung die Entscheidung über die Behandlung des Vertrages zu überantworten.
- Wählt der Schuldner die Erfüllung des Vertrages, so hat ein Leistungsaustausch entsprechend der ursprünglichen Vereinbarung stattzufinden. Lehnt er die Erfüllung des Vertrages ab, so ist eine etwaig bestehende „Forderung wegen der Nichterfüllung“ durch die gestaltenden Festsetzungen des Insolvenzplans beschränkt. Der Vertragspartner ist durch eine analoge Anwendung des § 103 Abs. 2 S. 2, 3 InsO zu schützen. Die Erfüllungsablehnung bzw. Verwirkung des Wahlrechts durch den Schuldner ist endgültig.
- Gleiches gilt für den Fall, dass es der Insolvenzverwalter im Verfahren unterlassen hat, sein Wahlrecht auszuüben und er hierzu auch nicht gem. § 103 Abs. 2 S. 2 InsO aufgefordert worden ist.
- Diese Rechtsfolgen sind durch Einfügung eines § 259 Abs. 4 InsO de lege ferenda klarzustellen.

Literaturverzeichnis

Adam, Roman Friedhelm, Die Aufrechnung gegen das Erfüllungsverlangen des Konkursverwalters, Diss. Gießen 1994

Arend, Friedrich, Die insolvenzrechtliche Behandlung des Zahlungsanspruchs in fremder Währung, in: ZIP 1988, S. 69–76

Balz, Manfred, Aufgaben und Struktur des künftigen einheitlichen Insolvenzverfahrens, in: ZIP 1988, S. 273–294

Balz, Manfred, Die Ziele der Insolvenzordnung, in: Kölner Schrift zur Insolvenzordnung, 2. Aufl., S. 3–22

Balz, Manfred/Landfermann, Hans-Georg, Die neuen Insolvenzgesetze: Insolvenzordnung vom 5. Oktober 1994 (Bundesgesetzbl. I S. 2866) und Einführungsgesetz zur Insolvenzordnung vom 5. Oktober 1994 (Bundesgesetzbl. I S. 2911); mit Einleitung, Begründung des Regierungsentwurfs, Bericht des Rechtsausschusses des Deutschen Bundestages sowie ergänzenden Hinweisen, Verweisungen und Sachverzeichnis, Düsseldorf 1995

Bamberger, Heinz Georg/Roth, Herbert, Kommentar zum Bürgerlichen Gesetzbuch, Band 1 Gesamtsachverzeichnis §§ 1–610, München 2003

Baur, Fritz, „Steckengebliebene" Insolvenzverfahren, in: Festschrift für Friedrich Weber, Berlin, New York 1975, S. 41–55

Baur, Fritz/Stürner, Rolf, Zwangsvollstreckungs-, Konkurs- und Vergleichsrecht, Band II: Insolvenzrecht, 12. Aufl., Heidelberg 1990

Bendix, Der Eigentumsvorbehalt im Konkurse des Käufers und Verkäufers, in: JW 1930, S. 1360–1362

Bley, Erich/Mohrbutter, Jürgen, Vergleichsordnung, Band 1 §§ 1–81, 4. Aufl., Berlin 1979

Bork, Reinhard, Anmerkung zu BGH, Urteil vom 4.5.1995 – IX ZR 256/93, in: JZ 1996, S. 51–53

Bork, Reinhard, Einführung in das Insolvenzrecht, 3. Aufl., Tübingen 2002

Bork, Reinhard, Zur Dogmatik des § 17 KO, in: Festschrift für Albrecht Zeuner, Tübingen 1994, S. 297–315

Bötticher, Eduard, Die Konkursmasse als Rechtsträger und der Konkursverwalter als ihr Organ, in: ZZP 77 (1964), S. 55–77

Brandes, Helmut, Aktuelle Schwerpunkte der BGH-Rechtsprechung zum Konkursrecht, in: RWS-Forum 9 Insolvenzrecht, Köln 1997, S. 1–19

Braun, Eberhard, Insolvenzordnung (InsO), 2. Aufl., München 2004

Brox, Hans, Das Anwartschaftsrecht des Vorbehaltskäufers, in: JuS 1984, S. 657–668

Bruns, Alexander, Das Wahlrecht des Insolvenzverwalters und vertragliche Lösungsrechte, in: ZZP 110 (1997), S. 305–339

Cohn, Georg, Das Wahlrecht des Konkursverwalters und der Schadensersatzanspruch des Vertragsgegners in § 17 der Reichskonkursordnung, Diss. Jena 1909

Dahncke, Sabine, Zur Sicherungsabtretung von Forderungen die im Konkurs des Zedenten dem § 17 KO unterliegen, Diss. Freiburg im Breisgau 1997

Dathe, Paul Hanns: Wirkung der Konkurseröffnung auf gegenseitige Verträge des Gemeinschuldners, die zur Zeit der Konkurseröffnung von ihm und dem anderen Teil noch nicht oder nicht vollständig erfüllt sind, Diss. Leipzig 1908

Depré, Peter, Die anwaltliche Praxis in Insolvenzsachen, Stuttgart 1997

Duursma-Kepplinger, Henriette-Christine/Duursma, Dieter/Chalupsky, Ernst, Europäische Insolvenzverordnung, Wien, New York 2002

Eck, Ernst, Besprechung von Fitting, Das Reichs-Konkursrecht und Konkursverfahren, ZHR 28 (1892), S. 392–402

Erdmann, Diethelm, Praktische Konsequenzen der Behandlung des Konkursverwalters als Organ der Konkursmasse, Diss. Hamburg 1967

Erdmann, Diethelm, Praktische Konsequenzen der Behandlung des Konkursverwalters als Organ der Konkursmasse, in: KTS 1967, S. 87–132

Feldhaus, Hans J., Hat der Konkursverwalter, wenn er die Erfüllung eines gegenseitigen Vertrages ablehnt, einen Rückforderungsanspruch auf die vom Gemeinschuldner geleisteten Vorauszahlungen?, in: JZ 1956, S. 313–316

Fischer, Gero, Die Rechtsprechung des Bundesgerichtshofs zum Insolvenzrecht im Jahr 2001, in: NZI 2002, S. 281–290

Fitting, Hermann, Das Reichs-Konkursrecht und Konkursverfahren, 3. Aufl. Berlin 1904

Förster-Eccius, Preußisches Privatrecht, Bd. 1, Berlin 1892

Frankfurter Kommentar zur Insolvenzordnung, 3. Aufl., Neuwied 2002

Fürst, Rudolf, Sind die Umrechnungen nach §§ 65, 69, 70 KO auch nach Beendigung des Konkurses wirksam, ZZP 56 (1931), S. 381–392

Gerhardt, Walter, Vorausabtretung und § 17 KO, in: Festschrift für Franz Merz, Köln 1992, S. 117–132

Glück, Karl-Ludwig, Der Einfluss des Konkurses auf die von den §§ 65, 69, 70 KO betroffenen Forderungen, Diss. Heidelberg 1970

Goltdammer, Kommentar und vollständige Materialien zur Konkurs-Ordnung vom 8. Mai 1855 und zu dem Gesetze betreffend die Befugniß der Gläubiger zur Anfechtung der Rechtshandlungen zahlungsunfähiger Schuldner außerhalb des Konkurses vom 9. Mai 1855, 2. Ausgabe, Berlin 1858

Gottwald, Peter, Insolvenzrechtshandbuch, 2. Aufl., München 2001

Graf, Ulrich/Wunsch, Irene, Gegenseitige Verträge im Insolvenzverfahren, in: ZIP 2002, S. 2117–2122

Grimm, Max, Begründete Vermögensansprüche (§ 3 KO), Mannheim, Berlin, Leipzig 1927

Grothe, Helmut, Fremdwährungsverbindlichkeiten: das Recht der Geldschulden mit Auslandsberührung; Kollisionsrecht – materielles Recht – Verfahrensrecht, Berlin 1999

Grünwald, Ueber den Einfluß des Konkurses eines der Contrahenten auf Kauf- und Miethsverträge derselben, Diss., Göttingen 1889

Hahn, Carl, Die gesammten Materialien zu den Reichs-Justizgesetzen/auf Veranlassung des Kaiserlichen Reichs-Justizamts hrsg. von C. Hahn, Band IV, Die gesammten Materialien zur Konkursordnung und dem Einführungsgesetz zu derselben vom 1. Februar 1877, Berlin 1881

Hahn, Carl/Mugdan, Benno, Die gesammten Materialien zu den Reichs-Justizgesetzen/auf Veranlassung des Kaiserlichen Reichs-Justizamts hrsg. von C. Hahn, Band VII, Materialien zum Gesetz über die Angelegenheiten der freiwilligen Gerichtsbarkeit, Materialien zum Gesetz betr. Änderungen der Konkursordnung nebst Einführungsgesetz, Berlin 1898

Hanisch, Hans, Rechtszuständigkeit der Konkursmasse, Frankfurt am Main 1973

Harder, Sirko, Insolvenzrechtliche Surrogation, Diss. Tübingen 2002

Häsemeyer, Ludwig, Anmerkung zu BGH, Urteil vom 21.11.1991 – IX ZR 290/90, in: JR 1992, S. 423–425

Häsemeyer, Ludwig, Das funktionelle Synallagma im Konkurs- und Vergleichsverfahren, in: KTS 1973, S. 2–16

Häsemeyer, Ludwig, Gegenseitige Verträge im Spannungsfeld zwischen Privatautonomie und

Insolvenzrecht, in: 50 Jahre Bundesgerichtshof, Festgabe aus der Wissenschaft, herausgegeben von Canaris, Heldrich, Hopt, Roxin, Schmidt, Widmaier, München 2000, S. 725–742
Häsemeyer, Ludwig, Insolvenzrecht, 3. Aufl., Köln, Berlin, Bonn, München 2003
Happe, Eike, Die Rechtsnatur des Insolvenzplans, Köln, Berlin, München 2004
Harder, Sirko, Insolvenzrechtliche Surrogation, Diss. Tübingen 2001
Heidelberger Kommentar zur Insolvenzordnung, 3. Aufl., Heidelberg 2003
Heilmann, Hans, Kein Gestaltungsrecht auf Ablehnung der Erfüllung nach § 17 KO, KTS 1985, 639–643
Hellmann, Friedrich, Lehrbuch des deutschen Konkursrechts, Berlin 1907
Henckel, Wolfram, Deregulierung im Insolvenzverfahren?, in: KTS 1989, S. 477–494
Henckel, Wolfram, Die Betriebsveräußerung im Konkurs, in: ZIP 1980, S. 2–9
Henckel, Wolfram, Gegenseitige Verträge in Konkurs und Vergleich, in: ZZP 99 (1986), S. 419–445
Henckel, Wolfram, Konstruktion, Funktion, Interessen – zur modifizierten Erlöschenstheorie durch den Bundesgerichtshof, in: Insolvenzrecht im Wandel der Zeit, Festschrift für Hans-Peter Kirchhof, herausgegeben von Gerhardt, Haarmeyer, Kreft, Kevelaer 2003, S. 191–207
Henckel, Wolfram, Prozessrecht und materielles Recht, Göttingen 1970
Hess, Harald/Weis, Michaela, Der Insolvenzplan, in: WM 1998, S. 2349–2362
Honsdorf, Wolfgang, Zur Aufrechnung im Konkurs Grundprobleme und ihre Bedeutung für praxisrelevante Aufrechnungsfragen, Diss. Freiburg im Breisgau 1982
Huber, Michael, Rücktrittsrecht des Vorbehaltsverkäufers in der Insolvenz des Vorbehaltskäufers, in: NZI 2004, S. 57–63
Huber, Michael, Vertragsspaltung in der Insolvenz des Auftragnehmers auch für mangelhafte Teilleistung vor Verfahrenseröffnung?, in: ZInsO 2005, S. 449–454
Huber, Ulrich, Die Stellung des Abnehmers im Konkurs des Lieferanten beim Kauf unter Eigentumsvorbehalt, in: BB 1964, S. 731–736

Jaeger, Ernst, Konkursordnung, Erster Band (KO §§ 1–46), 6./7. Aufl., Berlin, Leipzig 1931
Jaeger, Ernst, Konkursordnung, Erster Band (§§ 1–70 KO), bearbeitet von Friedrich Lent, 8. Aufl., Berlin 1958
Jaeger, Ernst, Konkursordnung, Zweiter Band 1. Halbband (§§ 71–206 KO), bearbeitet von Friedrich Weber, 8. Aufl., Berlin, New York 1973
Jaeger, Ernst, Konkursordnung, §§ 1–42 Register, bearbeitet von Wolfram Henckel, 9. Aufl., Berlin New York 1997
Jaeger, Ernst, Insolvenzordnung, Erster Band (§§ 1–55 InsO), 1. Aufl., herausgegeben von Wolfram Henckel und Walter Gerhardt, Berlin 2004
Jaeger, Ernst, Lehrbuch des Konkursrechts, 8. Aufl., Berlin, Leipzig 1932
Jauernig, Othmar, Bürgerliches Gesetzbuch Kommentar, 11. Aufl., München 2004
Jauernig, Othmar, Zwangsvollstreckungs- und Insolvenzrecht, 21. Aufl., München 1999

Kaatz, Leopold, Einwirkungen des Konkurses auf gegenseitige Verträge bei teilweiser Erfüllung seitens des Gemeinschuldners und Ablehnung weiterer Erfüllung durch den Konkursverwalter, Diss. Rostock 1907
Kalter, Die nachkonkursliche Schulden- und Vermögensmasse, in: KTS 1980, S. 215–225
Kalter, Über die substantiellen Veränderungen konkursbefangener Forderungen und Rechte von Konkursgläubiger und Gemeinschuldner, in: KTS 1973, S. 16–27
Kepplinger, Henriette Christine, Das Synallagma in der Insolvenz. Das Wahlrecht des Masseverwalters, Ausgleichsschuldners und Insolvenzverwalters, Wien, New York 2000
Kilger, Joachim, Der Konkurs des Konkurses, in: KTS 1975, S. 142–166
Kilger, Joachim, Konkursordnung, 15. Aufl., München 1987
Kilger, Joachim/Schmidt, Karsten, Insolvenzgesetze (KO/VglO/GesO), 17. Aufl., München 1997
Kippenberg, Berthold, Der Einfluß der Eröffnung des Konkursverfahrens auf noch nicht erfüllte zweiseitige Verträge, Diss. Leipzig 1907

Kleinfeller, Georg, Die Aenderungen der Konkursordnung, in: ZZP 25 (1899), S. 80–127
Kleinfeller, Georg, Lehrbuch des deutschen Konkursrechts, Berlin 1912
Kohler, Josef, Lehrbuch des Konkursrechts, Stuttgart 1891
Kohler, Josef, Leitfaden des Deutschen Konkursrechts, 2. Aufl., Stuttgart 1891
Kreft, Gerhart, Die Wende in der Rechtsprechung zu § 17 KO, in: ZIP 1997, S. 865–871
Kreft, Gerhart, Teilbare Leistungen nach § 105 InsO (unter besonderer Berücksichtigung des Bauvertragsrecht), in: Festschrift für Wilhelm Uhlenbruck, Köln 2000, S. 387–403
Krohn, Heinz, Die Nachhaltigkeit der konkursmäßigen Feststellung, Diss. Halle 1933
Kuhn, Georg/Uhlenbruck, Wilhelm, Konkursordnung, 11. Aufl., München 1994
Kübler, Bruno M., Sondersituation bei Unternehmensfortführung und Unternehmenskauf im Konkurs, in: ZGR 1982, S. 498–516
Kübler, Bruno M./Prütting, Hanns, Kommentar zur Insolvenzordnung, Band I, Stand Oktober 2004, Köln 2004
Kübler, Bruno M./Prütting, Hanns, Kommentar zur Insolvenzordnung, Band II, Stand November 2004, Köln 2004

Larenz, Karl, Methodenlehre der Rechtswissenschaft, 6. Aufl., Berlin, Heidelberg, New York 1991
Lehmann, Johannes Werner, Der Entschädigungsanspruch aus nicht erfüllten Verträgen im Konkursverfahren, Diss. Frankfurt am Main 1957
Lent, Friedrich, Die rechtliche Begründung des Schadensersatzanspruchs nach §§ 17, 26, in: Festschrift für Heinrich Lehmann, Band II, S. 837–846
Lepa, Brita, Insolvenzordnung und Verfassungsrecht, Diss. Bonn 2002
Lippmann, Die rechtliche Stellung des Konkursverwalters, in: JherJB 41 (1900), S. 112–250
Livonius, Barbara, Zum Wahlrecht des Insolvenzverwalters nach § 103 InsO Die Auswirkungen der Insolvenzeröffnung auf gegenseitige, bei Verfahrenseröffnung von beiden Vertragsparteien nicht vollständig erfüllte Verträge dargestellt am Beispiel von Kredit-, Sicherheiten- und Refinanzierungsverträgen von Kreditinstituten, Diss. München 1998
Luss, Grete, Die Anwendbarkeit des § 17 KO auf den Kauf unter Eigentumsvorbehalt, Diss. Leipzig 1933
Luther, Walter, Darlehen im Konkurs, Diss. Tübingen 1989

Maas, Gottfried Heinrich, Die Wirkung der Ablehnungserklärung des Konkursverwalters, Diss. Jena 1915
Markmann, Gustav, Die Wirkungen der Erfüllungsablehnung des § 17 KO auf gegenseitige Verträge, Diss. Köln 1922
Marotzke, Wolfgang, Anmerkung zu BGH, Urteil vom 25.4.2002 – IX ZR 313/99 –, in: ZZP 115, S. 507–514
Marotzke, Wolfgang, Bedingte Erfüllungsablehnung durch den Konkursverwalter, in: EWiR 1988, S. 285–286
Marotzke, Wolfgang, BGB und InsO: zwei neue Leistungsstörungsrecht im Widerstreit, in: KTS 2002, S. 1–51
Marotzke, Wolfgang, Darlehen und Insolvenz, in: ZInsO 2004, S. 1273–1283
Marotzke, Wolfgang, Forderungszuständigkeit des Konkursverwalters als ungeschriebene Voraussetzung der §§ 17 Abs. 1, 59 Abs. 1 Nr. 2 Alt. 1 KO, in: ZIP 1987, S. 1293–1304
Marotzke, Wolfgang, Gegenseitige Verträge im neuen Insolvenzrecht, 3. Aufl., Neuwied, Kriftel, Berlin 2001
Maus, Karl Heinz, Der Insolvenzplan, in: Kölner Schrift zur Insolvenzordnung, 2. Aufl., Herne, Berlin 2000, S. 931–965
Medicus, Dieter, Bürgerliches Recht, 20. Aufl., Köln, Berlin, Bonn, München 2004
Medicus, Dieter, „Geld muß man haben" in: AcP 188 (1988), S. 489–510
Mehl, Gustav, Die Wirkung der Erfüllungsablehnung des Konkursverwalters auf einen von den Parteien noch nicht voll erfüllten gegenseitigen Vertrag nach § 17 K.-O., Diss. Heidelberg 1912

Meiner, Theodor Karl, Gegenseitigkeitsverträge im Vergleichsverfahren, Diss. Leipzig 1934
Mohrbutter, Jürgen, Zur Einwirkung des Konkurses der OHG auf die persönliche Haftung des Gesellschafters, in: NJW 1968, S. 1125–1127
Mossler, Patrick, Rücktrittsrecht vor Fälligkeit bei solvenzbedingten Zweifeln an der Leistungsfähigkeit des Schuldners (§ 323 Abs. 4 BGB), in ZIP 2002, S. 1831–1838
Müller, Klaus, Die Einwirkung des Konkurses der OHG auf die persönliche Haftung des Gesellschafters, in: NJW 1968, S. 225–230
Münchener Kommentar zum Bürgerlichen Gesetzbuch, Band 2a, Schuldrecht Allgemeiner Teil, §§ 241–432, 4. Aufl., München 2003
Münchener Kommentar zur Insolvenzordnung, Band 1, §§ 1–102 InsO InsVV, München 2001
Münchener Kommentar zur Insolvenzordnung, Band 2, §§ 103–269, München 2002
Münchener Kommentar zur Zivilprozessordnung, Band 1, §§ 1–354, 2. Aufl., München 2000
Münchener Kommentar zur Zivilprozessordnung, Band 2, §§ 355–802, 2. Aufl., München 2000
Musielak, Hans-Joachim, „Die Erfüllungsablehnung des Konkursverwalters Zur Auslegung des § 17 Abs. 1 der Konkursordnung“, in: AcP 179 (1979), S. 189–213

Nerlich, Jörg/Römermann, Volker, Insolvenzordnung (InsO), Stand: März 2004, München 2004

Obermüller, Manfred, Auswirkungen des Wahlrechts des Insolvenzverwalters auf Zessionen und Avale, in: Kölner Schrift zur Insolvenzordnung, 2. Aufl., Herne, Berlin 2000, S. 985–1008
Oetker, Friedrich, Konkursrechtliche Grundbegriffe, Band 1 Die Gläubiger, Stuttgart 1891
Oetker, Friedrich, Ueber den Einfluss der Eröffnung des Konkursverfahrens auf noch nicht erfüllte zweiseitige Verträge, in: ZZP 14 (1890), S. 1–51
Offtermatt, Gernot, Das Wahlrecht des Konkursverwalters nach § 17 Konkursordnung, Diss. Tübingen 1966
Otte, Karsten/Wiester, Roland, Nachmeldungen im Insolvenzplanverfahren, in: NZI 2005, S. 70–77

Palandt, Otto, Bürgerliches Gesetzbuch, 64. Aufl., München 2005
Pape, Gerhard, Ablehnung und Erfüllung schwebender Rechtsgeschäfte durch den Insolvenzverwalter: in: Kölner Schrift zur Insolvenzordnung, 2. Aufl., Herne, Berlin 2000, S. 531–591
Pape, Gerhard/Uhlenbruck, Wilhelm, Insolvenzrecht, München 2002
Paulus, Christoph, Anmerkung zu BGH, Urteil vom 4. Mai 1995, – IX ZR 256/93, in: WuB VI B. § 17 KO 2.95
Pawlowski, Hans-Martin, Methodenlehre für Juristen, 3. Aufl., Heidelberg 1999
Petersen, Julius/Kleinfeller, Georg, Konkurs-Ordnung für das deutsche Reich nebst den Einführungsgesetzen, den konkursrechtlichen Bestimmungen des Genossenschaftsgesetzes und dem Anfechtungsgesetz, 4. Aufl., Lahr, Schauenburg 1900
Pflug, Hans-Joachim, Der gegenseitige Vertrag im Konkurs und das „Wahlrecht“ des Konkursverwalters nach § 17 KO, in: Die AG 1986, S. 305–315
Plander, Harro, Das Wahlrecht des Konkursverwalters und des Vergleichsschuldners nach § 17 Abs. 1 KO, 50 Abs. 1 VerglO und die Stellung des Vertragspartners im Falle des § 878 BGB, in: JZ 1973, S. 45–50
Pletzsch, Michael, Die Erfüllungsverweigerung des Konkursverwalters, Diss. Frankfurt am Main 1973
Plonski, Wolfgang, Ansprüche aus gegenseitigen Verträgen beim Konkurse beider Kontrahenten, Diss. Greifswald 1932
Prahl, Albert, Zur Bereicherung des anderen Teils aus Vorleistungen des Schuldners vor seiner Insolvenz, in: ZInsO 2005, S. 568–570
Pünder, Werner, Die Wirkungen der Erfüllungsablehnung des Konkursverwalters auf den gegenseitigen Vertrag als Folgen schuldloser Haftung, Diss. Würzburg 1914
Rattunde, Rolf, Sanierung von Großunternehmen durch Insolvenzpläne – Der Fall Herlitz, in: ZIP 2003, S. 596–600

Rendtorff, Wulf, Der beiderseitig nicht vollständig erfüllte Vertrag in der Insolvenz (§ 17 KO und §§ 103, 105 sowie 107 InsO), Diss. Kiel 2004
Rimmelspacher, Bruno, Materiellrechtlicher Anspruch und Streitgegenstandsprobleme im Zivilprozeß, Göttingen 1970
Ringstmeier, Andreas, Auswirkungen der Erfüllung gegenseitiger Verträge im Konkurs auf Forderungsabtretungen, Diss. Köln 1990
Rintelen, Anton, Zur Frage der Nachhaltigkeit der Konkurswirkungen im deutschen und österreichischen Konkursrecht, in: ZHR 61 (1908), S. 147–190
Roth, Herbert, Die Fortsetzung des Synallagmas mit insolvenzrechtlichen Mitteln (§ 103 InsO), in: Festschrift für Walter Rolland, Köln 1999, S. 305–316

Sachs, Alfred, Die Nichterfüllung gegenseitiger Verträge des Gemeinschuldners auf Grund der Ablehnungserklärung des Konkursverwalters, Diss. Rostock 1915
Sandrock, Konrad, Die Behandlung der zweiseitigen Verträge im Konkurs nach § 17 KO, unter besonderer Berücksichtigung des Begriffes „Erfüllung", Diss. Göttingen 1927
Schad, Carl, Der Gemeinschuldner der Reichskonkursordnung, Diss. Tübingen 1902
Schlosser, Zivilprozessrecht II Zwangsvollstreckungs- und Insolvenzrecht, München 1984
Schmidt, Karsten, Die Insolvenzrechtsreform nach dem 54. Deutschen Juristentag, in: KTS 1982, S. 613–624
Schmidt, Karsten, Fremdwährungsforderungen im Konkurs – Bestandsaufnahme und Thesen zu § 69 KO (§ 52 RegE InsO) –, in Festschrift für Franz Merz, Köln 1992, S. 533–552
Schollmeyer, Eberhard, Gegenseitige Verträge im internationalen Insolvenzrecht, Köln, Berlin, Bonn, München 1997
Schreiber, Werner/Flitsch, Michael, Geltendmachung von Forderungen nach Aufhebung des Insolvenzplanverfahrens, in: BB 2005, S. 1173–1179
Schultze, Aug. Sigm., Das Deutsche Konkursrecht in seinen juristischen Grundlagen, Berlin 1880
Schwab, Martin, Schadensersatzverlangen und Ablehnungsandrohung nach der Schuldrechtsreform, in: JR 2003, S. 133–140
Schwörer, Frank, Lösungsklauseln für den Insolvenzfall, Köln 2000
Seuffert, Lothar, Deutsches Konkursprozessrecht, Leipzig 1899
Smid, Stefan, Anmerkung zu BGH, Urteil vom 21. November 1991 – IX ZR 290/90, in: WuB VI B. § 17 KO 1.92
Smid, Stefan, Deutsches und Europäisches Internationales Insolvenzrecht, Stuttgart 2004
Smid, Stefan, Grundzüge des Insolvenzrechts, 4. Aufl., München 2002
Smid, Stefan, Insolvenzordnung (InsO) mit Insolvenzrechtlicher Vergütungsverordnung (InsVV), 2. Aufl., Stuttgart, Berlin, Köln 2001
Smid, Stefan, Kreditsicherheiten in der Insolvenz des Sicherungsgebers, Stuttgart 2003
Smid, Stefan/Lieder, Solveig, Das Schicksal urheberrechtlicher Lizenzen in der Insolvenz des Lizenzgebers, DZWIR 2005, S. 1–21
Smid, Stefan/Rattunde, Rolf, Der Insolvenzplan, 2. Aufl., Stuttgart 2005
Smid, Stefan/Rühle, Thomas, Europäisches Sanierungsrecht, in: Recht der Sanierungsfinanzierung, herausgegeben von Knops/Bamberger/Maier-Reimer, Heidelberg 2005, S. 527–543
Spellenberg, Ulrich, Zum Gegenstand des Konkursfeststellungsverfahrens (§§ 138 ff. KO), Schuld und Haftung im Konkurs, Göttingen 1973
Sperling, Curt, Die Einwirkung des Konkurses auf schwebende Rechtsgeschäfte (im allgemeinen), Diss. Erlangen 1908
von Staudingers Kommentar zum Bürgerlichen Gesetzbuch, Buch 2, Recht der Schuldverhältnisse, §§ 255–304 (Leistungsstörungsrecht I), Berlin 2004
Stürner, Rolf, Aktuelle Probleme des Konkursrechts, in: ZZP 94 (1981), S. 263–310
Sundermann, Werner, Anmerkung zu BGH, Urteil vom 20. Dezember 1988, – IX ZR 50/88, in: WuB VI B. § 15 KO 1.89
Thieme, Jürgen, Zu Entstehung der Konkursordnung, in: Einhundert Jahre Konkursordnung

1877–1977, Festschrift des Arbeitskreises für Insolvenz- und Schiedsgerichtswesen e.V. Köln zum einhundertjährigen Bestehen der Konkursordnung vom 18. Februar 1877, S. 35–69
Tintelnot, Albrecht, Die gegenseitigen Verträge im neuen Insolvenzverfahren, in: ZIP 1995, S. 616–623
Tintelnot, Albrecht, Schuldnerverzug und Konkurs. Zugleich ein Beitrag zur Dogmatik des § 63 KO, in: ZIP 1989, S. 144–153
Tintelnot, Albrecht, Zur Aufrechnung mit einer Nichterfüllungsforderung nach § 103 II 1 InsO, in: KTS 2004, S. 339–356
Tischbein, Hans Heinrich, Der gerichtliche Zwangsvergleich zur Abwendung des Konkurses, Diss. Leipzig 1914

Uhlenbruck, Wilhelm, Anmerkung zu BGH, Urteil vom 21. November 1991, – IX ZR 290/90, in: JZ 1992, S. 425–426
Uhlenbruck, Wilhelm, Das neue Insolvenzrecht, Insolvenzordnung und Einführungsgesetz nebst Materialien, Herne, Berlin 1994
Uhlenbruck, Wilhelm, Einhundert Jahre Konkursordnung, in: Einhundert Jahre Konkursordnung 1877–1977 Festschrift des Arbeitskreises für Insolvenz- und Schiedsgerichtswesen e.V. Köln zum einhundertjährigen Bestehen der Konkursordnung vom 10. Februar 1877, S. 1–34
Uhlenbruck, Wilhelm, Insolvenzordnung, 12. Aufl., München 2003
Unger, Salo, Die Einwirkung der Konkurseröffnung auf schwebende Rechtsverhältnisse, insbesondere nach den §§ 17 und 26 der Konkursordnung, Diss. Breslau 1912

Weber, Dagmar Gunila, Vermögensrechtlich und haftungsrechtlich veranlasste Surrogation im Insolvenzverfahren, Diss. Heidelberg 2002
Weisemann, Ulrich/Smid, Stefan, Handbuch Unternehmensinsolvenz, Köln 1999
Wiegmann, Oliver, Grund, Grenzen und Wirkungsweise des § 105 InsO, Diss. Kiel 2003
Wieser, Eberhard, Erfüllungsverlangen des Insolvenzverwalters und Aufrechnung mit einer Insolvenzforderung, JZ 2003, S. 231–233
von Wilmowski, G./Kurlbaum, K./Kühne, W., Deutsche Reichs-Konkursordnung, 6. Aufl., Berlin 1906
Windel, Peter A., Der insolvenzrechtliche Gleichbehandlungsgrundsatz und seine Auswirkungen auf die Abwicklung schwebender Austauschverträge, in: JURA 2002, S. 230–235
Wirtz, Otto, Die Ablehnung der Erfüllung zweiseitiger Rechtsgeschäfte durch den Konkursverwalter in § 17 der Konkursordnung, Diss. Greifswald 1912

Zelck, Friedrich, Der Einfluß der Konkurseröffnung auf die Erfüllung der Rechtsgeschäfte des Gemeinschuldners mit besonderer Berücksichtigung von Pacht und Miethe, Diss. Rostock 1889
Zimmermann, Walter, Konkurs, Gesamtvollstreckung: Zivilprozessrecht III, 2. Aufl., Heidelberg 1995

Stichwortverzeichnis

(Die Zahlen neben den Stichwörtern verweisen auf die Seitenzahlen)

FSC
www.fsc.org
MIX
Papier | Fördert
gute Waldnutzung
FSC® C083411

Kolibri 360 GmbH
Ferdinand-Jühlke-Straße 7
99095 Erfurt, Deutschland
produktsicherheit@kolibri360.de